OEUVRES
COMPLÈTES
DE
J. J. ROUSSEAU

AVEC LES NOTES DE TOUS LES COMMENTATEURS;

NOUVELLE ÉDITION
ORNÉE DE QUARANTE-DEUX VIGNETTES,
GRAVÉES PAR NOS PLUS HABILES ARTISTES,

D'APRÈS LES DESSINS DE DEVÉRIA.

CONTRAT SOCIAL.

A PARIS,
CHEZ DALIBON, LIBRAIRE
DE S. A. R. MONSEIGNEUR LE DUC DE NEMOURS,
RUE SAINT-ANDRÉ-DES-ARCS, N° 41.

M DCCC XXVI.

OEUVRES

COMPLÈTES

DE

J. J. ROUSSEAU.

TOME VI.

PARIS. — IMPRIMERIE DE G. DOYEN,
RUE SAINT-JACQUES, N. 38.

AVANT-PROPOS.

Rousseau nous apprend lui-même qu'étant à Venise en 1743, attaché à l'ambassadeur de France en qualité de secrétaire, il avoit formé le projet de composer un ouvrage qui auroit eu pour titre, *Institutions politiques;* qu'il en avoit même traité quelques parties, mais que, ne se trouvant pas le loisir ni la tranquillité d'esprit nécessaires pour exécuter un livre qu'il avoit conçu sur le plan le plus vaste, il y avoit renoncé après y avoir long-temps travaillé. L'embarras de traiter, dans la position où il se trouvoit, certains points délicats sur la nature et l'essence des gouvernements, la théorie des sociétés, la liberté civile et politique, contribua beaucoup aussi à l'y faire renoncer. Il craignoit « que ce livre ne parût trop hardi pour le siècle et pour le pays où il écrivoit. Il avoit vu que tout tenoit radicalement à la politique, et que, de quelque façon qu'on s'y prît, aucun peuple ne seroit jamais que ce que la nature de son gouvernement le feroit être. » Mais, tout en renonçant à l'ouvrage, il ne voulut pas que ce qu'il en avoit déjà fait fût perdu. Cette partie pouvant elle-même former un tout, il la publia sous le titre de *Contrat social;* et ce qui n'étoit peut-être qu'un chapitre du grand ouvrage conçu par Rousseau est devenu un de ses plus beaux titres de gloire. C'est dans le Contrat social qu'il a réuni comme en faisceau tous ses aphorismes politiques; qu'il en a formé un corps de doctrine sociale; c'est là qu'il a composé la liberté commune de ce qu'il a pris sur la liberté de chacun, qu'il a fait un gouvernement qui est l'œuvre

AVANT-PROPOS.

de tous, et qui a pour garantie l'expression de la volonté générale.

Il étoit de la destinée de Rousseau de voir, à chacun des ouvrages qu'il publioit, d'une part, les hommes libres de préjugés, et dignes de l'apprécier, payer à son génie un juste tribut d'admiration, et de l'autre, l'intolérance politique et religieuse s'armer contre lui de fureur, de haine, de persécution, et même de proscription. Genève qui prend le titre pompeux de république, Genève qui pendant si long-temps avoit été le refuge de la liberté de penser et d'écrire, Genève qui comptoit Rousseau au nombre de ses citoyens, dont le gouvernement étoit loué dans le Contrat social, et présenté dans plusieurs de ses parties comme un modèle aux autres gouvernements, Genève condamne le Contrat social, sans même examiner s'il lui reste le honteux prétexte de pouvoir dire plus tard qu'en cela elle n'a fait qu'imiter l'exemple des autres gouvernements; et l'auteur, que cet ouvrage devoit rendre plus cher encore à ses concitoyens, expie dans l'exil la gloire d'avoir fait un livre où vivent pour la postérité les droits et les devoirs des hommes réunis en société.

Ce n'est plus dans cet ouvrage le peintre fidèle qui s'arrête sur les moindres détails, qui dit tous les secrets de sa pensée, ce n'est plus seulement la raison de Locke avec l'esprit de Montaigne, c'est le génie le plus original qui se développe tout entier, en s'ouvrant une carrière proportionnée à sa force et à son étendue. Réunissant, non par intervalles, mais toujours, la pénétration la plus vive aux réflexions persévérantes, il amasse, il ordonne, il rapproche long-temps dans sa pensée toutes les parties éparses et lointaines d'un vaste sujet; il en marque les points lumineux, il les parcourt ensuite d'un vol d'aigle, et ne se pose que sur les hauteurs. Trop souvent les publicistes, abusés par ces fictions des sciences qu'on appelle des systèmes, en traçant le modèle idéal des législations possibles, avoient laissé sans boussole les législations positives. La véritable science politique attendoit encore un homme qui, rassemblant sous ses yeux les institutions élevées dans les divers âges du monde, et retrouvant ainsi, parmi la ruine des siècles et des empires, les fondements légitimes de tout pacte social, posât, d'une main ferme et hardie, sur les bases de la nature, l'édifice des gouvernements. Cet homme s'est rencontré; dans la nature des sociétés il a recherché leurs principes, et de ces principes, comme de leur source, il a fait découler toutes les institutions sociales, il en a fait l'application aux besoins moraux ou physiques des peuples, et il les a proposées aux nations comme la charte constitutive de leurs droits et de leurs devoirs.

Rousseau, dans toute sa philosophie, est parti du même principe que l'auteur de l'*Esprit des lois*, tous deux commençant par établir que la formation des sociétés a placé les hommes dans un état de guerre. Mais Montesquieu conclut de ce principe la nécessité des lois, Rousseau, leur insuffisance. Il parut vouloir détruire ce que Montesquieu vouloit édifier. On le crut du moins, et l'on se trompa. Toutes ses théories philosophiques reposent sur cette opinion, qu'il est pour l'espèce humaine, comme pour les individus, une époque de la virilité dont elle ne peut s'écarter qu'en marchant à la décrépitude. Ce fut donc sur ce principe, non pas à l'état d'enfance, c'est-à-dire à la vie sauvage, mais à cette espèce de siècle viril qu'il voulut ramener d'abord les hommes, et il écrivit sur la nature et sur les fondements du pacte social. Sans doute il ne se dissimuloit point à lui-même combien étoit borné le nombre des applications utiles qu'on pouvoit faire encore de ses théories

1.

dans l'état présent de nos mœurs; mais il étoit loin de prévoir les applications dangereuses qu'on tenteroit de faire un jour. Qu'est-ce en effet, par exemple, que ce traité du Contrat social, sinon le gouvernement de sa propre patrie, c'est-à-dire d'une république resserrée dans les plus étroites limites, proposée comme un modèle aux peuples assez peu nombreux, assez pauvres pour trouver dans ce gouvernement une liberté fondée sur les lois, et qui doit toujours, d'après sa maxime, être subordonnée à l'existence et aux intérêts de l'association? Juger ainsi de cet ouvrage, c'est entrer dans la pensée de l'écrivain, sans s'arrêter à des exagérations qui sont de l'orateur plus que du philosophe; c'est l'interpréter comme son auteur parut clairement l'expliquer et l'entendre, lorsqu'il voulut adapter sa doctrine au gouvernement d'un peuple qui sembloit l'appeler du fond du nord à régénérer ses lois politiques, et ses habitudes nationales : c'est enfin être juste envers un homme moins outragé par d'aveugles censures que par des éloges flétrissants, moins calomnié par ses détracteurs que décrédité par ses faux disciples. On l'accusa d'être obscur, parce que sa pensée s'enfonce quelquefois si avant dans le sujet, quelle y demeure cachée, mais seulement pour les esprits qui n'ont pas la force de l'y suivre. Son style nerveux et rapide précipite les impressions, il réveille dans un seul mot une succession d'idées, ou, dans une phrase vive et absolue, il présente tout le résultat d'une méditation lente et profonde. Semblable à ces dieux d'Homère, qui en trois pas franchissoient le monde, mais qui laissoient des traces mémorables de leur passage sur les peuples qu'ils protégeoient, ou sur les empires qu'ils accabloient.

La publication du Contrat social précéda de quelques mois la publication d'*Émile,* mais ne produisit pas d'abord la même sensation. Rousseau parle dans cet ouvrage une langue qui n'étoit pas à la portée de tout le monde. Dans Émile, il analyse chaque idée, il démêle et réunit toutes les sensations qu'un même objet fait naître; on voit qu'il s'enivre de sa propre pensée, qu'il s'y complaît, et tourne autour d'elle jusqu'à ce qu'il l'ait épuisée dans ses plus petites nuances : c'est un cercle qui, dans l'onde la plus pure, s'élargit souvent au point de disparoître. Dans le Contrat social, au contraire, il semble s'être interdit les développements. C'est Lycurgue qui a pris la place de Platon; il est serré dans son style comme dans ses idées; c'est moins à l'esprit qu'à la pensée du lecteur qu'il s'adresse; il semble lui abandonner le soin de remplir, par des idées intermédiaires, les vides qu'il laisse à dessein entre les idées principales qu'il ne fait souvent même qu'indiquer. Ce n'est qu'en suppléant à ce que Rousseau n'a pas mis dans son livre qu'on sait lire ce qui s'y trouve. C'est ce qui fait que tant de gens l'ont si mal lu; il est même probable qu'il ne fut condamné à Genève que parce qu'il n'y fut pas compris. Toutes les opinions ont cru y trouver un partisan, et tandis que les uns n'y vouloient voir qu'un code de démocratie, les autres n'y ont aperçu que l'aristocratie la plus pure : la révolution l'a commenté dans tous les sens; il a été tour à tour un argument pour et contre, et cela, parce que chacun, mettant ses idées à la place de celles de Rousseau, a moins lu ce qu'il y avoit que ce qu'il croyoit y voir. De là, tous ces ouvrages publiés sous le titre de *Jean-Jacques Aristocrate; Jean-Jacques Rousseau considéré comme l'un des auteurs de la révolution.*

Un homme qui plus que tout autre étoit fait pour apprécier le mérite du Contrat social, Voltaire en parle en maint endroit de ses ouvrages de manière à faire croire que ce qu'il en dit n'est pas ce qu'il en pense. C'est une singulière réfutation que les épithètes d'*ignorant présomptueux*, de *cynique*, de *garçon horloger*, données à un homme qui partage avec lui la gloire d'avoir fait du siècle où ils ont vécu tous les deux l'une des époques les plus mémorables dans les fastes de l'esprit humain. C'est en parlant du Contrat social que Rousseau a dit lui-même : « Mes livres, quoi qu'on fasse, porteront « toujours témoignage d'eux-mêmes.... Loin de détruire « les gouvernements, je les ai tous établis. Je n'ai rejeté « aucun gouvernement, je n'en ai méprisé aucun. En les « examinant, en les comparant, j'ai tenu la balance et « j'ai calculé les poids, je n'ai rien fait de plus. On ne « doit punir la raison nulle part, ni même le raisonne-« ment. Je ne suis pas le seul qui, discutant par abs-« traction des questions de politique, ai pu les traiter « avec quelque hardiesse. Tout homme a droit de le « faire. »

Rousseau retiré dans sa vieillesse du commerce des hommes, et même du commerce de son génie, les défenseurs de la liberté d'un peuple qui vouloit se donner des lois nouvelles vinrent lui demander un plan de législation dans sa solitude. Toute son ame et son génie se ranimèrent pour répondre dignement à cette demande. On retrouve dans l'auteur des *Considérations sur le gouvernement de Pologne* l'auteur d'*Émile* et du *Contrat social*. Mais quel caractère étranger à nos mœurs et à nos idées! On croiroit que l'auteur sort d'un entretien avec Numa dans les forêts des Sabins, ou avec Lycurgue sur le Taygète. Le premier conseil qu'il donne aux Polonois, c'est de rompre presque toute communication avec le reste de l'Europe. Il ne veut point pour cela de rempart semblable à celui qui a été inutile pour séparer le Chinois du Tartare; il veut que ce soit le caractère national qui élève cette barrière. Mais comment le former ce caractère national? Par des jeux d'enfants, répond Jean-Jacques, par des cérémonies publiques, majestueuses et touchantes, par des gymnases, par des fêtes. Deux législateurs de l'antiquité ont imprimé ainsi l'image de leur ame et de leur caractère dans les hommes qui ont reçu leurs lois : Lycurgue et Numa ; et il est encore aujourd'hui des hommes qui portent ces images sacrées dans leur caractère et dans leur ame. Des Spartiates devenus sauvages n'ont cessé de vivre libres sur les montagnes de Laconie, d'où ils insultoient au despotisme du grand-turc, jusqu'au moment où, ralliant autour d'eux tous les enfants de la Grèce au pied de la statue de la liberté, ils ont juré, sur l'autel de la patrie, de s'affranchir du joug ottoman, ou de mourir les armes à la main; et sous la domination du pape, qui devroit être le premier auxiliaire de cette ligue sacrée de l'Évangile contre l'Alcoran, de la liberté contre le despotisme, les Transtevcrains montrent souvent le caractère de ce peuple romain qui régnoit dans les comices. Imitez ces législateurs et leurs institutions, dit Rousseau à la Pologne; faites-vous des spectacles nationaux et des fêtes qui vous dégoûtent à jamais du bonheur de tous les autres peuples; faites en sorte qu'il vous soit impossible d'être autre chose que des Polonois, et vous le serez pour l'éternité. Des voisins plus puissants pourront vous vaincre, ils ne pourront vous conquérir. Les Russes pourront vous engloutir, ils ne pourront vous digérer. En les séparant ainsi de toute la terre, ce nouveau Lycurgue semble en effet préparer aux Polonois un bonheur qui ne s'est jamais trouvé parmi les hommes. Des mœurs et presque point de lois; la raison pour le premier code des magistrats; des citoyens qui soient tous législateurs, pour qu'il n'y en ait aucun d'esclave; des laboureurs se rendant dignes d'être au besoin les défenseurs de la patrie, par des exercices et des fêtes militaires qui seront le délassement de leurs travaux rustiques; les récompenses toutes en honneur, aucune en argent; l'argent presque proscrit, comme faisant circuler les vices et les crimes avec plus de rapidité encore que les richesses; tous les rangs également accessibles à tous les citoyens, qui les rempliront tous successivement, en croissant par degrés en vertus et en talents, comme en grandeur; le trône même rempli par des citoyens qui auroient appris, dans tous les états qu'ils auroient parcourus, les besoins et les devoirs de tous les états; le bonheur, enfin, toujours modéré, parce qu'il s'use lorsqu'il est trop vif, et que l'homme trouve bientôt l'ennui et les dégoûts dans les voluptés immodérées.

Tel est le tableau du gouvernement que Jean-Jacques vouloit donner à la Pologne. Il a bien prévu qu'on lui diroit qu'il n'y a pas un très-grand mérite à renouveler les romans politiques de Platon; qu'on essaieroit de le combattre par le ridicule, parce que le ridicule est l'unique ressource des esprits foibles contre tout ce qui porte le caractère de la grandeur et de la force, qu'on lui opposeroit les goûts des peuples modernes pour les jouissances du luxe, et la corruption de leurs mœurs, pour lui prouver qu'il faut leur laisser leur luxe et leurs mœurs corrompues. C'est en combattant ces objections qu'il déploie cette éloquence invincible qui triomphe souvent de nos dégoûts et de notre effroi pour les mœurs antiques, ou qu'il fait voir cette souplesse d'esprit qui aperçoit les moyens de se servir de nos vices mêmes pour nous conduire par degrés aux vertus que nous n'osons plus envisager. Les changements, il ne veut pas les faire comme Dieu, par sa parole; il prend les instruments de l'homme, le temps et de sages précautions. Il présente à la fois un dessin pur et général; mais il voit bien qu'on ne peut l'exécuter que par partie; il ne dit point, donnez-moi des anges, et je les ferai vivre en sages; donnez-moi un pays où il n'y ait aucune institution, et j'y établirai des institutions parfaites. Il dit, donnez-moi la Pologne et les Polonois tels qu'ils sont aujourd'hui, et je ne crois pas impossible de leur donner la législation et le bonheur dont je leur offre les images. On suppose toujours les passions des hommes comme les obstacles les plus invincibles à toutes les réformes, et l'on ne voit pas que, pour celui qui sait les manier, elles sont aussi les moyens les plus sûrs et les plus puissants; on peut s'en servir même pour les détruire toutes; et s'il y a eu jamais un véritable stoïcien, son stoïcisme a été l'ouvrage de ses passions. Entrepris quelque temps avant le premier partage de la Pologne, l'ouvrage que Rousseau avoit fait à la demande du comte Wielhorski devoit indiquer les moyens d'arrêter les troubles provoqués au sein de cette république par la domination tyrannique du cabinet de Pétersbourg.

Ce fut dans les dernières années du règne de Pierre-le-Grand que s'établit le despotisme de la Russie sur la Pologne. En suivant le progrès des troubles qui ont déchiré la Pologne, le philosophe en fait observer toutes les causes, parmi lesquelles on distinguera le *liberum veto*, l'élection des rois, la fréquence des confédérations, l'esclavage des paysans, la prédominance de quelques familles, les restrictions apportées aux droits politiques des sectateurs de certains cultes, et surtout l'influence de la Russie. L'autorité du plus grand nombre est, suivant Rousseau, une convention qui suppose au moins une fois le consentement de tous. En Pologne, on convint au contraire que cette unanimité seroit toujours nécessaire dans les délibérations nationales, si l'on ne crut pas même que c'étoit là une des conditions essentielles du pacte social. Ainsi un seul nonce rendoit inefficace la volonté de tous les autres, rompoit la diète, et fixoit au sein de la république les abus dont elle désiroit le plus impatiemment de se délivrer. Tout en signalant les inconvénients de la royauté élective, Rousseau la préfère à l'hérédité. Ce système, qui doit amener partout des agitations périodiques, appeloit de plus autour du trône de Pologne, chaque fois qu'il étoit vacant, les intrigues et la corruption. Long-temps néanmoins la république avoit subi sans trop de dommage ces redoutables épreuves, fière de rentrer, à chaque interrègne, dans l'exercice de ses droits antiques; orgueilleuse même de ce concours des ambitions étrangères pour une dignité dont elle disposoit, et rassurée enfin par cet hommage solennel que rendoit à ses libertés et à ses constitutions chaque nouveau roi qu'elle venoit d'élire.

Les Polonois n'attachoient pas moins d'intérêt à leurs confédérations, espèces d'insurrections légales, qui trouvoient, même hors de la Pologne, des défenseurs, et presque des panégyristes. Elles étoient, dit-on, de moindres maux que ceux qu'elles devoient guérir. Toujours est-il déplorable d'avoir besoin d'un tel remède, et qu'il n'y eût d'espoir pour la liberté que dans ces crises violentes, qui, ne pouvant jamais manquer d'occasions ou de prétextes, finissoient par devenir un désordre habituel et une maladie permanente. Au milieu de ces éternels orages, les effets politiques de l'esclavage des paysans de Pologne étoient peu aperçus. Cette servitude, dont l'origine n'est point féodale, ressembleroit, sous beaucoup de rapports, à celle dont nous voyons trop d'exemples dans l'histoire des anciens peuples. Mais par cela même, elle convenoit beaucoup moins à l'état moderne de la civilisation européenne. Elle étoit, après le tumulte des confédérations, le principal obstacle au progrès de l'industrie, du commerce et des arts, seuls moyens aujourd'hui qui puissent établir ou garantir la puissance et même l'indépendance d'une nation. Cette classe laborieuse, active, éclairée, qui répand la prospérité et la lumière au-dessous d'elle et au-dessus, cette classe moyenne en qui réside véritablement la force des grands états, n'existoit point en Pologne. Ajoutons que cette république n'armoit point ses paysans; qu'elle n'osoit pas les employer à la guerre; et qu'ainsi, lorsque ses voisins devenoient de jour en jour plus formidables, elle n'avoit point à leur opposer cette puissance militaire qui peut, en de certaines conjonctures, tenir lieu d'une puissance plus réelle. Il s'étoit élevé peu à peu en Pologne une grande noblesse que personne, dans les derniers temps, ne confondoit plus avec la noblesse vulgaire. Cette distinction, qui n'étoit avouée ni par les lois, ni même par le langage, se manifestoit de plus en plus dans les affaires et dans les mœurs. De vieilles généalogies, une plus longue succession de personnages puissants ou mémorables, une illustration plus soutenue, et surtout une opulence extrême, avoient jeté sur certaines maisons un éclat presque aussi fatal à ceux qu'il enorgueillissoit qu'à la multitude qui s'en laissoit éblouir. L'esprit de famille éteignoit de jour en jour, chez la plupart de ces grands, les vertus publiques qui avoient distingué et véritablement agrandi leurs ancêtres. L'ambition de quelques uns s'accoutumoit à chercher de l'appui dans les cours étrangères, et leur connivence secrète avec les ennemis de leur nation ajoutoit un danger de plus à ceux qui résultoient immédiatement de leur prédominance, et qui jadis avoient suffi contre de plus fortes républiques. Un autre genre d'anarchie, long-temps couvert, toujours cultivé, s'étoit développé au milieu du dernier siècle. Chez les anciens Polonois, le nom de *dissidents*, employé dans son sens originel, dans son acception la plus juste, avoit été appliqué sans distinction à tous les cultes pratiqués dans le pays, n'exprimant que le seul fait de leur diversité ; il comprenoit la communion romaine avec toutes celles dont elle différoit, et cette dissidence commune n'altéroit pas la paix générale. Dans la suite un langage moins exact annonça la discorde, si même il ne concourut pas à la produire ou à l'accroître. Ce nom de dissident ne désigna plus que ceux qui ne suivoient pas la religion de la multitude, et ces dissidents devinrent au milieu de l'état une classe isolée, rebutée, presque étrangère, à qui les droits communs étoient contestés. Ce n'est pas qu'on gênât l'exercice de leur culte : à cet égard on conservoit pour eux cette équité, que nous avons appelée tolérance. Mais on les dépouilloit de ces droits de cité dont la perte, au sein d'une république, entraîne tôt ou tard la perte de tous les autres droits. C'étoit offrir aux entreprises de la Russie un prétexte beaucoup plus plausible : Catherine, affectant pour les dissidents un zèle qu'encourageoient les lumières du siècle, exigea hautement la réparation de ces torts, et réduisit les Polonois à la nécessité de soutenir, avec un égal désavantage, leur injustice et leur indépendance.

Ainsi le despotisme russe, cause immédiate des malheurs de la Pologne, eut besoin, pour les consommer, du concours des causes précédentes. Mais, il en faut convenir, lorsqu'une fois les Polonois eurent consenti à placer leurs lois et leur liberté sous la garantie de la cour de Pétersbourg, il leur eût fallu, pour se défendre contre une telle protection, des efforts de sagesse qu'on ne pouvoit plus attendre de ceux qui l'avoient invoquée. Aussi vit-on le gouvernement de cette république passer en effet entre les mains de la czarine, et un vice-roi, sous le nom d'ambassadeur russe, maîtriser toutes les autorités polonoises, traiter tout ce peuple de nobles en sujets de sa souveraine, fatiguer la docilité des uns, et réprimer par les armes la rébellion des autres.

Le vice radical de la république polonoise consistoit, selon Jean-Jacques Rousseau, dans l'excessive étendue de son territoire. Si les autres vices n'étoient qu'accessoires, du moins ils avoient acquis un tel empire, que la Pologne, resserrée en 1773 dans des bornes plus étroites, n'en devint assurément ni plus libre ni plus heureuse. On l'a vue, au contraire, après vingt autres années d'oppression et de langueur, tomber tout entière au pouvoir de ceux qui l'avoient mutilée, et disparoître de la liste des états européens. Celui dont les destinées dominèrent pendant quatorze ans celles des nations et des rois humilia à son tour tous les oppresseurs de la Pologne; et déjà leur abaissement expioit les excès de leur ancienne puissance, quand, précipité lui-même du trône d'où il commandoit l'Europe entière, il laissa tomber de ses mains un sceptre dont les débris composent l'héritage de vingt rois. Si le plus digne usage de la victoire, si la plus douce consolation des vainqueurs consiste à délivrer des victimes, à étendre l'empire de la justice et de la raison, à rétablir entre les états cet équilibre qui garantit leur tranquillité, espérons que, tout éclipsée qu'elle est, la république de Pologne n'est pas éteinte. L'indépendance de ce pays est un intérêt de l'Europe autant qu'un droit des Polonois, et la régénération politique de ce malheureux peuple eût été l'ouvrage de Jean-Jacques Rousseau, si les rugissements du despotisme n'eussent étouffé la voix du philosophe, et si un roi indigne de l'être n'eût pas souillé son front d'un diadème acheté au prix de l'existence politique de son peuple.

Il faut convenir que le portrait qu'il fait ailleurs du prince qui tient un vaste empire rangé sous ses lois n'est

pas flatté. « Qu'a-t-il donc à faire, dit le philosophe, pour
« concilier l'indolence avec l'ambition, la puissance avec
« les plaisirs, et l'empire des dieux avec la vie animale?
« Choisir pour soi les vains honneurs, l'oisiveté, et re-
« mettre à d'autres les fonctions pénibles du gouverne-
« ment, en se réservant tout au plus de chasser ou
« changer ceux qui s'en acquittent trop mal ou trop bien.
« Par cette méthode, le dernier des hommes tiendra pai-
« siblement et commodément le sceptre de l'univers;
« plongé dans d'insipides voluptés, il promenera, s'il
« veut, de fête en fête son ignorance et son ennui. Ce-
« pendant on le traitera de conquérant, d'invincible, de
« roi des rois, d'empereur auguste, de monarque du
« monde, et de majesté sacrée. Oublié sur le trône, nul
« aux yeux de ses voisins, et même à ceux de ses sujets,
« encensé de tous sans être obéi de personne, foible ins-
« trument de la tyrannie des courtisans et de l'esclavage
« du peuple, on lui dira qu'il règne, et il croira régner.
« Voilà, ajoute Rousseau, le tableau général du gouver-
« nement de toute monarchie trop étendue. Qui veut
« soutenir le monde, et n'a pas les épaules d'Hercule,
« doit s'attendre d'être écrasé. »

Qui mieux que Rousseau pouvoit enseigner aux Polonois à se prémunir contre toute domination étrangère
par l'énergie de l'administration intérieure, par un système de lois sages, appropriées aux habitudes et aux
besoins de la nation, impartiales entre les villes, les
provinces, les classes, les opinions, les cultes et tous les
divers éléments qu'embrasse un empire? De qui pou-
voient-ils mieux apprendre qu'aucune illustration vieillie
n'égale celle qui éclate, qu'aucun nom suranné ne vaut
un nom qui s'immortalise, et qu'il est plus grand enfin
de rajeunir des états avec les débris de leurs vieilles institutions que d'aller trop imprudemment donner des lois

nouvelles à des peuples qui n'ont que des habitudes pour tout pacte social ?

Il ne faut pas perdre de vue que Jean-Jacques s'est proposé, dans ses Considérations sur le gouvernement de Pologne, un but tout différent de celui qu'il avoit en composant le Contrat social. Il jette dans le Contrat social les bases d'un gouvernement tout neuf, à l'usage d'un peuple qui se constitue en état de société ; au lieu que, dans les *Considérations sur le gouvernement de Pologne*, il prend les Polonois tels qu'ils se comportent avec les institutions politiques qui les régissent. Dans le premier cas il crée, dans le second il ne fait qu'amender. Cela explique l'espèce de contradiction qu'ont cru remarquer entre ces deux ouvrages les personnes qui n'ont pas voulu voir que les Considérations sur le gouvernement de Pologne ne sont qu'une espèce de consultation politique demandée à Rousseau.

Jean-Jacques avoit dit à la fin du chapitre x du livre II du Contrat social : « Il est encore en Europe un pays « capable de législation, c'est l'île de Corse. La valeur « et la constance avec laquelle ce brave peuple a su re- « couvrer et défendre sa liberté, mériteroient bien que « quelque homme sage lui apprît à la conserver. J'ai « quelque pressentiment qu'un jour cette petite île éton- « nera l'Europe. »

Quand les Corses eurent secoué le joug de la domination génoise, et qu'ils voulurent assurer leur indépendance, en se donnant des lois appropriées à leurs besoins, ils se rappelèrent ce passage du Contrat social, et le comte Buttafoco, capitaine au service de France, et ami de Paoli, adressa à Rousseau, le 13 août 1764, la lettre suivante : « Vous avez fait mention des Corses « d'une façon bien avantageuse pour eux. Un pareil « éloge, lorsqu'il part d'une plume aussi sincère que la

« vôtre, est très-propre à exciter l'émulation et le désir
« de mieux faire. Il a fait souhaiter à la nation que vous
« voulussiez être cet homme sage qui pourroit trouver
« les moyens de lui conserver cette liberté qui lui a
« coûté tant de sang...... Notre île est capable de rece-
« voir une bonne législation, mais il faut un législateur,
« et il faut que ce législateur ait vos principes; que son
« bonheur soit indépendant du nôtre; qu'il connoisse à
« fond la nature humaine, et que, dans les progrès des
« temps, se ménageant une gloire éloignée, il veuille
« travailler dans un siècle, et jouir dans un autre. Dai-
« gnez, Monsieur, être cet homme-là, et coopérer au
« bonheur de toute une nation, en traçant le plan du
« système politique qu'elle doit adopter. » Cette lettre
étoit la meilleure réponse aux diatribes de toute espèce
auxquelles l'auteur du Contrat social s'étoit trouvé en
butte, depuis que, placé par l'admiration publique au
même rang que Montesquieu, l'envie et la haine s'achar-
noient à sa gloire. Un peuple qui s'adressoit à lui pour
lui demander des lois, dans un temps où l'Europe presque entière gémissoit sous le joug de l'arbitraire, étoit
la récompense la plus flatteuse que pût recevoir le génie
sans autre pouvoir que celui de la raison et de la bonne
foi. Aussi Rousseau s'occupa-t-il, dans une suite de
lettres adressées à ce même comte Buttafoco, qui lui
avoit écrit au nom de ses concitoyens, à répondre à la
confiance des Corses. Il forma même le projet d'aller
habiter parmi eux, mais les persécutions qu'il éprouva
dans le même temps de la part du gouvernement de
Berne, qui le força d'aller chercher un asile loin de son
territoire, l'empêchèrent d'exécuter son projet.

On a dit quelque part que l'île de Corse ne fut con-
quise par les François, et cédée par les Génois à la
France, en 1768, que parce que Voltaire, jaloux de

l'auteur du Contrat social, ne vouloit pas que Rousseau fût le législateur de la Corse. Mais cette assertion n'est appuyée par aucun fait qui lui prête de la force. Voltaire eut assez de torts envers Rousseau, sans qu'il soit nécessaire d'en inventer. Adopter ce fait seroit accorder à Voltaire une influence qu'il ne pouvoit avoir, à cette époque, ni par lui-même, ni par ses amis.

Rousseau parlant dans ses Confessions de l'extrait qu'il a fait de deux ouvrages de l'abbé de Saint-Pierre, dont l'un a pour titre *Essai sur la paix perpétuelle*, et l'autre, *Polysynodie, ou pluralité des conseils*, dit que l'abbé de Saint-Pierre avoit laissé des « ouvrages pleins
« d'excellentes choses, qui méritoient d'être mieux dites.
« Mais il s'agissoit de lire, de méditer vingt-trois assom-
« mants gros volumes diffus, confus, pleins de redites,
« d'éternelles rabacheries, et de petites vues courtes ou
« fausses, parmi lesquelles il en falloit pêcher à la nage
« quelques unes, grandes, belles, et qui donnoient le
« courage de supporter ce pénible travail. »

Ce fut en 1756 qu'à la sollicitation de quelques personnes, qui tenoient encore aux idées de l'abbé de Saint-Pierre, et qui désiroient voir reproduire avec méthode, clarté et précision, ce que ces idées avoient de plus saillant, Jean-Jacques se chargea de porter l'ordre et la lumière dans ce chaos, d'en retirer ce qu'il y pourroit trouver d'utile, et de le rendre à la vie, en l'échauffant du feu de son génie. Plusieurs fois il fut tenté d'abandonner ce travail qui ne lui présentoit que du dégoût; mais il avoit promis à madame Dupin, à Saint-Lambert, à l'abbé de Mably, au comte de Saint-Pierre, neveu de l'abbé, et qui prenoit un vif intérêt à la mémoire de son oncle : il n'étoit plus temps de se dédire. Cependant, fatigué d'un travail qui ne pouvoit rien ajouter à sa gloire, il ne voyoit plus, dans les écrits de l'abbé de

Saint-Pierre, « que des vues superficielles, des projets
« utiles, il est vrai, mais impraticables, par l'erreur dont
« l'auteur n'avoit jamais pu sortir. » N'adoptant presque
aucune des idées de l'abbé de Saint-Pierre, Rousseau ne
pouvoit cependant pas mettre les siennes à la place; ce
n'étoit pas ce qu'il s'étoit chargé de faire. Pour tout
concilier, il fit d'abord l'extrait de ce qu'il trouva de
meilleur dans les manuscrits qu'on lui avoit remis, et
donna ses idées sur le même sujet à la suite de celles
de l'abbé de Saint-Pierre. De cette manière on eut ce
qu'il pouvoit y avoir de bon dans les rêveries de l'abbé,
et les idées hautes et grandes qu'elles firent jaillir de
la tête éminemment philosophique de Rousseau.

L'extrait du projet de paix perpétuelle avoit dû paroître d'abord dans un journal intitulé *le Monde*, que
rédigeoit un M. de Bastide, ami de Duclos; mais de
Bastide, qui l'avoit acheté de Rousseau, aima mieux le
faire imprimer séparément, en 1761, annonçant que l'autorité supérieure s'étoit opposée à ce qu'il l'insérât dans
son journal. Écoutons ce que dit Rousseau de ce projet
de paix perpétuelle, que notre Henri IV avoit rêvé lui-
même, moins il est vrai par amour de la paix, que pour
prévenir le retour de l'influence espagnole sur les affaires de l'Europe. « Admirons, dit-il, un si beau plan,
« mais consolons-nous de ne pas le voir exécuter; car
« cela ne se peut que par des moyens violents et redou-
« tables à l'humanité. On ne voit point de ligues fédéra-
« tives s'établir autrement que par des révolutions; et,
« sur ce principe, qui de nous oseroit dire si cette ligue
« européenne est à désirer ou à craindre? Elle feroit
« plus de mal tout d'un coup qu'elle n'en préviendroit
« pour les siècles..... On sent bien que par la diète eu-
« ropéenne le gouvernement de chaque état n'est pas
« moins fixé que par ses limites; qu'on ne peut garantir

« les princes de la révolte des sujets, sans garantir en
« même temps les sujets de la tyrannie des princes, et
« qu'autrement l'institution ne pourroit subsister. »

Ne semble-t-il pas, comme nous l'avons dit ailleurs, que Rousseau fut initié aux mystères de l'avenir? L'avenir n'a point de secret pour lui. Le temps semble avoir pris soin de justifier Jean-Jacques de ses opinions politiques : contestées de son vivant et long-temps même après sa mort, c'est de l'effet inévitable des passions humaines qu'elles ont attendu leur accomplissement. Il ne s'est montré grand politique que parce qu'il fut moraliste profond; il n'a lu dans l'avenir que parce qu'il sut lire dans le cœur humain; les passions de l'homme lui ont révélé toute son histoire; et l'histoire confirme aujourd'hui cette révélation. « Il se forme de temps en
« temps parmi nous, dit-il, des espèces de diètes géné-
« rales sous le nom de congrès, où l'on se rend solennel-
« lement de tous les états de l'Europe pour s'en retourner
« de même; où l'on s'assemble pour ne rien dire; où
« toutes les affaires publiques se traitent en particulier;
« où l'on délibère en commun si la table sera ronde ou
« carrée, si la salle aura plus ou moins de portes, si un
« plénipotentiaire aura le visage ou le dos tourné vers la
« fenêtre, si un tel fera deux pouces de chemin de plus
« ou de moins dans une visite; et sur mille questions de
« pareille importance, inutilement agitées depuis trois
« siècles, et très-dignes assurément d'occuper les poli-
« tiques du nôtre. »

Chassé de l'Académie françoise pour un écrit intitulé *Polysynodie, ou pluralité des conseils*, l'abbé de Saint-Pierre porta avec dignité le poids de cette disgrâce honorable; et Rousseau, qui tenoit compte aux hommes de ce qu'ils avoient voulu faire de bien, sans examiner quelle en avoit pu être la récompense, le vengea d'une manière digne de lui de la honte dont l'Académie françoise s'étoit couverte, en se rendant le vil instrument d'un aveugle pouvoir. On peut dire que l'abbé de Saint-Pierre fut chassé de l'Académie plus honorablement qu'il n'y étoit entré. De mauvais ouvrages lui en avoient ouvert les portes, de bonnes intentions les lui fermèrent : mais il ne sortit de ce corps que pour prendre place dans la considération et l'estime des gens de bien, qui ont conservé de son courage un tendre souvenir, et qui liront toujours avec intérêt l'extrait clair, simple et précis que Rousseau n'a pas dédaigné de faire d'un livre qui fournit à l'abbé de Saint-Pierre l'occasion d'éprouver jusqu'où peut aller la condescendance de certains hommes à servir les caprices du pouvoir, et à Jean-Jacques l'occasion de faire lire un ouvrage qui, sans lui, n'auroit été connu que par les disgrâces qu'il avoit values à son auteur.

NOTE
DU COMTE D'ANTRAIGUES,

SE RAPPORTANT A UN PASSAGE DU CONTRAT SOCIAL, LIVRE III, CHAPITRE XVI, A LA FIN.

Jean-Jacques Rousseau avoit eu la volonté d'établir, dans un ouvrage qu'il destinoit à éclaircir quelques chapitres du *Contrat social*, par quels moyens de petits états libres pouvoient exister à côté des grandes puissances, en formant des confédérations. Il n'a pas terminé cet ouvrage, mais il en avoit tracé le plan, posé les bases, et placé, à côté des seize chapitres de cet écrit, quelques unes de ses idées qu'il comptoit développer dans le corps de l'ouvrage. Ce manuscrit de trente-deux pages, entièrement écrit de sa main, me fut remis par lui-même, et il m'autorisa à en faire, dans le courant de ma vie, *l'usage que je croirois utile*.

Au mois de juillet 1789, relisant cet écrit, et frappé des idées sublimes du génie qui l'avoit composé, je crus (j'étois encore dans le délire de l'espérance) qu'il pouvoit être infiniment utile à mon pays et aux états-généraux, et je me déterminai à le publier.

J'eus le bonheur, avant de le livrer à l'impression, de consulter le meilleur de mes amis, que son expérience éclairoit sur les dangers qui nous entouroient, et dont la cruelle prévoyance devinoit quel usage funeste on feroit des écrits du grand homme dont je voulois publier les nouvelles idées. Il me prédit que les idées salutaires qu'il offroit seroient méprisées; mais que ce que ce nouvel écrit pouvoit contenir d'impraticable, de dangereux pour une monarchie, seroit précisément ce que l'on voudroit réaliser, et que de coupables ambitions s'étaieroient de cette grande autorité pour saper, et peut-être détruire l'autorité royale.

Combien je murmurai de ces réflexions! combien elles m'affligèrent! Je respectai l'ascendant de l'amitié unie à l'expérience, et je me soumis. Ah! que j'ai bien reçu le prix de cette déférence! Grand Dieu! que n'auroient-ils pas fait de cet écrit! comme ils l'auroient souillé, ceux qui, dédaignant d'étudier les écrits de ce grand homme, ont dénaturé et avili ses principes; ceux qui n'ont pas vu que le *Contrat social*, ouvrage isolé et abstrait, n'étoit applicable à aucun peuple de l'univers; ceux qui n'ont pas vu que ce même Jean-Jacques Rousseau, forcé d'appliquer ces préceptes à un peuple existant en corps de nation depuis des siècles, plioit aussitôt ses principes aux anciennes institutions de ce peuple, ménageoit tous les préjugés trop enracinés pour être détruits sans déchiremens, qui disoit après avoir tracé le tableau le plus déplorable de la constitution dégénérée de la Pologne:
« Corrigez, s'il se peut, les abus de votre constitution,
« mais ne méprisez pas celle qui vous a faits ce que vous
« êtes! »

Quel parti d'aussi mauvais disciples d'un si grand homme auroient tiré de l'écrit que son amitié m'avoit confié *s'il pouvoit être utile!*

Cet écrit que la sagesse d'autrui m'a préservé de publier *ne le sera jamais;* j'ai trop bien vu et de trop près le danger qu'il en résulteroit pour ma patrie. Après l'avoir communiqué à l'un des plus véritables amis de Jean-Jacques Rousseau, qui habite près du lieu où je suis, il n'existera plus que dans nos souvenirs.

(Cette note termine une brochure que le comte d'Antraigues, député du Vivarais à l'assemblée constituante, et qui émigra dès 1790, fit imprimer cette année même à Lausanne sous ce titre: *Quelle est la situation de l'Assemblée nationale?* in-8° de 60 pages.)

DU CONTRAT SOCIAL,

OU

PRINCIPES DU DROIT POLITIQUE.

>   Fœderis æquas
> Dicamus leges.
>   Virg. Æneid., lib. XI, v. 32.

AVERTISSEMENT.

Ce petit traité est extrait d'un ouvrage plus étendu, entrepris autrefois sans avoir consulté mes forces, et abandonné depuis long-temps. Des divers morceaux qu'on pouvoit tirer de ce qui étoit fait, celui-ci est le plus considérable, et m'a paru le moins indigne d'être offert au public. Le reste n'est déjà plus [1].

[1] * « Montesquieu n'a parlé que des lois positives; il a laissé son bel édifice imparfait : mais il falloit aller à la source même des lois, remonter à cette première convention expresse ou tacite qui lie toutes les sociétés. Le *Contrat social* a paru; c'est le portique du temple et le premier chapitre de l'Esprit des lois. C'est de l'auteur qu'on peut dire véritablement : *Le genre humain avoit perdu ses titres; Jean-Jacques les a retrouvés.* » (Note de Brizard, édition de Poinçot, tome VIII.)

Que l'on conteste ou non sur la validité de ces *titres* ou sur les conséquences qu'on en peut tirer dans l'application, il est certain que l'objet de notre auteur dans cet ouvrage est parfaitement déterminé par cette note d'un précédent éditeur; c'est ce qui nous a engagé à la reproduire.

Au surplus, Rousseau lui-même a présenté la substance de son *Contrat social* dans le livre V de l'*Émile*, lorsqu'il est question de faire voyager son élève, et il en a donné encore une analyse plus courte dans les *Lettres de la Montagne* (Lettre VI). En lisant ces deux morceaux après le *Contrat social*, on en saisira d'autant mieux l'ensemble et l'esprit général. (Note de M. Pétitain.)

DU CONTRAT SOCIAL,

OU

PRINCIPES DU DROIT POLITIQUE.

LIVRE I.

Je veux chercher si, dans l'ordre civil, il peut y avoir quelque règle d'administration légitime et sûre, en prenant les hommes tels qu'ils sont, et les lois telles qu'elles peuvent être. Je tâcherai d'allier toujours, dans cette recherche, ce que le droit permet avec ce que l'intérêt prescrit, afin que la justice et l'utilité ne se trouvent point divisées.

J'entre en matière sans prouver l'importance de mon sujet. On me demandera si je suis prince ou législateur pour écrire sur la politique. Je réponds que non, et que c'est pour cela que j'écris sur la politique. Si j'étois prince ou législateur, je ne perdrois pas mon temps à dire ce qu'il faut faire ; je le ferois, ou je me tairois.

Né citoyen d'un état libre, et membre du souverain, quelque foible influence que puisse avoir ma voix dans les affaires publiques, le droit d'y voter suffit pour m'imposer le devoir de m'en instruire : heureux, toutes les fois que je médite sur les gouvernements, de trouver toujours dans mes recherches de nouvelles raisons d'aimer celui de mon pays!

CHAPITRE I.

Sujet de ce premier livre.

L'homme est né libre, et partout il est dans les fers. Tel se croit le maître des autres, qui ne laisse pas d'être plus esclave qu'eux. Comment ce changement s'est-il fait? je l'ignore. Qu'est-ce qui peut le rendre légitime? je crois pouvoir résoudre cette question.

Si je ne considérois que la force, et l'effet qui en dérive, je dirois : Tant qu'un peuple est contraint d'obéir, et qu'il obéit, il fait bien; sitôt qu'il peut secouer le joug, et qu'il le secoue, il fait encore mieux : car, recouvrant sa liberté par le même droit qui la lui a ravie, ou il est fondé à la reprendre, ou on ne l'étoit point à la lui ôter. Mais l'ordre social est un droit sacré qui sert de base à tous les autres. Cependant ce droit ne vient point de la nature; il est donc fondé sur des conventions. Il s'agit de savoir quelles sont ces conventions. Avant d'en venir là, je dois établir ce que je viens d'avancer.

CHAPITRE II.

Des premières sociétés.

La plus ancienne de toutes les sociétés, et la seule naturelle, est celle de la famille : encore les enfants ne restent-ils liés au père qu'aussi long-temps qu'ils ont besoin de lui pour se conserver. Sitôt que ce besoin cesse, le lien naturel se dissout. Les enfants, exempts de l'obéissance qu'ils devoient au père; le père, exempt des soins qu'il devoit aux enfants, rentrent tous également dans l'indépendance. S'ils continuent de rester unis, ce n'est plus naturellement, c'est volontairement; et la famille elle-même ne se maintient que par convention.

Cette liberté commune est une conséquence de la nature de l'homme. Sa première loi est de veiller à sa propre conservation, ses premiers soins sont ceux qu'il se doit à lui-même; et sitôt qu'il est en âge de raison, lui seul étant juge des moyens propres à le conserver, devient par-là son propre maître.

La famille est donc, si l'on veut, le premier modèle des sociétés politiques : le chef est l'image du père, le peuple est l'image des enfants; et tous, étant nés égaux et libres, n'aliènent leur liberté que pour leur utilité. Toute la différence est que, dans la famille, l'amour du père pour ses enfants le paie des soins qu'il leur rend; et que, dans l'état, le plaisir de commander supplée à cet amour que le chef n'a pas pour ses peuples.

Grotius nie que tout pouvoir humain soit établi en faveur de ceux qui sont gouvernés : il cite l'esclavage en exemple. Sa plus constante manière de raisonner est d'établir toujours le droit par le fait[1]. On pourroit employer une méthode plus conséquente, mais non plus favorable aux tyrans.

Il est donc douteux, selon Grotius, si le genre humain appartient à une centaine d'hommes, ou si cette centaine d'hommes appartient au genre humain : et il paroît, dans tout son livre, pencher pour le premier avis : c'est aussi le sentiment de Hobbes. Ainsi voilà l'espèce humaine divisée en troupeaux de bétail, dont chacun a son chef, qui le garde pour le dévorer[2].

---

[1] « Les savantes recherches sur le droit public ne sont souvent « que l'histoire des anciens abus; et on s'est entêté mal à propos « quand on s'est donné la peine de les trop étudier. » *Traité des intérêts de la France avec ses voisins*, par M. le marquis d'Argenson (imprimé chez Rey, à Amsterdam). Voilà précisément ce qu'a fait Grotius.

[2] * Grotius, célèbre publiciste hollandais, mort en 1645, a publié un grand nombre d'ouvrages dont le plus renommé est son traité *de Jure belli et pacis*, traduit et commenté dans toutes les langues de l'Europe. La meilleure édition de la traduction françoise de Barbeyrac est de Bâle, 1746, 2 vol. in-4°.—Hobbes, philosophe anglois non moins célèbre, mort en 1679, est surtout connu

Comme un pâtre est d'une nature supérieure à celle de son troupeau, les pasteurs d'hommes, qui sont leurs chefs, sont aussi d'une nature supérieure à celle de leurs peuples. Ainsi raisonnoit, au rapport de Philon, l'empereur Caligula, concluant assez bien de cette analogie que les rois étoient des dieux, ou que les peuples étoient des bêtes [1].

Le raisonnement de ce Caligula revient à celui de Hobbes et de Grotius. Aristote, avant eux tous, avoit dit aussi [2] que les hommes ne sont point na-

---

par son traité *de Cive*, traduit en françois par Sorbière, 1649, in-8°. Cette traduction a été réimprimée avec celle de deux autres ouvrages du même auteur, sous le titre de *OEuvres philosophiques et politiques de Hobbes*, Neuchâtel (*Paris*), 1787, 2 vol. in-8°.

[1] * Philon, écrivain juif d'Alexandrie, fécond en belles pensées, est auteur de plusieurs ouvrages sur la morale et la religion, qui lui ont mérité le surnom de *Platon juif*. Envoyé en ambassade à Caligula, et n'ayant rien obtenu de cet empereur, il s'en vengea en écrivant, sous le titre d'*Ambassade à Caïus*, une espèce de relation qui est parvenue jusqu'à nous. Quant au passage dont il s'agit ici, le voici dans le style naïf que prête à Philon un vieux traducteur : « Caïus s'efforceant de se faire croyre Dieu, on dict qu'au commen-
« cement de ceste folle apprehension, il usa de ce propoz : Tout
« ainsy que les pastoureaulx des animaulx, comme bouviers, che-
« vriers, bergers, ne sont ni bœufs, ni chevres, ni aigneaux, ains
« sont hommes d'une meilleure condition et qualité, aussy fault
« penser que moy qui suis le gouverneur de ce tres-bon troupeau
« d'hommes, suis different des aultres, et que je ne tiens point de
« l'homme, mais d'une part plus grande et plus divine. Après qu'il
« eut imprimé ceste opinion dedans son esprit, etc. » *OEuvres de Philon*, traduction de P. Bellier, in-8°. Paris, 1598.

[2] * Politic., lib. 1, cap. 5.

turellement égaux; mais que les uns naissent pour l'esclavage, et les autres pour la domination.

Aristote avoit raison; mais il prenoit l'effet pour la cause. Tout homme né dans l'esclavage naît pour l'esclavage, rien n'est plus certain. Les esclaves perdent tout dans leurs fers, jusqu'au désir d'en sortir; ils aiment leur servitude comme les compagnons d'Ulysse aimoient leur abrutissement [1]. S'il y a donc des esclaves par nature, c'est parce qu'il y a eu des esclaves contre nature. La force a fait les premiers esclaves, leur lâcheté les a perpétués.

Je n'ai rien dit du roi Adam, ni de l'empereur Noé, père de trois grands monarques qui se partagèrent l'univers, comme firent les enfants de Saturne, qu'on a cru reconnoître en eux. J'espère qu'on me saura gré de cette modération; car, descendant directement de l'un de ces princes, et peut-être de la branche aînée, que sais-je si, par la vérification des titres, je ne me trouverois point le légitime roi du genre humain? Quoi qu'il en soit, on ne peut disconvenir qu'Adam n'ait été souverain du monde, comme Robinson de son île, tant qu'il en fut le seul habitant; et ce qu'il y avoit de commode dans cet empire étoit que le monarque, assuré sur son trône, n'avoit à craindre ni rébellion, ni guerres, ni conspirateurs.

[1] Voyez un petit traité de Plutarque, intitulé, *Que les bêtes usent de la raison.*

CHAPITRE III.

Du droit du plus fort.

Le plus fort n'est jamais assez fort pour être toujours le maître, s'il ne transforme sa force en droit, et l'obéissance en devoir. De là le droit du plus fort; droit pris ironiquement en apparence, et réellement établi en principe. Mais ne nous expliquera-t-on jamais ce mot? La force est une puissance physique; je ne vois point quelle moralité peut résulter de ses effets. Céder à la force est un acte de nécessité, non de volonté; c'est tout au plus un acte de prudence. En quel sens pourra-ce être un devoir?

Supposons un moment ce prétendu droit. Je dis qu'il n'en résulte qu'un galimatias inexplicable; car, sitôt que c'est la force qui fait le droit, l'effet change avec la cause: toute force qui surmonte la première succède à son droit. Sitôt qu'on peut désobéir impunément, on le peut légitimement; et puisque le plus fort a toujours raison, il ne s'agit que de faire en sorte qu'on soit le plus fort. Or qu'est-ce qu'un droit qui périt quand la force cesse? S'il faut obéir par force, on n'a pas besoin d'obéir par devoir; et si l'on n'est plus forcé d'obéir, on n'y est plus obligé. On voit donc que ce mot de *droit* n'ajoute rien à la force; il ne signifie ici rien du tout.

Obéissez aux puissances. Si cela veut dire cédez à la force, le précepte est bon, mais superflu; je réponds qu'il ne sera jamais violé. Toute puissance vient de Dieu, je l'avoue; mais toute maladie en vient aussi : est-ce à dire qu'il soit défendu d'appeler le médecin ? Qu'un brigand me surprenne au coin d'un bois, non seulement il faut par force donner la bourse; mais, quand je pourrois la soustraire, suis-je en conscience obligé de la donner? car enfin le pistolet qu'il tient est aussi une puissance.

Convenons donc que force ne fait pas droit, et qu'on n'est obligé d'obéir qu'aux puissances légitimes. Ainsi ma question primitive revient toujours.

CHAPITRE IV.

De l'esclavage.

Puisque aucun homme n'a une autorité naturelle sur son semblable, et puisque la force ne produit aucun droit, restent donc les conventions pour base de toute autorité légitime parmi les hommes.

Si un particulier, dit Grotius, peut aliéner sa liberté et se rendre esclave d'un maître, pourquoi tout un peuple ne pourroit-il pas aliéner la sienne et se rendre sujet d'un roi ? Il y a là bien des mots équivoques qui auroient besoin d'explication ; mais tenons-nous-en à celui d'*aliéner*. Aliéner, c'est donner ou vendre. Or, un homme qui se fait esclave d'un autre ne se donne pas ; il se vend tout au moins pour sa subsistance : mais un peuple, pourquoi se vend-il ? Bien loin qu'un roi fournisse à ses sujets leur subsistance, il ne tire la sienne que d'eux ; et, selon Rabelais, un roi ne vit pas de peu. Les sujets donnent donc leur personne, à condition qu'on prendra aussi leur bien ? Je ne vois pas ce qu'il leur reste à conserver.

On dira que le despote assure à ses sujets la tranquillité civile ; soit : mais qu'y gagnent-ils, si les guerres que son ambition leur attire, si son insatiable avidité, si les vexations de son ministère les désolent plus que ne feroient leurs dissensions ? Qu'y gagnent-ils, si cette tranquillité même est une de leurs misères ? On vit tranquille aussi dans les cachots : en est-ce assez pour s'y trouver bien ? Les Grecs enfermés dans l'antre du cyclope y vivoient tranquilles, en attendant que leur tour vînt d'être dévorés.

Dire qu'un homme se donne gratuitement, c'est dire une chose absurde et inconcevable ; un tel acte est illégitime et nul, par cela seul que celui qui le fait n'est pas dans son bon sens. Dire la même chose de tout un peuple, c'est supposer un peuple de fous : la folie ne fait pas droit.

Quand chacun pourroit s'aliéner lui-même, il ne peut aliéner ses enfants; ils naissent hommes et libres; leur liberté leur appartient, nul n'a droit d'en disposer qu'eux. Avant qu'ils soient en âge de raison, le père peut, en leur nom, stipuler des conditions pour leur conservation, pour leur bien-être, mais non les donner irrévocablement et sans condition; car un tel don est contraire aux fins de la nature, et passe les droits de la paternité. Il faudroit donc, pour qu'un gouvernement arbitraire fût légitime, qu'à chaque génération le peuple fût le maître de l'admettre ou de le rejeter: mais alors ce gouvernement ne seroit plus arbitraire.

Renoncer à sa liberté, c'est renoncer à sa qualité d'homme, aux droits de l'humanité, même à ses devoirs. Il n'y a nul dédommagement possible pour quiconque renonce à tout. Une telle renonciation est incompatible avec la nature de l'homme; et c'est ôter toute moralité à ses actions que d'ôter toute liberté à sa volonté. Enfin c'est une convention vaine et contradictoire de stipuler d'une part une autorité absolue, et de l'autre une obéissance sans bornes. N'est-il pas clair qu'on n'est engagé à rien envers celui dont on a droit de tout exiger? Et cette seule condition, sans équivalent, sans échange, n'entraîne-t-elle pas la nullité de l'acte? Car, quel droit mon esclave auroit-il contre moi, puisque tout ce qu'il a m'appartient, et que, son droit étant le mien, ce droit de moi contre moi-même est un mot qui n'a aucun sens?

Grotius et les autres tirent de la guerre une autre origine du prétendu droit d'esclavage. Le vainqueur ayant, selon eux, le droit de tuer le vaincu, celui-ci peut racheter sa vie aux dépens de sa liberté; convention d'autant plus légitime qu'elle tourne au profit de tous deux.

Mais il est clair que ce prétendu droit de tuer les vaincus ne résulte en aucune manière de l'état de guerre. Par cela seul que les hommes, vivant dans leur primitive indépendance, n'ont point entre eux de rapport assez constant pour constituer ni l'état de paix ni l'état de guerre, ils ne sont point naturellement ennemis. C'est le rapport des choses et non des hommes qui constitue la guerre; et l'état de guerre ne pouvant naître des simples relations personnelles, mais seulement des relations réelles, la guerre privée ou d'homme à homme ne peut exister, ni dans l'état de nature, où il n'y a point de propriété constante, ni dans l'état social, où tout est sous l'autorité des lois.

Les combats particuliers, les duels, les rencontres, sont des actes qui ne constituent point un état; et à l'égard des guerres privées, autorisées par les établissements de Louis IX, roi de France, et suspendues par la paix de Dieu, ce sont des abus du gouvernement féodal; système absurde, s'il en fut jamais, contraire aux principes du droit naturel et à toute bonne *politie*.

La guerre n'est donc point une relation d'homme à homme, mais une relation d'état à état, dans laquelle les particuliers ne sont ennemis qu'accidentellement; non point comme hommes, ni même comme citoyens[1], mais comme soldats; non point comme membres de la patrie, mais comme ses défenseurs. Enfin chaque état ne peut avoir pour ennemis que d'autres états, et non pas des hommes, attendu qu'entre choses de diverses natures on ne peut fixer aucun vrai rapport.

Ce principe est même conforme aux maximes établies de tous les temps et à la pratique constante de tous les peuples policés. Les déclarations

---

[1] Les Romains, qui ont entendu et plus respecté le droit de la guerre qu'aucune nation du monde, portoient si loin le scrupule à cet égard, qu'il n'étoit pas permis à un citoyen de servir comme volontaire, sans s'être engagé expressément contre l'ennemi, et nommément contre tel ennemi. Une légion où Caton le fils faisoit ses premières armes sous Popilius ayant été réformée, Caton le père écrivit à Popilius que, s'il vouloit bien que son fils continuât de servir sous lui, il falloit lui faire prêter un nouveau serment militaire, parce que, le premier étant annulé, il ne pouvoit plus porter les armes contre l'ennemi. Et le même Caton écrivit à son fils de se bien garder de se présenter au combat qu'il n'eût prêté ce nouveau serment. Je sais qu'on pourra m'opposer le siége de Clusium et d'autres faits particuliers; mais moi je cite des lois, des usages. Les Romains sont ceux qui ont le moins souvent transgressé leurs lois; et ils sont les seuls qui en aient eu d'aussi belles [*].

[*] Pour le serment exigé par Caton père, voyez Cic., *de Offic.*, lib. I, c. 11. Pour le fait relatif au siége de Clusium, voy. Tit.-Liv., liv. V, chap. xxxv - xxxvii.

de guerre sont moins des avertissements aux puissances qu'à leurs sujets. L'étranger, soit roi, soit particulier, soit peuple, qui vole, tue, ou détient les sujets, sans déclarer la guerre au prince, n'est pas un ennemi, c'est un brigand. Même en pleine guerre, un prince juste s'empare bien, en pays ennemi, de tout ce qui appartient au public; mais il respecte la personne et les biens des particuliers; il respecte des droits sur lesquels sont fondés les siens. La fin de la guerre étant la destruction de l'état ennemi, on a droit d'en tuer les défenseurs tant qu'ils ont les armes à la main; mais sitôt qu'ils les posent et se rendent, cessant d'être ennemis ou instruments de l'ennemi, ils redeviennent simplement hommes; et l'on n'a plus de droit sur leur vie. Quelquefois on peut tuer l'état sans tuer un seul de ses membres : or la guerre ne donne aucun droit qui ne soit nécessaire à sa fin. Ces principes ne sont pas ceux de Grotius; ils ne sont pas fondés sur des autorités de poètes; mais ils dérivent de la nature des choses, et sont fondés sur la raison.

A l'égard du droit de conquête, il n'a d'autre fondement que la loi du plus fort. Si la guerre ne donne point au vainqueur le droit de massacrer les peuples vaincus, ce droit, qu'il n'a pas, ne peut fonder celui de les asservir. On n'a le droit de tuer l'ennemi que quand on ne peut le faire esclave; le droit de le faire esclave ne vient donc pas du droit de le tuer : c'est donc un échange inique de lui faire acheter au prix de sa liberté sa vie, sur laquelle on n'a aucun droit. En établissant le droit de vie et de mort sur le droit d'esclavage, et le droit d'esclavage sur le droit de vie et de mort, n'est-il pas clair qu'on tombe dans le cercle vicieux ?

En supposant même ce terrible droit de tout tuer, je dis qu'un esclave fait à la guerre, ou un peuple conquis, n'est tenu à rien du tout envers son maître, qu'à lui obéir autant qu'il y est forcé. En prenant un équivalent à sa vie, le vainqueur ne lui en n'a point fait grâce : au lieu de le tuer sans fruit, il l'a tué utilement. Loin donc qu'il ait acquis sur lui nulle autorité jointe à la force, l'état de guerre ne suppose aucun traité de paix. Ils ont fait une convention; soit : mais cette convention, loin de détruire l'état de guerre, en suppose la continuité.

Ainsi, de quelque sens qu'on envisage les choses, le droit d'esclavage est nul, non seulement parce qu'il est illégitime, mais parce qu'il est absurde et ne signifie rien. Ces mots, *esclave* et *droit*, sont contradictoires; ils s'excluent mutuellement. Soit d'un homme à un homme, soit d'un homme à un peuple, ce discours sera toujours également insensé : « Je fais avec toi une convention toute à ta « charge et toute à mon profit, que j'observerai « tant qu'il me plaira, et que tu observeras tant « qu'il me plaira. »

CHAPITRE V.

Qu'il faut toujours remonter à une première convention.

Quand j'accorderois tout ce que j'ai réfuté jusqu'ici, les fauteurs du despotisme n'en seroient pas plus avancés. Il y aura toujours une grande différence entre soumettre une multitude, et régir une société. Que des hommes épars soient successivement asservis à un seul, en quelque nombre qu'ils puissent être, je ne vois là qu'un maître et des esclaves, je n'y vois point un peuple et son chef: c'est, si l'on veut, une agrégation, mais non pas une association; il n'y a là ni bien public ni corps politique. Cet homme, eût-il asservi la moitié du monde, n'est toujours qu'un particulier; son intérêt, séparé de celui des autres, n'est toujours qu'un intérêt privé. Si ce même homme vient à périr, son empire, après lui, reste épars et sans liaison, comme un chêne se dissout et tombe en un tas de cendre, après que le feu l'a consumé.

Un peuple, dit Grotius, peut se donner à un roi. Selon Grotius un peuple est donc un peuple avant de se donner à un roi. Ce don même est un acte civil; il suppose une délibération publique. Avant donc que d'examiner l'acte par lequel un peuple élit un roi, il seroit bon d'examiner l'acte par lequel un peuple est un peuple; car cet acte, étant nécessairement antérieur à l'autre, est le vrai fondement de la société.

En effet, s'il n'y avoit point de convention antérieure, où seroit, à moins que l'élection ne fût unanime, l'obligation pour le petit nombre de se soumettre au choix du grand? et d'où cent qui veulent un maître ont-ils le droit de voter pour dix qui n'en veulent point? La loi de la pluralité des suffrages est elle-même un établissement de convention, et suppose, au moins une fois, l'unanimité.

CHAPITRE VI.

Du pacte social.

Je suppose les hommes parvenus à ce point où les obstacles qui nuisent à leur conservation dans l'état de nature l'emportent par leur résistance sur les forces que chaque individu peut employer pour se maintenir dans cet état. Alors cet état primitif ne peut plus subsister; et le genre humain périroit s'il ne changeoit de manière d'être.

Or, comme les hommes ne peuvent engendrer de nouvelles forces, mais seulement unir et diriger celles qui existent, ils n'ont plus d'autre moyen pour se conserver que de former par agrégation une somme de forces qui puisse l'emporter sur la résistance, de les mettre en jeu par un seul mobile, et de les faire agir de concert.

Cette somme de forces ne peut naître que du concours de plusieurs; mais la force et la liberté de chaque homme étant les premiers instruments de sa conservation, comment les engagera-t-il sans se nuire et sans négliger les soins qu'il se doit? Cette difficulté, ramenée à mon sujet, peut s'énoncer en ces termes :

« Trouver une forme d'association qui défende
« et protége de toute la force commune la per-
« sonne et les biens de chaque associé, et par
« laquelle chacun, s'unissant à tous, n'obéisse
« pourtant qu'à lui-même, et reste aussi libre qu'au-
« paravant. » Tel est le problème fondamental dont le Contrat social donne la solution.

Les clauses de ce contrat sont tellement déterminées par la nature de l'acte, que la moindre modification les rendroit vaines et de nul effet; en sorte que, bien qu'elles n'aient peut-être jamais été formellement énoncées, elles sont partout les mêmes, partout tacitement admises et reconnues, jusqu'à ce que, le pacte social étant violé, chacun rentre alors dans ses premiers droits, et reprenne sa liberté naturelle, en perdant la liberté conventionnelle pour laquelle il y renonça.

Ces clauses, bien entendues, se réduisent toutes à une seule: savoir, l'aliénation totale de chaque associé avec tous ses droits à toute la communauté;

car, premièrement, chacun se donnant tout entier, la condition est égale pour tous; et la condition étant égale pour tous, nul n'a intérêt de la rendre onéreuse aux autres.

De plus, l'aliénation se faisant sans réserve, l'union est aussi parfaite qu'elle peut l'être, et nul associé n'a plus rien à réclamer; car, s'il restoit quelques droits aux particuliers, comme il n'y auroit aucun supérieur commun qui pût prononcer entre eux et le public, chacun, étant en quelque point son propre juge, prétendroit bientôt l'être en tous; l'état de nature subsisteroit, et l'association deviendroit nécessairement tyrannique ou vaine.

Enfin chacun se donnant à tous ne se donne à personne; et comme il n'y a pas un associé sur lequel on n'acquière le même droit qu'on lui cède sur soi, on gagne l'équivalent de tout ce qu'on perd, et plus de force pour conserver ce qu'on a.

Si donc on écarte du pacte social ce qui n'est pas de son essence, on trouvera qu'il se réduit aux termes suivants: « Chacun de nous met en commun « sa personne et toute sa puissance sous la suprême « direction de la volonté générale; et nous rece- « vons encore chaque membre comme partie indi- « visible du tout. »

A l'instant, au lieu de la personne particulière de chaque contractant, cet acte d'association produit un corps moral et collectif, composé d'autant de membres que l'assemblée a de voix; lequel reçoit de ce même acte son unité, son *moi* commun, sa vie, et sa volonté. Cette personne publique, qui se forme ainsi par l'union de tous les autres, prenoit autrefois le nom de *cité*[1], et prend maintenant celui de *république* ou de *corps politique*, lequel est appelé par ses membres *état* quand il est passif, *souverain* quand il est actif, *puissance* en le comparant à ses semblables. A l'égard des associés, ils prennent collectivement le nom de *peuple*, et

[1] Le vrai sens de ce mot s'est presque entièrement effacé chez les modernes : la plupart prennent une ville pour une cité, et un bourgeois pour un citoyen. Ils ne savent pas que les maisons font la ville, mais que les citoyens font la cité. Cette même erreur coûta cher autrefois aux Carthaginois. Je n'ai pas lu que le titre de *cives* ait jamais été donné au sujet d'aucun prince, pas même anciennement aux Macédoniens, ni de nos jours, aux Anglois, quoique plus près de la liberté que tous les autres. Les seuls François prennent tous familièrement ce nom de *citoyens*, parce qu'ils n'en ont aucune véritable idée, comme on peut le voir dans leurs dictionnaires ; sans quoi ils tomberoient, en l'usurpant, dans le crime de lèse-majesté : ce nom, chez eux, exprime une vertu, et non pas un droit. Quand Bodin a voulu parler de nos citoyens et bourgeois, il a fait une lourde bévue, en prenant les uns pour les autres*. M. d'Alembert ne s'y est pas trompé, et a bien distingué, dans son article *Genève*, les quatre ordres d'hommes (même cinq, en y comptant les simples étrangers) ** qui sont dans notre ville, et dont deux seulement composent la république. Nul autre auteur françois, que je sache, n'a compris le vrai sens du mot *citoyen*.

* M. Brizard observe ici avec raison que Bodin écrivoit dans un temps où le nom de citoyen en France n'étoit pas un vain titre, et qu'il l'avoit soutenu lui-même avec autant de fermeté que d'éloquence dans les états de Blois, en 1588.

** Même *six*, comme il sera prouvé dans le *Tableau de la constitution de Genève*, qui servira d'introduction aux *Lettres de la Montagne*.

s'appellent en particulier *citoyens*, comme participant à l'autorité souveraine, *sujets*, comme soumis aux lois de l'état. Mais ces termes se confondent souvent et se prennent l'un pour l'autre ; il suffit de les savoir distinguer quand ils sont employés dans toute leur précision.

CHAPITRE VII.

Du souverain.

On voit par cette formule que l'acte d'association renferme un engagement réciproque du public avec les particuliers, et que chaque individu, contractant pour ainsi dire avec lui-même, se trouve engagé, sous un double rapport : savoir, comme membre du souverain envers les particuliers, et comme membre de l'état envers le souverain. Mais on ne peut appliquer ici la maxime du droit civil, que nul n'est tenu aux engagements pris avec lui-même ; car il y a bien de la différence entre s'obliger envers soi, ou envers un tout dont on fait partie.

Il faut remarquer encore que la délibération publique, qui peut obliger tous les sujets envers le souverain, à cause des deux différents rapports sous lesquels chacun d'eux est envisagé, ne peut, par la raison contraire, obliger le souverain envers lui-même, et que par conséquent il est contre la nature du corps politique que le souverain s'impose une loi qu'il ne puisse enfreindre. Ne pouvant se considérer que sous un seul et même rapport, il est alors dans le cas d'un particulier contractant avec soi-même; par où l'on voit qu'il n'y a ni ne peut y avoir nulle espèce de loi fondamentale obligatoire pour le corps du peuple, pas même le contrat social. Ce qui ne signifie pas que ce corps ne puisse fort bien s'engager envers autrui, en ce qui ne déroge point à ce contrat; car, à l'égard de l'étranger, il devient un être simple, un individu.

Mais le corps politique ou le souverain, ne tirant son être que de la sainteté du contrat, ne peut jamais s'obliger, même envers autrui, à rien qui déroge à cet acte primitif, comme d'aliéner quelque portion de lui-même, ou de se soumettre à un autre souverain. Violer l'acte par lequel il existe seroit s'anéantir; et ce qui n'est rien ne produit rien.

Sitôt que cette multitude est ainsi réunie en un corps, on ne peut offenser un des membres sans attaquer le corps, encore moins offenser le corps sans que les membres s'en ressentent. Ainsi le devoir et l'intérêt obligent également les deux parties contractantes à s'entr'aider mutuellement; et les mêmes hommes doivent chercher à réunir, sous ce double rapport, tous les avantages qui en dépendent.

Or, le souverain n'étant formé que de particuliers qui le composent, n'a ni ne peut avoir d'intérêt contraire au leur; par conséquent la puissance souveraine n'a nul besoin de garant envers les sujets, parce qu'il est impossible que le corps veuille nuire à tous ses membres; et nous verrons ci-après qu'il ne peut nuire à aucun en particulier. Le souverain, par cela seul qu'il est, est toujours tout ce qu'il doit être.

Mais il n'en est pas ainsi des sujets envers le souverain, auquel, malgré l'intérêt commun, rien ne répondroit de leurs engagements, s'il ne trouvoit des moyens de s'assurer de leur fidélité.

En effet chaque individu peut, comme homme, avoir une volonté particulière contraire ou dissemblable à la volonté générale qu'il a comme citoyen : son intérêt particulier peut lui parler tout autrement que l'intérêt commun; son existence absolue, et naturellement indépendante, peut lui faire envisager ce qu'il doit à la cause commune comme une contribution gratuite, dont la perte sera moins nuisible aux autres, que le paiement n'en est onéreux pour lui; et regardant la personne morale qui constitue l'état comme un être de raison, parce que ce n'est pas un homme, il jouiroit des droits du citoyen sans vouloir remplir les devoirs du sujet; injustice dont le progrès causeroit la ruine du corps politique.

Afin donc que ce pacte social ne soit pas un vain formulaire, il renferme tacitement cet engagement, qui seul peut donner de la force aux autres, que quiconque refusera d'obéir à la volonté générale y sera contraint par tout le corps : ce qui ne signifie autre chose sinon qu'on le forcera d'être libre; car telle est la condition qui, donnant chaque citoyen à la patrie, le garantit de toute dépendance personnelle; condition qui fait l'artifice et le jeu de la machine politique, et qui seule rend légitimes les engagements civils, lesquels, sans cela, seroient absurdes, tyranniques, et sujets aux plus énormes abus.

CHAPITRE VIII.

De l'état civil.

Ce passage de l'état de nature à l'état civil produit dans l'homme un changement très-remarquable, en substituant dans sa conduite la justice à l'instinct, et donnant à ses actions la moralité qui leur manquoit auparavant. C'est alors seulement que, la voix du devoir succédant à l'impulsion physique, et le droit à l'appétit, l'homme, qui jusque-là n'avoit regardé que lui-même, se voit forcé d'agir sur d'autres principes, et de consulter sa raison avant d'écouter ses penchants. Quoiqu'il se prive dans cet état de plusieurs avantages qu'il tient de la nature, il en regagne de si grands, ses facultés s'exercent et se développent, ses idées s'étendent, ses sentiments s'ennoblissent, son ame tout entière s'élève à tel point que, si les abus de cette nouvelle condition ne le dégradoient souvent au-dessous de celle dont il est sorti, il devroit bénir sans cesse l'instant heureux qui l'en arracha pour jamais, et qui d'un animal stupide et borné, fit un être intelligent et un homme.

Réduisons toute cette balance à des termes faciles à comparer : ce que l'homme perd par le contrat social, c'est sa liberté naturelle et un droit illimité à tout ce qu'il tente et qu'il peut atteindre; ce qu'il gagne, c'est la liberté civile et la propriété de tout ce qu'il possède. Pour ne pas se tromper dans ces compensations, il faut bien distinguer la liberté naturelle, qui n'a pour bornes que les forces de l'individu, de la liberté civile, qui est limitée par la volonté générale; et la possession qui n'est que l'effet de la force ou le droit du premier occupant, de la propriété, qui ne peut être fondée que sur un titre positif.

On pourroit, sur ce qui précède, ajouter à l'acquit de l'état civil la liberté morale, qui seule rend l'homme vraiment maître de lui; car l'impulsion du seul appétit est esclavage, et l'obéissance à la loi qu'on s'est prescrite est liberté. Mais je n'en ai déjà que trop dit sur cet article, et le sens philosophique du mot *liberté* n'est pas ici de mon sujet.

CHAPITRE IX.

Du domaine réel.

Chaque membre de la communauté se donne à elle au moment qu'elle se forme, tel qu'il se trouve actuellement, lui et toutes ses forces, dont les biens qu'il possède font partie. Ce n'est pas que, par cet acte, la possession change de nature en changeant de mains, et devienne propriété dans celles du souverain; mais comme les forces de la cité sont incomparablement plus grandes que celles d'un particulier, la possession publique est aussi, dans le fait, plus forte et plus irrévocable, sans être plus légitime, au moins pour les étrangers : car l'état, à l'égard de ses membres, est maître de tous leurs biens par le contrat social, qui, dans l'état, sert de base à tous les droits; mais il ne l'est, à l'égard des autres puissances, que par le droit du premier occupant, qu'il tient des particuliers.

Le droit du premier occupant, quoique plus réel que celui du plus fort, ne devient un vrai droit qu'après l'établissement de celui de propriété. Tout homme a naturellement droit à tout ce qui lui est nécessaire; mais l'acte positif qui le rend propriétaire de quelque bien l'exclut de tout le reste. Sa part étant faite, il doit s'y borner, et n'a plus aucun droit à la communauté. Voilà pourquoi le droit de premier occupant, si foible dans l'état de nature, est respectable à tout homme civil. On respecte moins dans ce droit ce qui est à autrui que ce qui n'est pas à soi.

En général, pour autoriser sur un terrain quelconque le droit de premier occupant, il faut les conditions suivantes : premièrement, que ce terrain ne soit encore habité par personne ; secondement, qu'on n'en occupe que la quantité dont on a besoin pour subsister ; en troisième lieu, qu'on en prenne possession, non par une vaine cérémonie, mais par le travail et la culture, seul signe de propriété qui, au défaut de titres juridiques, doive être respecté d'autrui.

En effet, accorder au besoin et au travail le droit de premier occupant, n'est-ce pas l'étendre aussi loin qu'il peut aller? Peut-on ne pas donner des bornes à ce droit? Suffira-t-il de mettre le pied sur un terrain commun pour s'en prétendre aussitôt le maître? Suffira-t-il d'avoir la force d'en écarter un moment les autres hommes pour leur ôter le droit d'y jamais revenir? Comment un homme ou un peuple peut-il s'emparer d'un territoire immense et en priver tout le genre humain autrement que par une usurpation punissable, puisqu'elle ôte au reste des hommes le séjour et les aliments que la nature leur donne en commun? Quand Nunez Balboa prenoit sur le rivage possession de la mer du Sud et de toute l'Amérique méridionale au nom de la couronne de Castille [1], étoit-ce assez pour en déposséder tous les habitants et en exclure tous les princes du monde? Sur ce pied-là, ces cérémonies se multiplioient assez vainement; et le roi catholique n'avoit tout d'un coup qu'à prendre de son cabinet possession de tout l'univers, sauf à retrancher ensuite de son empire ce qui étoit auparavant possédé par les autres princes.

On conçoit comment les terres des particuliers réunies et contiguës deviennent le territoire public, et comment le droit de souveraineté, s'étendant des sujets au terrain qu'ils occupent, devient à la fois réel et personnel; ce qui met les possesseurs dans une plus grande dépendance, et fait de leurs forces mêmes les garants de leur fidélité; avantage qui ne paroît pas avoir été bien senti des anciens monarques, qui, ne s'appelant que rois des Perses, des Scythes, des Macédoniens, sembloient se regarder comme les chefs des hommes plutôt que comme les maîtres du pays. Ceux d'aujourd'hui s'appellent plus habilement rois de France, d'Espagne, d'Angleterre, etc. : en tenant ainsi le terrain, ils sont bien sûrs d'en tenir les habitants.

Ce qu'il y a de singulier dans cette aliénation,

[1] * Cette prise de possession eut lieu en vertu d'une bulle d'Alexandre VI (Borgia), datée de l'an 1493. Depuis, on n'a plus eu besoin de bulle. Cette formalité n'ajoutoit rien au droit et le donnoit encore moins.

4.

c'est que, loin qu'en acceptant les biens des particuliers, la communauté les en dépouille, elle ne fait que leur en assurer la légitime possession, changer l'usurpation en un véritable droit, et la jouissance en propriété. Alors les possesseurs étant considérés comme dépositaires du bien public, leurs droits étant respectés de tous les membres de l'état et maintenus de toutes ses forces contre l'étranger, par une cession avantageuse au public et plus encore à eux-mêmes, ils ont pour ainsi dire acquis tout ce qu'ils ont donné : paradoxe qui s'explique aisément par la distinction des droits que le souverain et le propriétaire ont sur le même fonds, comme on verra ci-après.

Il peut arriver aussi que les hommes commencent à s'unir avant que de rien posséder, et que s'emparant ensuite d'un terrain suffisant pour tous, ils en jouissent en commun, ou qu'ils le partagent entre eux, soit également, soit selon des proportions établies par le souverain. De quelque manière que se fasse cette acquisition, le droit que chaque particulier a sur son propre fonds est toujours subordonné au droit que la communauté a sur tous; sans quoi il n'y auroit ni solidité dans le lien social, ni force réelle dans l'exercice de la souveraineté.

Je terminerai ce chapitre et ce livre par une remarque qui doit servir de base à tout le système social; c'est qu'au lieu de détruire l'égalité naturelle; le pacte fondamental substitue au contraire une égalité morale et légitime à ce que la nature avoit pu mettre d'inégalité physique entre les hommes, et que, pouvant être inégaux en force ou en génie, ils deviennent tous égaux par convention et de droit[1].

[1] Sous les mauvais gouvernements, cette égalité n'est qu'apparente et illusoire; elle ne sert qu'à maintenir le pauvre dans sa misère, et le riche dans son usurpation. Dans le fait, les lois sont toujours utiles à ceux qui possèdent et nuisibles à ceux qui n'ont rien : d'où il suit que l'état social n'est avantageux aux hommes qu'autant qu'ils ont tous quelque chose, et qu'aucun d'eux n'a rien de trop.

LIVRE II.

CHAPITRE I.

Que la souveraineté est inaliénable.

La première et la plus importante conséquence des principes ci-devant établis est que la volonté générale peut seule diriger les forces de l'état selon la fin de son institution, qui est le bien commun; car si l'opposition des intérêts particuliers a rendu nécessaire l'établissement des sociétés, c'est l'accord de ces mêmes intérêts qui l'a rendu possible. C'est ce qu'il y a de commun dans ces différents intérêts qui forme le lien social; et s'il n'y avoit pas quelque point dans lequel tous les intérêts s'accordent, nulle société ne sauroit exister. Or, c'est uniquement sur cet intérêt commun que la société doit être gouvernée.

Je dis donc que la souveraineté, n'étant que l'exercice de la volonté générale, ne peut jamais s'aliéner, et que le souverain, qui n'est qu'un être collectif, ne peut être représenté que par lui-même : le pouvoir peut bien se transmettre, mais non pas la volonté.

En effet, s'il n'est pas impossible qu'une volonté

particulière s'accorde sur quelque point avec la volonté générale, il est impossible au moins que cet accord soit durable et constant; car la volonté particulière tend, par sa nature, aux préférences, et la volonté générale à l'égalité. Il est plus impossible encore qu'on ait un garant de cet accord, quand même il devroit toujours exister; ce ne seroit pas un effet de l'art, mais du hasard. Le souverain peut bien dire : Je veux actuellement ce que veut un tel homme, ou du moins ce qu'il dit vouloir; mais il ne peut pas dire : Ce que cet homme voudra demain, je le voudrai encore, puisqu'il est absurde que la volonté se donne des chaînes pour l'avenir, et puisqu'il ne dépend d'aucune volonté de consentir à rien de contraire au bien de l'être qui veut. Si donc le peuple promet simplement d'obéir, il se dissout par cet acte, il perd sa qualité de peuple; à l'instant qu'il y a un maître, il n'y a plus de souverain, et dès-lors le corps politique est détruit.

Ce n'est point à dire que les ordres des chefs ne puissent passer pour des volontés générales, tant que le souverain, libre de s'y opposer, ne le fait pas. En pareil cas, du silence universel on doit présumer le consentement du peuple. Ceci s'expliquera plus au long.

CHAPITRE II.

Que la souveraineté est indivisible.

Par la même raison que la souveraineté est inaliénable, elle est indivisible ; car la volonté est générale[1], ou elle ne l'est pas ; elle est celle du corps du peuple, ou seulement d'une partie. Dans le premier cas, cette volonté déclarée est un acte de souveraineté, et fait loi ; dans le second, ce n'est qu'une volonté particulière, ou un acte de magistrature ; c'est un décret tout au plus.

Mais nos politiques, ne pouvant diviser la souveraineté dans son principe, la divisent dans son objet ; ils la divisent en force et en volonté ; en puissance législative et en puissance exécutive ; en droits d'impôts, de justice et de guerre ; en administration intérieure, et en pouvoir de traiter avec l'étranger : tantôt ils confondent toutes ces parties, et tantôt ils les séparent. Ils font du souverain un être fantastique et formé de pièces rapportées ; c'est comme s'ils composoient l'homme de plusieurs corps, dont l'un auroit des yeux, l'autre des bras, l'autre des pieds, et rien de plus. Les charlatans du Japon dépècent, dit-on, un enfant aux

[1] Pour qu'une volonté soit générale, il n'est pas toujours nécessaire qu'elle soit unanime, mais il est nécessaire que toutes les voix soient comptées ; toute exclusion formelle rompt la généralité.

yeux des spectateurs; puis jetant en l'air tous ses membres l'un après l'autre, ils font retomber l'enfant vivant et tout rassemblé. Tels sont à peu près les tours de gobelets de nos politiques; après avoir démembré le corps social par un prestige digne de la foire, ils rassemblent les pièces on ne sait comment.

Cette erreur vient de ne s'être pas fait des notions exactes de l'autorité souveraine, et d'avoir pris pour des parties de cette autorité ce qui n'en étoit que des émanations. Ainsi, par exemple, on a regardé l'acte de déclarer la guerre et celui de faire la paix comme des actes de souveraineté; ce qui n'est pas, puisque chacun de ces actes n'est point une loi, mais seulement une application de la loi, un acte particulier qui détermine le cas de la loi, comme on le verra clairement quand l'idée attachée au mot *loi* sera fixée.

En suivant de même les autres divisions, on trouveroit que, toutes les fois qu'on croit voir la souveraineté partagée, on se trompe; que les droits qu'on prend pour des parties de cette souveraineté lui sont tous subordonnés, et supposent toujours des volontés suprêmes dont ces droits ne donnent que l'exécution.

On ne sauroit dire combien ce défaut d'exactitude a jeté d'obscurité sur les décisions des auteurs en matière de droit politique, quand ils ont voulu juger des droits respectifs des rois et des peuples sur les principes qu'ils avoient établis. Chacun peut voir, dans les chapitres III et IV du premier livre de Grotius, comment ce savant homme et son traducteur Barbeyrac s'enchevêtrent, s'embarrassent dans leurs sophismes, crainte d'en dire trop ou de n'en pas dire assez selon leurs vues, et de choquer les intérêts qu'ils avoient à concilier. Grotius, réfugié en France, mécontent de sa patrie, et voulant faire sa cour à Louis XIII, à qui son livre est dédié, n'épargne rien pour dépouiller les peuples de tous leurs droits et pour en revêtir les rois avec tout l'art possible. C'eût bien été aussi le goût de Barbeyrac, qui dédioit sa traduction au roi d'Angleterre George Ier. Mais malheureusement l'expulsion de Jacques II, qu'il appelle abdication, le forçoit à se tenir sur la réserve, à gauchir, à tergiverser, pour ne pas faire de Guillaume un usurpateur. Si ces deux écrivains avoient adopté les vrais principes, toutes les difficultés étoient levées, et ils eussent été toujours conséquents; mais ils auroient tristement dit la vérité, et n'auroient fait leur cour qu'au peuple. Or, la vérité ne mène point à la fortune, et le peuple ne donne ni ambassade, ni chaires, ni pensions.

CHAPITRE III.

Si la volonté générale peut errer.

Il s'ensuit de ce qui précède que la volonté générale est toujours droite et tend toujours à l'utilité publique : mais il ne s'ensuit pas que les délibérations du peuple aient toujours la même rectitude. On veut toujours son bien, mais on ne le voit pas toujours : jamais on ne corrompt le peuple, mais souvent on le trompe, et c'est alors seulement qu'il paroît vouloir ce qui est mal.

Il y a souvent bien de la différence entre la volonté de tous et la volonté générale ; celle-ci ne regarde qu'à l'intérêt commun ; l'autre regarde à l'intérêt privé, et n'est qu'une somme de volontés particulières : mais ôtez de ces mêmes volontés les plus et les moins qui s'entre-détruisent [1], reste pour somme des différences la volonté générale.

Si, quand le peuple suffisamment informé délibère, les citoyens n'avoient aucune communica-

[1] « Chaque intérêt, dit le marquis d'Argenson, a des principes « différents. L'accord de deux intérêts particuliers se forme par « opposition à celui d'un tiers.* » Il eût pu ajouter que l'accord de tous les intérêts se forme par opposition de celui de chacun. S'il n'y avoit point d'intérêts différents, à peine sentiroit-on l'intérêt commun, qui ne trouveroit jamais d'obstacle ; tout iroit de lui-même, et la politique cesseroit d'être un art.

* Voyez les *Considérations sur le gouvernement de la France*, chap. II.

tion entre eux, du grand nombre de petites différences résulteroit toujours la volonté générale, et la délibération seroit toujours bonne. Mais quand il se fait des brigues, des associations partielles, aux dépens de la grande, la volonté de chacune de ces associations devient générale par rapport à ses membres, et particulière par rapport à l'état : on peut dire alors qu'il n'y a plus autant de votants que d'hommes, mais seulement autant que d'associations. Les différences deviennent moins nombreuses et donnent un résultat moins général. Enfin, quand une de ces associations est si grande qu'elle l'emporte sur toutes les autres, vous n'avez plus pour résultat une somme de petites différences, mais une différence unique; alors il n'y a plus de volonté générale, et l'avis qui l'emporte n'est qu'un avis particulier.

Il importe donc, pour avoir bien l'énoncé de la volonté générale, qu'il n'y ait pas de société partielle dans l'état, et que chaque citoyen n'opine que d'après lui [1] : telle fut l'unique et sublime institution du grand Lycurgue. Que s'il y a des sociétés partielles, il en faut multiplier le nombre et

---

[1] « Vera cosa è, dit Machiavel, che alcuni divisioni nuocono alle « repubbliche, e alcune giovano : quelle nuocono che sono dalle « sette e da partigiani accompagnate : quelle giovano che senza « sette, senza partigiani, si mantengono. Non potendo adunque « provedere un fondatore d'una repubblica che non siano nimicizie « in quella, ha da proveder almeno che non vi siano sette. » Hist. Florent., liv. VII.

en prévenir l'inégalité, comme firent Solon, Numa, Servius. Ces précautions sont les seules bonnes pour que la volonté générale soit toujours éclairée, et que le peuple ne se trompe point.

CHAPITRE IV.

Des bornes du pouvoir souverain.

Si l'état ou la cité n'est qu'une personne morale dont la vie consiste dans l'union de ses membres, et si le plus important de ses soins est celui de sa propre conservation, il lui faut une force universelle et compulsive pour mouvoir et disposer chaque partie de la manière la plus convenable au tout. Comme la nature donne à chaque homme un pouvoir absolu sur tous ses membres, le pacte social donne au corps politique un pouvoir absolu sur tous les siens; et c'est ce même pouvoir qui, dirigé par la volonté générale, porte, comme j'ai dit, le nom de souveraineté.

Mais, outre la personne publique, nous avons à considérer les personnes privées qui la composent, et dont la vie et la liberté sont naturellement indépendantes d'elle. Il s'agit donc de bien distinguer les droits respectifs des citoyens[1] et du souve-

[1] « Dans l'édition de Genève, 1782, et dans l'in-4° de 1793, on lit, *du citoyen et du souverain;* mais la fin de la phrase paroît

rain [?], et les devoirs qu'ont à remplir les premiers en qualité de sujets, du droit naturel dont ils doivent jouir en qualité d'hommes.

On convient que tout ce que chacun aliène, par le pacte social, de sa puissance, de ses biens, de sa liberté, c'est seulement la partie de tout cela dont l'usage importe à la communauté; mais il faut convenir aussi que le souverain seul est juge de cette importance.

Tous les services qu'un citoyen peut rendre à l'état, il les lui doit sitôt que le souverain les demande; mais le souverain, de son côté, ne peut charger les sujets d'aucune chaîne inutile à la communauté: il ne peut pas même le vouloir; car, sous la loi de raison, rien ne se fait sans cause, non plus que sous la loi de nature.

Les engagements qui nous lient au corps social ne sont obligatoires que parce qu'ils sont mutuels; et leur nature est telle qu'en les remplissant on ne peut travailler pour autrui sans travailler aussi pour soi. Pourquoi la volonté générale est-elle toujours droite, et pourquoi tous veulent-ils constamment le bonheur de chacun d'eux, si ce n'est parce qu'il n'y a personne qui ne s'approprie ce

---

justifier le pluriel, qu'on trouve dans quelques éditions. » Note de M. Lequien.

[1] Lecteurs attentifs, ne vous pressez pas, je vous prie, de m'accuser ici de contradiction. Je n'ai pu l'éviter dans les termes, vu la pauvreté de la langue; mais attendez.

mot *chacun*, et qui ne songe à lui-même en votant pour tous? ce qui prouve que l'égalité de droit et la notion de justice qu'elle produit dérivent de la préférence que chacun se donne, et par conséquent de la nature de l'homme; que la volonté générale, pour être vraiment telle, doit l'être dans son objet ainsi que dans son essence; qu'elle doit partir de tous pour s'appliquer à tous; et qu'elle perd sa rectitude naturelle lorsqu'elle tend à quelque objet individuel et déterminé, parce qu'alors, jugeant de ce qui nous est étranger, nous n'avons aucun vrai principe d'équité qui nous guide.

En effet, sitôt qu'il s'agit d'un fait ou d'un droit particulier sur un point qui n'a pas été réglé par une convention générale et antérieure, l'affaire devient contentieuse : c'est un procès où les particuliers intéressés sont une des parties, et le public l'autre; mais où je ne vois ni la loi qu'il faut suivre, ni le juge qui doit prononcer. Il seroit ridicule de vouloir alors s'en rapporter à une expresse décision de la volonté générale, qui ne peut être que la conclusion de l'une des parties, et qui par conséquent n'est pour l'autre qu'une volonté étrangère, particulière, portée en cette occasion à l'injustice et sujette à l'erreur. Ainsi, de même qu'une volonté particulière ne peut représenter la volonté générale, la volonté générale à son tour change de nature, ayant un objet particulier, et ne peut, comme générale, prononcer ni sur un homme ni sur un fait. Quand le peuple d'Athènes, par exemple, nommoit ou cassoit ses chefs, décernoit des honneurs à l'un, imposoit des peines à l'autre, et, par des multitudes de décrets particuliers, exerçoit indistinctement tous les actes du gouvernement, le peuple alors n'avoit plus de volonté générale proprement dite; il n'agissoit plus comme souverain, mais comme magistrat. Ceci paroîtra contraire aux idées communes; mais il faut me laisser le temps d'exposer les miennes.

On doit concevoir par-là que ce qui généralise la volonté est moins le nombre des voix que l'intérêt commun qui les unit; car, dans cette institution, chacun se soumet nécessairement aux conditions qu'il impose aux autres : accord admirable de l'intérêt et de la justice, qui donne aux délibérations communes un caractère d'équité qu'on voit s'évanouir dans la discussion de toute affaire particulière, faute d'un intérêt commun qui unisse et identifie la règle du juge avec celle de la partie.

Par quelque côté qu'on remonte au principe, on arrive toujours à la même conclusion; savoir, que le pacte social établit entre les citoyens une telle égalité qu'ils s'engagent tous sous les mêmes conditions et doivent jouir tous des mêmes droits. Ainsi, par la nature du pacte, tout acte de souveraineté, c'est-à-dire tout acte authentique de la volonté générale, oblige ou favorise également tous les citoyens; en sorte que le souverain connoît seulement le corps de la nation, et ne distingue aucun de ceux qui la composent. Qu'est-ce donc proprement qu'un acte de souveraineté? Ce n'est pas une convention du supérieur avec l'inférieur, mais une convention du corps avec chacun de ses membres : convention légitime, parce qu'elle a pour base le contrat social; équitable, parce qu'elle est commune à tous; utile, parce qu'elle ne peut avoir d'autre objet que le bien général; et solide, parce qu'elle a pour garant la force publique et le pouvoir suprême. Tant que les sujets ne sont soumis qu'à de telles conventions, ils n'obéissent à personne, mais seulement à leur propre volonté : et demander jusqu'où s'étendent les droits respectifs du souverain et des citoyens, c'est demander jusqu'à quel point ceux-ci peuvent s'engager avec eux-mêmes, chacun envers tous, et tous envers chacun d'eux.

On voit par-là que le pouvoir souverain, tout absolu, tout sacré, tout inviolable qu'il est, ne passe ni ne peut passer les bornes des conventions générales, et que tout homme peut disposer pleinement de ce qui lui a été laissé de ses biens et de sa liberté par ces conventions; de sorte que le souverain n'est jamais en droit de charger un sujet plus qu'un autre, parce qu'alors, l'affaire devenant particulière, son pouvoir n'est plus compétent.

Ces distinctions une fois admises, il est si faux

que dans le contrat social il y ait de la part des particuliers aucune renonciation véritable, que leur situation, par l'effet de ce contrat, se trouve réellement préférable à ce qu'elle étoit auparavant, et qu'au lieu d'une aliénation ils n'ont fait qu'un échange avantageux d'une manière d'être incertaine et précaire contre une autre meilleure et plus sûre, de l'indépendance naturelle contre la liberté, du pouvoir de nuire à autrui contre leur propre sûreté, et de leur force, que d'autres pouvoient surmonter, contre un droit que l'union sociale rend invincible. Leur vie même, qu'ils ont dévouée à l'état, en est continuellement protégée; et lorsqu'ils l'exposent pour sa défense, que font-ils alors que lui rendre ce qu'ils ont reçu de lui? Que font-ils qu'ils ne fissent plus fréquemment et avec plus de danger dans l'état de nature, lorsque, livrant des combats inévitables, ils défendroient au péril de leur vie ce qui leur sert à la conserver? Tous ont à combattre au besoin pour la patrie, il est vrai; mais aussi nul n'a jamais à combattre pour soi. Ne gagne-t-on pas encore à courir, pour ce qui fait notre sûreté, une partie des risques qu'il faudroit courir pour nous-mêmes sitôt qu'elle nous seroit ôtée?

CHAPITRE V.

Du droit de vie et de mort.

On demande comment les particuliers, n'ayant point droit de disposer de leur propre vie, peuvent transmettre au souverain ce même droit qu'ils n'ont pas. Cette question ne paroît difficile à résoudre que parce qu'elle est mal posée. Tout homme a droit de risquer sa propre vie pour la conserver. A-t-on jamais dit que celui qui se jette par une fenêtre pour échapper à un incendie soit coupable de suicide? a-t-on même jamais imputé ce crime à celui qui périt dans une tempête dont en s'embarquant il n'ignoroit pas le danger?

Le traité social a pour fin la conservation des contractants. Qui veut la fin veut aussi les moyens, et ces moyens sont inséparables de quelques risques, même de quelques pertes. Qui veut conserver sa vie aux dépens des autres doit la donner aussi pour eux quand il faut. Or, le citoyen n'est plus juge du péril auquel la loi veut qu'il s'expose; et quand le prince lui a dit, Il est expédient à l'état que tu meures, il doit mourir, puisque ce n'est qu'à cette condition qu'il a vécu en sûreté jusqu'alors, et que sa vie n'est plus seulement un bienfait de la nature, mais un don conditionnel de l'état.

La peine de mort infligée aux criminels peut être envisagée à peu près sous le même point de vue : c'est pour n'être pas la victime d'un assassin que l'on consent à mourir si on le devient. Dans ce traité, loin de disposer de sa propre vie, on ne songe qu'à la garantir, et il n'est pas à présumer qu'aucun des contractants prémédite alors de se faire pendre.

D'ailleurs, tout malfaiteur, attaquant le droit social, devient par ses forfaits rebelle et traître à la patrie; il cesse d'en être membre en violant ses lois; et même il lui fait la guerre. Alors la conservation de l'état est incompatible avec la sienne; il faut qu'un des deux périsse; et quand on fait mourir le coupable, c'est moins comme citoyen que comme ennemi. Les procédures, le jugement, sont les preuves et la déclaration qu'il a rompu le traité social, et par conséquent qu'il n'est plus membre de l'état. Or, comme il s'est reconnu tel, tout au moins par son séjour, il en doit être retranché par l'exil comme infracteur du pacte, ou par la mort comme ennemi public; car un tel ennemi n'est pas une personne morale, c'est un homme : et c'est alors que le droit de la guerre est de tuer le vaincu.

Mais, dira-t-on, la condamnation d'un criminel est un acte particulier. D'accord : aussi cette condamnation n'appartient-elle point au souverain; c'est un droit qu'il peut conférer sans pouvoir l'exercer lui-même. Toutes mes idées se tiennent, mais je ne saurois les exposer toutes à la fois.

Au reste, la fréquence des supplices est toujours un signe de foiblesse ou de paresse dans le gouvernement. Il n'y a point de méchant qu'on ne pût rendre bon à quelque chose. On n'a droit de faire mourir, même pour l'exemple, que celui qu'on ne peut conserver sans danger.

A l'égard du droit de faire grâce ou d'exempter un coupable de la peine portée par la loi et prononcée par le juge, il n'appartient qu'à celui qui est au-dessus du juge et de la loi, c'est-à-dire au souverain ; encore son droit en ceci n'est-il pas bien net, et les cas d'en user sont-ils très-rares. Dans un état bien gouverné, il y a peu de punitions, non parce qu'on fait beaucoup de grâces, mais parce qu'il y a peu de criminels : la multitude des crimes en assure l'impunité lorsque l'état dépérit. Sous la république romaine, jamais le sénat ni les consuls ne tentèrent de faire grâce ; le peuple même n'en faisoit pas, quoiqu'il révoquât quelquefois son propre jugement. Les fréquentes grâces annoncent que bientôt les forfaits n'en auront plus besoin, et chacun voit où cela mène. Mais je sens que mon cœur murmure et retient ma plume : laissons discuter ces questions à l'homme juste qui n'a point failli, et qui jamais n'eut lui-même besoin de grâce.

CHAPITRE VI.

De la loi.

Par le pacte social nous avons donné l'existence et la vie au corps politique : il s'agit maintenant de lui donner le mouvement et la volonté par la législation. Car l'acte primitif par lequel ce corps se forme et s'unit ne détermine rien encore de ce qu'il doit faire pour se conserver.

Ce qui est bien et conforme à l'ordre est tel par la nature des choses et indépendamment des conventions humaines. Toute justice vient de Dieu, lui seul en est la source, mais si nous savions la recevoir de si haut, nous n'aurions besoin ni de gouvernement ni de lois. Sans doute il est une justice universelle émanée de la raison seule; mais cette justice, pour être admise entre nous, doit être réciproque. A considérer humainement les choses, faute de sanction naturelle, les lois de la justice sont vaines parmi les hommes; elles ne font que le bien du méchant et le mal du juste, quand celui-ci les observe avec tout le monde sans que personne les observe avec lui. Il faut donc des conventions et des lois pour unir les droits aux devoirs et ramener la justice à son objet. Dans l'état de nature, où tout est commun, je ne dois rien à ceux à qui je n'ai rien promis; je ne reconnois pour être à autrui que ce qui m'est inutile. Il n'en est pas ainsi dans l'état civil, où tous les droits sont fixés par la loi.

Mais qu'est-ce donc enfin qu'une loi? tant qu'on se contentera de n'attacher à ce mot que des idées métaphysiques, on continuera de raisonner sans s'entendre; et quand on aura dit ce que c'est qu'une loi de la nature, on n'en saura pas mieux ce que c'est qu'une loi de l'état.

J'ai déjà dit qu'il n'y avoit point de volonté générale sur un objet particulier. En effet, cet objet particulier est dans l'état ou hors de l'état. S'il est hors de l'état, une volonté qui lui est étrangère n'est point générale par rapport à lui; et si cet objet est dans l'état, il en fait partie : alors il se forme entre le tout et sa partie une relation qui en fait deux êtres séparés, dont la partie est l'un, et le tout, moins cette même partie, est l'autre. Mais le tout moins une partie n'est point le tout; et tant que ce rapport subsiste, il n'y a plus de tout, mais deux parties inégales; d'où il suit que la volonté de l'une n'est point non plus générale par rapport à l'autre.

Mais quand tout le peuple statue sur tout le peuple, il ne considère que lui-même; et s'il se forme alors un rapport, c'est de l'objet entier sous un point de vue à l'objet entier sous un autre point de vue, sans aucune division du tout. Alors la matière sur laquelle on statue est générale comme la volonté qui statue. C'est cet acte que j'appelle une loi.

Quand je dis que l'objet des lois est toujours général, j'entends que la loi considère les sujets en corps et les actions comme abstraites, jamais un homme comme individu ni une action particulière. Ainsi la loi peut bien statuer qu'il y aura des priviléges, mais elle n'en peut donner nommément à personne; la loi peut faire plusieurs classes de citoyens, assigner même les qualités qui donneront droit à ces classes, mais elle ne peut nommer tels et tels pour y être admis; elle peut établir un gouvernement royal et une succession héréditaire, mais elle ne peut élire un roi, ni nommer une famille royale : en un mot, toute fonction qui se rapporte à un objet individuel n'appartient point à la puissance législative.

Sur cette idée, on voit à l'instant qu'il ne faut plus demander à qui il appartient de faire des lois, puisqu'elles sont des actes de la volonté générale; ni si le prince est au-dessus des lois, puisqu'il est membre de l'état; ni si la loi peut être injuste, puisque nul n'est injuste envers lui-même; ni comment on est libre et soumis aux lois, puisqu'elles ne sont que des registres de nos volontés.

On voit encore que la loi réunissant l'universalité de la volonté et celle de l'objet, ce qu'un homme, quel qu'il puisse être, ordonne de son chef n'est point une loi : ce qu'ordonne même le souverain sur un objet particulier n'est pas non plus une loi, mais un décret; ni un acte de souveraineté, mais de magistrature.

J'appelle donc république tout état régi par des lois, sous quelque forme d'administration que ce puisse être : car alors seulement l'intérêt public gouverne, et la chose publique est quelque chose. Tout gouvernement légitime est républicain[1] : j'expliquerai ci-après ce que c'est que gouvernement.

Les lois ne sont proprement que les conditions de l'association civile. Le peuple, soumis aux lois, en doit être l'auteur; il n'appartient qu'à ceux qui s'associent de régler les conditions de la société. Mais comment les régleront-ils? Sera-ce d'un commun accord, par une inspiration subite? Le corps politique a-t-il un organe pour énoncer ses volontés? Qui lui donnera la prévoyance nécessaire pour en former les actes et les publier d'avance? ou comment les prononcera-t-il au moment du besoin? Comment une multitude aveugle, qui souvent ne sait ce qu'elle veut, parce qu'elle sait rarement ce qui lui est bon, exécuteroit-elle d'elle-même une entreprise aussi grande, aussi difficile qu'un système de législation? De lui-même le peuple veut

[1] Je n'entends pas seulement par ce mot une aristocratie ou une démocratie, mais en général tout gouvernement guidé par la volonté générale, qui est la loi. Pour être légitime, il ne faut pas que le gouvernement se confonde avec le souverain, mais qu'il en soit le ministre : alors la monarchie elle-même est république. Ceci s'éclaircira dans le livre suivant.

toujours le bien, mais de lui-même il ne le voit pas toujours. La volonté générale est toujours droite, mais le jugement qui la guide n'est pas toujours éclairé. Il faut lui faire voir les objets tels qu'ils sont, quelquefois tels qu'ils doivent lui paroître, lui montrer le bon chemin qu'elle cherche, la garantir de la séduction des volontés particulières, rapprocher à ses yeux les lieux et les temps, balancer l'attrait des avantages présents et sensibles par le danger des maux éloignés et cachés. Les particuliers voient le bien qu'ils rejettent; le public veut le bien qu'il ne voit pas. Tous ont également besoin de guides. Il faut obliger les uns à conformer leurs volontés à leur raison; il faut apprendre à l'autre à connoître ce qu'il veut. Alors des lumières publiques résulte l'union de l'entendement et de la volonté dans le corps social; de là l'exact concours des parties, et enfin la plus grande force du tout. Voilà d'où naît la nécessité d'un législateur.

CHAPITRE VII.

Du législateur.

Pour découvrir les meilleures règles de société qui conviennent aux nations, il faudroit une intelligence supérieure qui vît toutes les passions des hommes, et qui n'en éprouvât aucune ; qui n'eût aucun rapport avec notre nature, et qui la connût à fond; dont le bonheur fût indépendant de nous, et qui pourtant voulût bien s'occuper du nôtre ; enfin, qui, dans le progrès des temps se ménageant une gloire éloignée, pût travailler dans un siècle et jouir dans un autre [1]. Il faudroit des dieux pour donner des lois aux hommes.

Le même raisonnement que faisoit Caligula quant au fait, Platon le faisoit quant au droit pour définir l'homme civil ou royal qu'il cherche dans son livre *du Règne* [2]. Mais s'il est vrai qu'un grand prince est un homme rare, que sera-ce d'un grand législateur? Le premier n'a qu'à suivre le modèle que l'autre doit proposer. Celui-ci est le mécanicien qui invente la machine, celui-là n'est que l'ouvrier qui la monte et la fait marcher. Dans la naissance des sociétés, dit Montesquieu, ce sont les chefs des républiques qui font l'institution, et c'est ensuite l'institution qui forme les chefs des républiques [3].

---

[1] Un peuple ne devient célèbre que quand sa législation commence à décliner. On ignore durant combien de siècles l'institution de Lycurgue fit le bonheur des Spartiates avant qu'il fût question d'eux dans le reste de la Grèce.

[2] Voyez le dialogue de Platon qui, dans les traductions latines, a pour titre : *Politicus* ou *Vir civilis*. Quelques uns l'ont intitulé *de Regno*. Ce que Rousseau dit ici se rapporte à l'idée générale de ce dialogue plutôt qu'à un passage particulier qu'on en pourroit citer.

[3] * *Grandeur et décadence des Romains*, chap. 1.

Celui qui ose entreprendre d'instituer un peuple doit se sentir en état de changer pour ainsi dire la nature humaine, de transformer chaque individu, qui par lui-même est un tout parfait et solitaire, en partie d'un plus grand tout dont cet individu reçoive en quelque sorte sa vie et son être; d'altérer la constitution de l'homme pour la renforcer; de substituer une existence partielle et morale à l'existence physique et indépendante que nous avons tous reçue de la nature. Il faut, en un mot, qu'il ôte à l'homme ses forces propres pour lui en donner qui lui soient étrangères, et dont il ne puisse faire usage sans le secours d'autrui. Plus ces forces naturelles sont mortes et anéanties, plus les acquises sont grandes et durables, plus aussi l'institution est solide et parfaite : en sorte que si chaque citoyen n'est rien, ne peut rien que par tous les autres, et que la force acquise par le tout soit égale ou supérieure à la somme des forces naturelles de tous les individus, on peut dire que la législation est au plus haut point de perfection qu'elle puisse atteindre.

Le législateur est à tous égards un homme extraordinaire dans l'état. S'il doit l'être par son génie, il ne l'est pas moins par son emploi. Ce n'est point magistrature, ce n'est point souveraineté. Cet emploi, qui constitue la république, n'entre point dans sa constitution ; c'est une fonction particulière et supérieure qui n'a rien de commun avec l'empire humain; car si celui qui commande aux hommes ne doit pas commander aux lois, celui qui commande aux lois ne doit pas non plus commander aux hommes; autrement ces lois, ministres de ses passions, ne feroient souvent que perpétuer ses injustices; et jamais il ne pourroit éviter que des vues particulières n'altérassent la sainteté de son ouvrage.

Quand Lycurgue donna des lois à sa patrie, il commença par abdiquer la royauté. C'étoit la coutume de la plupart des villes grecques de confier à des étrangers l'établissement des leurs. Les républiques modernes de l'Italie imitèrent souvent cet usage; celle de Genève en fit autant et s'en trouva bien [1]. Rome, dans son plus bel âge, vit renaître en son sein tous les crimes de la tyrannie, et se vit prête à périr, pour avoir réuni sur les mêmes têtes l'autorité législative et le pouvoir souverain.

Cependant les décemvirs eux-mêmes ne s'arrogèrent jamais le droit de faire passer aucune loi de leur seule autorité. « Rien de ce que nous vous « proposons, disoient-ils au peuple, ne peut passer

---

[1] Ceux qui ne considèrent Calvin que comme théologien connoissent mal l'étendue de son génie. La rédaction de nos sages édits, à laquelle il eut beaucoup de part, lui fait autant d'honneur que son institution. Quelque révolution que le temps puisse amener dans notre culte, tant que l'amour de la patrie et de la liberté ne sera pas éteint parmi nous, jamais la mémoire de ce grand homme ne cessera d'y être en bénédiction.

« en loi sans votre consentement. Romains, soyez
« vous-mêmes les auteurs des lois qui doivent faire
« votre bonheur. »

Celui qui rédige les lois n'a donc ou ne doit avoir aucun droit législatif, et le peuple même ne peut, quand il le voudroit, se dépouiller de ce droit incommunicable, parce que, selon le pacte fondamental, il n'y a que la volonté générale qui oblige les particuliers, et qu'on ne peut jamais s'assurer qu'une volonté particulière est conforme à la volonté générale qu'après l'avoir soumise aux suffrages libres du peuple : j'ai déjà dit cela ; mais il n'est pas inutile de le répéter.

Ainsi l'on trouve à la fois dans l'ouvrage de la législation deux choses qui semblent incompatibles; une entreprise au-dessus de la force humaine, et, pour l'exécuter, une autorité qui n'est rien.

Autre difficulté qui mérite attention. Les sages qui veulent parler au vulgaire leur langage au lieu du sien n'en sauroient être entendus. Or il y a mille sortes d'idées qu'il est impossible de traduire dans la langue du peuple. Les vues trop générales et les objets trop éloignés sont également hors de sa portée : chaque individu ne goûtant d'autre plan de gouvernement que celui qui se rapporte à son intérêt particulier, aperçoit difficilement les avantages qu'il doit retirer des privations continuelles qu'imposent les bonnes lois. Pour qu'un peuple naissant pût goûter les saines maximes de la poli-

tique et suivre les règles fondamentales de la raison
d'état, il faudroit que l'effet pût devenir la cause;
que l'esprit social, qui doit être l'ouvrage de l'institution, présidât à l'institution même; et que les
hommes fussent avant les lois ce qu'ils doivent devenir par elles. Ainsi donc le législateur ne pouvant employer ni la force ni le raisonnement, c'est
une nécessité qu'il recoure à une autorité d'un autre
ordre, qui puisse entraîner sans violence et persuader sans convaincre.

Voilà ce qui força de tout temps les pères des
nations de recourir à l'intervention du ciel et d'honorer les dieux de leur propre sagesse, afin que les
peuples, soumis aux lois de l'état comme à celles
de la nature, et reconnoissant le même pouvoir
dans la formation de l'homme et dans celle de la
cité, obéissent avec liberté, et portassent docilement le joug de la félicité publique.

Cette raison sublime, qui s'élève au-dessus de
la portée des hommes vulgaires, est celle dont le
législateur met les décisions dans la bouche des
immortels, pour entraîner par l'autorité divine
ceux que ne pourroient ébranler la prudence humaine [1]. Mais il n'appartient pas à tout homme de
faire parler les dieux, ni d'en être cru quand il s'annonce pour être leur interprète. La grande ame du

---

[1] « E veramente, dit Machiavel, mai non fù alcuno ordinatore
« di leggi straordinarie in un popolo che non ricorresse a Dio, perchè
« altrimenti non sarebbero accettate; perchè sono molti beni cono-

législateur est le vrai miracle qui doit prouver sa mission. Tout homme peut graver des tables de pierre, ou acheter un oracle, ou feindre un secret commerce avec quelque divinité, ou dresser un oiseau pour lui parler à l'oreille, ou trouver d'autres moyens grossiers d'en imposer au peuple. Celui qui ne saura que cela pourra même assembler par hasard une troupe d'insensés : mais il ne fondera jamais un empire, et son extravagant ouvrage périra bientôt avec lui. De vains prestiges forment un lien passager; il n'y a que la sagesse qui le rende durable. La loi judaïque, toujours subsistante, celle de l'enfant d'Ismaël, qui, depuis dix siècles, régit la moitié du monde, annoncent encore aujourd'hui les grands hommes qui les ont dictées; et tandis que l'orgueilleuse philosophie ou l'aveugle esprit de parti ne voit en eux que d'heureux imposteurs, le vrai politique admire dans leurs institutions ce grand et puissant génie qui préside aux établissements durables.

Il ne faut pas, de tout ceci, conclure avec Warburton [1] que la politique et la religion aient parmi nous un objet commun, mais que, dans l'origine des nations, l'une sert d'instrument à l'autre.

« sciuti da uno prudente, i quali non hanno in se raggioni evidenti « da potergli persuadere ad altrui. » Discorsi, sopra Tito-Livio, lib. I, c. xi.

[1] * Célèbre théologien anglois mort en 1779, principalement connu par un traité intitulé, *La divine mission de Moïse*, 2 vol.

CHAPITRE VIII.

Du peuple.

Comme, avant d'élever un grand édifice, l'architecte observe et sonde le sol pour voir s'il en peut soutenir le poids, le sage instituteur ne commence pas par rédiger de bonnes lois en elles-mêmes, mais il examine auparavant si le peuple auquel il les destine est propre à les supporter. C'est pour cela que Platon refusa de donner des lois aux Arcadiens et aux Cyréniens, sachant que ces deux peuples étoient riches et ne pouvoient souffrir l'égalité : c'est pour cela qu'on vit en Crète de bonnes lois et de méchants hommes, parce que Minos n'avoit discipliné qu'un peuple chargé de vices.

Mille nations ont brillé sur la terre, qui n'auroient jamais pu souffrir de bonnes lois ; et celles même qui l'auroient pu n'ont eu, dans toute leur durée, qu'un temps fort court pour cela. La plupart des peuples, ainsi que des hommes, ne sont dociles que dans leur jeunesse ; ils deviennent incorrigibles en vieillissant. Quand une fois les coutumes sont établies et les préjugés enracinés, c'est une entreprise dangereuse et vaine de vouloir les réformer; le peuple ne peut pas même souffrir qu'on touche à ses maux pour les détruire, semblable à ces malades stupides et sans courage qui frémissent à l'aspect du médecin.

Ce n'est pas que, comme quelques maladies bouleversent la tête des hommes et leur ôtent le souvenir du passé, il ne se trouve quelquefois dans la durée des états des époques violentes où les révolutions font sur les peuples ce que certaines crises font sur les individus, où l'horreur du passé tient lieu d'oubli, et où l'état, embrasé par les guerres civiles, renaît pour ainsi dire de sa cendre, et reprend la vigueur de la jeunesse en sortant des bras de la mort. Telle fut Sparte au temps de Lycurgue, telle fut Rome après les Tarquins, et telles ont été parmi nous la Hollande et la Suisse après l'expulsion des tyrans.

Mais ces événements sont rares; ce sont des exceptions dont la raison se trouve toujours dans la constitution particulière de l'état excepté. Elles ne sauroient même avoir lieu deux fois pour le même peuple : car il peut se rendre libre tant qu'il n'est que barbare, mais il ne le peut plus quand le ressort civil est usé. Alors les troubles peuvent le détruire sans que les révolutions puissent le rétablir; et sitôt que ses fers sont brisés, il tombe épars et n'existe plus : il lui faut désormais un maître et non pas un libérateur. Peuples libres, souvenez-vous de cette maxime : On peut acquérir la liberté, mais on ne la recouvre jamais.

La jeunesse n'est pas l'enfance. Il est pour les

nations comme pour les hommes un temps de jeunesse, ou, si l'on veut, de maturité, qu'il faut attendre avant de les soumettre à des lois : mais la maturité d'un peuple n'est pas toujours facile à connoître; et si on la prévient, l'ouvrage est manqué. Tel peuple est disciplinable en naissant, tel autre ne l'est pas au bout de dix siècles. Les Russes ne seront jamais vraiment policés, parce qu'ils l'ont été trop tôt. Pierre avoit le génie imitatif; il n'avoit pas le vrai génie, celui qui crée et fait tout de rien. Quelques unes des choses qu'il fit étoient bien, la plupart étoient déplacées. Il a vu que son peuple étoit barbare, il n'a point vu qu'il n'étoit pas mûr pour la police; il l'a voulu civiliser quand il ne falloit que l'aguerrir. Il a d'abord voulu faire des Allemands, des Anglois, quand il falloit commencer par faire des Russes : il a empêché ses sujets de jamais devenir ce qu'ils pourroient être, en leur persuadant qu'ils étoient ce qu'ils ne sont pas. C'est ainsi qu'un précepteur françois forme son élève pour briller au moment de son enfance, et puis n'être jamais rien. L'empire de Russie voudra subjuguer l'Europe, et sera subjugué lui-même. Les Tartares, ses sujets ou ses voisins deviendront ses maîtres et les nôtres : cette révolution me paroît infaillible. Tous les rois de l'Europe travaillent de concert à l'accélérer.

CHAPITRE IX.

Suite.

Comme la nature a donné des termes à la stature d'un homme bien conformé, passé lesquels elle ne fait plus que des géants ou des nains, il y a de même, eu égard à la meilleure constitution d'un état, des bornes à l'étendue qu'il peut avoir, afin qu'il ne soit ni trop grand pour pouvoir être bien gouverné, ni trop petit pour pouvoir se maintenir par lui-même. Il y a dans tout corps politique un *maximum* de force qu'il ne sauroit passer, et duquel souvent il s'éloigne à force de s'agrandir. Plus le lien social s'étend, plus il se relâche; et en général un petit état est proportionnellement plus fort qu'un grand.

Mille raisons démontrent cette maxime. Premièrement, l'administration devient plus pénible dans les grandes distances, comme un poids devient plus lourd au bout d'un plus grand levier. Elle devient aussi plus onéreuse à mesure que les degrés se multiplient; car chaque ville a d'abord la sienne, que le peuple paie; chaque district la sienne, encore payée par le peuple; ensuite chaque province, puis les grands gouvernements, les satrapies, les vice-royautés, qu'il faut toujours payer plus cher à mesurs qu'on monte, et toujours aux dépens du malheureux peuple ; enfin vient l'administration suprême qui écrase tout. Tant de surcharges épuisent continuellement les sujets : loin d'être mieux gouvernés par tous ces différents ordres, ils le sont moins bien que s'il n'y en avoit qu'un seul au-dessus d'eux. Cependant à peine reste-t-il des ressources pour les cas extraordinaires ; et quand il y faut recourir, l'état est toujours à la veille de sa ruine.

Ce n'est pas tout : non seulement le gouvernement a moins de vigueur et de célérité pour faire observer les lois, empêcher les vexations, corriger les abus, prévenir les entreprises séditieuses qui peuvent se faire dans des lieux éloignés ; mais le peuple a moins d'affection pour ses chefs, qu'il ne voit jamais, pour la patrie, qui est à ses yeux comme le monde, et pour ses concitoyens, dont la plupart lui sont étrangers. Les mêmes lois ne peuvent convenir à tant de provinces diverses qui ont des mœurs différentes, qui vivent sous des climats opposés, et qui ne peuvent souffrir la même forme de gouvernement. Des lois différentes n'engendrent que trouble et confusion parmi des peuples qui, vivant sous les mêmes chefs et dans une communication continuelle, passent ou se marient les uns chez les autres, et, soumis à d'autres coutumes, ne savent jamais si leur patrimoine est bien à eux. Les talents sont enfouis, les vertus ignorées, les vices impunis, dans cette multitude d'hommes inconnus les uns aux autres, que le siége de l'administration suprême rassemble dans un même lieu. Les chefs, accablés d'affaires, ne voient rien par eux-mêmes; des commis gouvernent l'état. Enfin les mesures qu'il faut prendre pour maintenir l'autorité générale, à laquelle tant d'officiers éloignés veulent se soustraire ou en imposer, absorbent tous les soins publics; il n'en reste plus pour le bonheur du peuple, à peine en reste-t-il pour sa défense au besoin; et c'est ainsi qu'un corps trop grand pour sa constitution s'affaisse et périt écrasé sous son propre poids.

D'un autre côté, l'état doit se donner une certaine base pour avoir de la solidité, pour résister aux secousses qu'il ne manquera pas d'éprouver, et aux efforts qu'il sera contraint de faire pour se soutenir : car tous les peuples ont une espèce de force centrifuge, par laquelle ils agissent continuellement les uns contre les autres, et tendent à s'agrandir aux dépens de leurs voisins, comme les tourbillons de Descartes. Ainsi les foibles risquent d'être bientôt engloutis; et nul ne peut guère se conserver qu'en se mettant avec tous dans une espèce d'équilibre qui rende la compression partout à peu près égale.

On voit par-là qu'il y a des raisons de s'étendre et des raisons de se resserrer; et ce n'est pas le moindre talent du politique de trouver entre les unes et les autres la proportion la plus avantageuse à la conservation de l'état. On peut dire en général que les premières, n'étant qu'extérieures et relatives, doivent être subordonnées aux autres, qui sont internes et absolues. Une saine et forte constitution est la première chose qu'il faut rechercher; et l'on doit plus compter sur la vigueur qui naît d'un bon gouvernement que sur les ressources que fournit un grand territoire.

Au reste, on a vu des états tellement constitués, que la nécessité des conquêtes entroit dans leur constitution même, et que, pour se maintenir, ils étoient forcés de s'agrandir sans cesse. Peut-être se félicitoient-ils beaucoup de cette heureuse nécessité, qui leur montroit pourtant, avec le terme de leur grandeur, l'inévitable moment de leur chute.

CHAPITRE X.

Suite.

On peut mesurer un corps politique de deux manières : savoir, par l'étendue du territoire, et par le nombre du peuple; et il y a, entre l'une et l'autre de ces mesures, un rapport convenable pour donner à l'état sa véritable grandeur. Ce sont les hommes qui font l'état, et c'est le terrain qui nourrit les hommes : ce rapport est donc que la terre suffise à l'entretien de ses habitants, et qu'il y ait autant d'habitants que la terre en peut nourrir. C'est dans cette proportion que se trouve le *maximum* de force d'un nombre donné de peuple : car s'il y a du terrain de trop, la garde en est onéreuse, la culture insuffisante, le produit superflu ; c'est la cause prochaine des guerres défensives : s'il n'y en a pas assez, l'état se trouve pour le supplément à la discrétion de ses voisins ; c'est la cause prochaine des guerres offensives. Tout peuple qui n'a, par sa position, que l'alternative entre le commerce ou la guerre, est foible en lui-même ; il dépend de ses voisins, il dépend des événements ; il n'a jamais qu'une existence incertaine et courte. Il subjugue et change de situation ; ou il est subjugué et n'est rien. Il ne peut se conserver libre qu'à force de petitesse ou de grandeur.

On ne peut donner en calcul un rapport fixe entre l'étendue de terre et le nombre d'hommes qui se suffisent l'un à l'autre, tant à cause des différences qui se trouvent dans les qualités du terrain, dans ses degrés de fertilité, dans la nature de ses productions, dans l'influence des climats, que de celles qu'on remarque dans les tempéraments des hommes qui les habitent, dont les uns consomment peu dans un pays fertile, les autres beaucoup sur un sol ingrat. Il faut encore avoir égard à la plus grande ou moindre fécondité des femmes, à ce que le pays peut avoir de plus ou moins favorable à la population, à la quantité dont le législateur peut espérer d'y concourir par ses établissements : de sorte qu'il ne doit pas fonder son jugement sur ce qu'il voit, mais sur ce qu'il prévoit ; ni s'arrêter autant à l'état actuel de la population qu'à celui où elle doit naturellement parvenir. Enfin il y a mille occasions où les accidents particuliers du lieu exigent ou permettent qu'on embrasse plus de terrain qu'il ne paroît nécessaire. Ainsi l'on s'étendra beaucoup dans un pays de montagnes, où les productions naturelles, savoir, les bois, les pâturages, demandent moins de travail, où l'expérience apprend que les femmes sont plus fécondes que dans les plaines, et où un grand sol incliné ne donne qu'une petite base horizontale, la seule qu'il faut compter pour la végétation. Au contraire, on peut se resserrer au bord de la mer, même dans des rochers et des sables presque stériles, parce que la pêche y peut suppléer en grande partie aux productions de la terre, que les hommes doivent être plus rassemblés pour repousser les pirates, et qu'on a d'ailleurs plus de facilité pour délivrer le pays, par les colonies, des habitants dont il est surchargé.

A ces conditions pour instituer un peuple il en faut ajouter une qui ne peut suppléer à nulle autre, mais sans laquelle elles sont toutes inutiles ; c'est qu'on jouisse de l'abondance et de la paix ; car le temps où s'ordonne un état est, comme celui où se forme un bataillon, l'instant où le corps est le moins capable de résistance et le plus facile à détruire. On résisteroit mieux dans un désordre absolu que dans un moment de fermentation, où chacun s'occupe de son rang et non du péril. Qu'une guerre, une famine, une sédition survienne en ce temps de crise, l'état est infailliblement renversé.

Ce n'est pas qu'il n'y ait beaucoup de gouvernements établis durant ces orages ; mais alors ce sont ces gouvernements mêmes qui détruisent l'état. Les usurpateurs amènent ou choisissent toujours ces temps de troubles pour faire passer, à la faveur de l'effroi public, des lois destructives que le peuple n'adopteroit jamais de sang-froid. Le choix du moment de l'institution est un des caractères les plus sûrs par lesquels on peut distinguer l'œuvre du législateur d'avec celle du tyran.

Quel peuple est donc propre à la législation ? Celui qui, se trouvant déjà lié par quelque union d'origine, d'intérêt ou de convention, n'a point encore porté le vrai joug des lois ; celui qui n'a ni coutumes, ni superstitions bien enracinées ; celui qui ne craint pas d'être accablé par une invasion subite ; qui, sans entrer dans les querelles de ses voisins, peut résister seul à chacun d'eux, ou s'aider de l'un pour repousser l'autre ; celui dont chaque membre peut être connu de tous, et où l'on n'est point forcé de charger un homme d'un plus grand fardeau qu'un homme ne peut porter ; celui qui peut se passer des autres peuples, et dont tout autre peuple peut se passer [1]; celui qui n'est ni riche ni pauvre, et peut se suffire à lui-même; enfin celui qui réunit la consistance d'un ancien peuple avec la docilité d'un peuple nouveau. Ce qui rend pénible l'ouvrage de la législation est moins ce qu'il faut établir que ce qu'il faut détruire; et ce qui rend le succès si rare, c'est l'impossibilité de trouver la simplicité de la nature jointe aux besoins de la société. Toutes ces conditions, il est vrai, se trouvent difficilement rassemblées : aussi voit-on peu d'états bien constitués.

Il est encore en Europe un pays capable de législation; c'est l'île de Corse. La valeur et la constance avec laquelle ce brave peuple a su recouvrer et défendre sa liberté, mériteroient bien que quelque homme sage lui apprît à la conserver. J'ai quelque pressentiment qu'un jour cette petite île étonnera l'Europe.

CHAPITRE XI.

Des divers systèmes de législation.

Si l'on recherche en quoi consiste précisément le plus grand bien de tous, qui doit être la fin de

---

[1] Si de deux peuples voisins l'un ne pouvoit se passer de l'autre, ce seroit une situation très-dure pour le premier, et très-dangereuse pour le second. Toute nation sage, en pareil cas, s'efforcera bien

tout système de législation, on trouvera qu'il se réduit à ces deux objets principaux, la *liberté* et l'*égalité* : la liberté, parce que toute dépendance particulière est autant de force ôtée au corps de l'état; l'égalité, parce que la liberté ne peut subsister sans elle.

J'ai déjà dit ce que c'est que la liberté civile : à l'égard de l'égalité, il ne faut pas entendre par ce mot que les degrés de puissance et de richesse soient absolument les mêmes; mais que, quant à la puissance, elle soit au-dessus de toute violence, et ne s'exerce jamais qu'en vertu du rang et des lois; et, quant à la richesse, que nul citoyen ne soit assez opulent pour en pouvoir acheter un autre, et nul assez pauvre pour être contraint de se vendre [1] : ce qui suppose, du côté des grands, modération de biens et de crédit, et, du côté des petits, modération d'avarice et de convoitise.

vite de délivrer l'autre de cette dépendance. La république de Thlascala, enclavée dans l'empire du Mexique, aima mieux se passer de sel que d'en acheter des Mexicains, et même que d'en accepter gratuitement. Les sages Thlascalans virent le piége caché sous cette libéralité. Ils se conservèrent libres; et ce petit état, enfermé dans ce grand empire, fut enfin l'instrument de sa ruine.

[1] Voulez-vous donc donner à l'état de la consistance, rapprochez les degrés extrêmes autant qu'il est possible; ne souffrez ni des gens opulents ni des gueux. Ces deux états, naturellement inséparables, sont également funestes au bien commun; de l'un sortent les fauteurs de la tyrannie, et de l'autre les tyrans : c'est toujours entre eux que se fait le trafic de la liberté publique; l'un l'achète, et l'autre la vend.

Cette égalité, disent-ils, est une chimère de spéculation qui ne peut exister dans la pratique. Mais si l'abus est inévitable, s'ensuit-il qu'il ne faille pas au moins le régler? C'est précisément parce que la force des choses tend toujours à détruire l'égalité que la force de la législation doit toujours tendre à la maintenir.

Mais ces objets généraux de toute bonne institution doivent être modifiés en chaque pays par les rapports qui naissent tant de la situation locale que du caractère des habitants, et c'est sur ces rapports qu'il faut assigner à chaque peuple un système particulier d'institution, qui soit le meilleur, non peut-être en lui-même, mais pour l'état auquel il est destiné. Par exemple, le sol est-il ingrat et stérile, ou le pays trop serré pour les habitants, tournez-vous du côté de l'industrie et des arts, dont vous échangerez les productions contre les denrées qui vous manquent. Au contraire, occupez-vous de riches plaines et des coteaux fertiles; dans un bon terrain, manquez-vous d'habitants, donnez tous vos soins à l'agriculture, qui multiplie les hommes, et chassez les arts, qui ne feroient qu'achever de dépeupler le pays en attroupant sur quelques points du territoire le peu d'habitants qu'il a [1]. Occupez-vous des rivages étendus et commodes, couvrez la mer de vaisseaux, cultivez le commerce et la navi-

---

[1] Quelque branche de commerce extérieur, dit M. d'Argenson, ne répand guère qu'une fausse utilité pour un royaume en géné-

gation; vous aurez une existence brillante et courte. La mer ne baigne-t-elle sur vos côtes que des rochers presque inaccessibles, restez barbares et ichthyophages; vous en vivrez plus tranquilles, meilleurs peut-être, et sûrement plus heureux. En un mot, outre les maximes communes à tous, chaque peuple renferme en lui quelque cause qui les ordonne d'une manière particulière, et rend sa législation propre à lui seul. C'est ainsi qu'autrefois les Hébreux, et récemment les Arabes, ont eu pour principal objet la religion, les Athéniens les lettres, Carthage et Tyr le commerce, Rhodes la marine, Sparte la guerre, et Rome la vertu. L'auteur de l'*Esprit des Lois* a montré dans des foules d'exemples par quel art le législateur dirige l'institution vers chacun de ces objets.

Ce qui rend la constitution d'un état véritablement solide et durable, c'est quand les convenances sont tellement observées, que les rapports naturels et les lois tombent toujours de concert sur les mêmes points, et que celles-ci ne font, pour ainsi dire, qu'assurer, accompagner, rectifier les autres. Mais si le législateur, se trompant dans son objet, prend un principe différent de celui qui naît de la nature des choses; que l'un tende à la servitude et l'autre à la liberté; l'un aux richesses,

---

ral : elle peut enrichir quelques particuliers, même quelques villes; mais la nation entière n'y gagne rien, et le peuple n'en est pas mieux.

l'autre à la population; l'un à la paix, l'autre aux conquêtes : on verra les lois s'affoiblir insensiblement, la constitution s'altérer; et l'état ne cessera d'être agité jusqu'à ce qu'il soit détruit ou changé, et que l'invincible nature ait repris son empire.

CHAPITRE XII.

Division des lois.

Pour ordonner le tout, ou donner la meilleure forme possible à la chose publique, il y a diverses relations à considérer. Premièrement, l'action du corps entier agissant sur lui-même, c'est-à-dire le rapport du tout au tout, ou du souverain à l'état; et ce rapport est composé de celui des termes intermédiaires, comme nous le verrons ci-après.

Les lois qui règlent ce rapport portent le nom de lois politiques, et s'appellent aussi lois fondamentales, non sans quelque raison si ces lois sont sages; car, s'il n'y a dans chaque état qu'une bonne manière de l'ordonner, le peuple qui l'a trouvée doit s'y tenir : mais si l'ordre établi est mauvais, pourquoi prendroit-on pour fondamentales des lois qui l'empêchent d'être bon? D'ailleurs, en tout état de cause, un peuple est toujours le maître de changer ses lois, même les meilleures; car, s'il lui plaît de se faire mal à lui-même, qui est-ce qui a droit de l'en empêcher?

La seconde relation est celle des membres entre eux, ou avec le corps entier; et ce rapport doit être au premier égard aussi petit, et au second aussi grand qu'il est possible; en sorte que chaque citoyen soit dans une parfaite indépendance de tous les autres, et dans une excessive dépendance de la cité : ce qui se fait toujours par les mêmes moyens; car il n'y a que la force de l'état qui fasse la liberté de ses membres. C'est de ce deuxième rapport que naissent les lois civiles.

On peut considérer une troisième sorte de relation entre l'homme et la loi, savoir, celle de la désobéissance à la peine; et celle-ci donne lieu à l'établissement des lois criminelles, qui, dans le fond, sont moins une espèce particulière de lois que la sanction de toutes les autres.

A ces trois sortes de lois il s'en joint une quatrième, la plus importante de toutes, qui ne se grave ni sur le marbre, ni sur l'airain, mais dans les cœurs des citoyens; qui fait la véritable constitution de l'état; qui prend tous les jours de nouvelles forces; qui, lorsque les autres lois vieillissent ou s'éteignent, les ranime ou les supplée, conserve un peuple dans l'esprit de son institution, et substitue insensiblement la force de l'habitude à celle de l'autorité. Je parle des mœurs, des coutumes, et surtout de l'opinion; partie inconnue à nos politiques, mais de laquelle dépend le succès de toutes les autres; partie dont le grand législateur s'occupe en secret, tandis qu'il paroît se borner à des réglements particuliers, qui ne sont que le cintre de la voûte, dont les mœurs, plus lentes à naître, forment enfin l'inébranlable clef.

Entre ces diverses classes, les lois politiques, qui constituent la forme du gouvernement, sont la seule relative à mon sujet.

LIVRE III.

Avant de parler des diverses formes de gouvernement, tâchons de fixer le sens précis de ce mot, qui n'a pas encore été fort bien expliqué.

CHAPITRE I.

Du gouvernement en général.

J'avertis le lecteur que ce chapitre doit être lu posément, et que je ne sais pas l'art d'être clair pour qui ne veut pas être attentif.

Toute action libre a deux causes qui concourent à la produire : l'une morale, savoir la volonté qui détermine l'acte; l'autre physique, savoir la puissance qui l'exécute. Quand je marche vers un objet, il faut premièrement que j'y veuille aller; en second lieu, que mes pieds m'y portent. Qu'un paralytique veuille courir, qu'un homme agile ne le veuille pas, tous deux resteront en place. Le corps politique a les mêmes mobiles : on y distingue de même la force et la volonté; celle-ci sous le nom de *puissance législative*, l'autre sous le nom de *puissance exécutive*. Rien ne s'y fait ou ne doit s'y faire sans leur concours.

Nous avons vu que la puissance législative appartient au peuple, et ne peut appartenir qu'à lui. Il est aisé de voir, au contraire, par les principes ci-devant établis, que la puissance exécutive ne peut appartenir à la généralité comme législatrice ou souveraine, parce que cette puissance ne consiste qu'en des actes particuliers qui ne sont point du ressort de la loi, ni par conséquent de celui du souverain, dont tous les actes ne peuvent être que des lois.

Il faut donc à la force publique un agent propre qui la réunisse et la mette en œuvre selon les directions de la volonté générale, qui serve à la communication de l'état et du souverain, qui fasse en quelque sorte dans la personne publique ce que fait dans l'homme l'union de l'ame et du corps. Voilà quelle est, dans l'état, la raison du gouvernement, confondu mal à propos avec le souverain, dont il n'est que le ministre.

Qu'est-ce donc que le gouvernement? Un corps intermédiaire établi entre les sujets et le souverain pour leur mutuelle correspondance, chargé de l'exécution des lois, et du maintien de la liberté tant civile que politique.

Les membres de ce corps s'appellent magistrats ou *rois*, c'est-à-dire *gouverneurs;* et le corps entier porte le nom de *prince*[1]. Ainsi ceux qui pré-

---

[1] C'est ainsi qu'à Venise on donne au collége le nom de *sérénissime prince*, même quand le doge n'y assiste pas.

tendent que l'acte par lequel un peuple se soumet à des chefs n'est point un contrat, ont grande raison. Ce n'est absolument qu'une commission, un emploi, dans lequel, simples officiers du souverain, ils exercent en son nom le pouvoir dont il les a faits dépositaires, et qu'il peut limiter, modifier, et reprendre quand il lui plaît. L'aliénation d'un tel droit, étant incompatible avec la nature du corps social, est contraire au but de l'association.

J'appelle donc *gouvernement* ou suprême administration l'exercice légitime de la puissance exécutive, et *prince* ou *magistrat* l'homme ou le corps chargé de cette administration.

C'est dans le gouvernement que se trouvent les forces intermédiaires, dont les rapports composent celui du tout au tout ou du souverain à l'état. On peut représenter ce dernier rapport par celui des extrêmes d'une proportion continue, dont la moyenne proportionnelle est le gouvernement. Le gouvernement reçoit du souverain les ordres qu'il donne au peuple; et, pour que l'état soit dans un bon équilibre, il faut, tout compensé, qu'il y ait égalité entre le produit ou la puissance du gouvernement pris en lui-même, et le produit ou la puissance des citoyens, qui sont souverains d'un côté et sujets de l'autre.

De plus, on ne sauroit altérer aucun des trois termes sans rompre à l'instant la proportion. Si le souverain veut gouverner, ou si le magistrat veut donner des lois, ou si les sujets refusent d'obéir, le désordre succède à la règle, la force et la volonté n'agissent plus de concert, et l'état dissous tombe ainsi dans le despotisme ou dans l'anarchie. Enfin, comme il n'y a qu'une moyenne proportionnelle entre chaque rapport, il n'y a non plus qu'un bon gouvernement possible dans un état : mais comme mille événements peuvent changer les rapports d'un peuple, non seulement différents gouvernements peuvent être bons à divers peuples, mais au même peuple en différents temps.

Pour tâcher de donner une idée des divers rapports qui peuvent régner entre ces deux extrêmes, je prendrai pour exemple le nombre du peuple, comme un rapport plus facile à exprimer.

Supposons que l'état soit composé de dix mille citoyens. Le souverain ne peut être considéré que collectivement et en corps; mais chaque particulier, en qualité de sujet, est considéré comme individu : ainsi le souverain est au sujet comme dix mille est à un; c'est-à-dire que chaque membre de l'état n'a pour sa part que la dix-millième partie de l'autorité souveraine, quoiqu'il lui soit soumis tout entier. Que le peuple soit composé de cent mille hommes, l'état des sujets ne change pas, et chacun porte également tout l'empire des lois, tandis que son suffrage, réduit à un cent-millième, a dix fois moins d'influence dans leur rédaction.

Alors le sujet restant toujours un, le rapport du souverain augmente en raison du nombre des citoyens. D'où il suit que, plus l'état s'agrandit, plus la liberté diminue.

Quand je dis que le rapport augmente, j'entends qu'il s'éloigne de l'égalité. Ainsi, plus le rapport est grand dans l'acception des géomètres, moins il y a de rapport dans l'acception commune : dans la première, le rapport, considéré selon la quantité, se mesure par l'exposant; et dans l'autre, considéré selon l'identité, il s'estime par la similitude.

Or, moins les volontés particulières se rapportent à la volonté générale, c'est-à-dire les mœurs aux lois, plus la force réprimante doit augmenter. Donc le gouvernement, pour être bon, doit être relativement plus fort à mesure que le peuple est plus nombreux.

D'un autre côté, l'agrandissement de l'état donnant aux dépositaires de l'autorité publique plus de tentations et de moyens d'abuser de leur pouvoir, plus le gouvernement doit avoir de force pour contenir le peuple, plus le souverain doit en avoir à son tour pour contenir le gouvernement. Je ne parle pas ici d'une force absolue, mais de la force relative des diverses parties de l'état.

Il suit de ce double rapport que la proportion continue entre le souverain, le prince et le peuple, n'est point une idée arbitraire, mais une conséquence nécessaire de la nature du corps politique. Il suit encore que l'un des extrêmes, savoir le peuple, comme sujet, étant fixe et représenté par l'unité, toutes les fois que la raison doublée augmente ou diminue, la raison simple augmente ou diminue semblablement, et que par conséquent le moyen terme est changé. Ce qui fait voir qu'il n'y a pas une constitution de gouvernement unique et absolue, mais qu'il peut y avoir autant de gouvernements différents en nature, que d'états différents en grandeur.

Si, tournant ce système en ridicule, on disoit que, pour trouver cette moyenne proportionnelle et former le corps du gouvernement, il ne faut, selon moi, que tirer la racine carrée du nombre du peuple, je répondrois que je ne prends ici ce nombre que pour un exemple; que les rapports dont je parle ne se mesurent pas seulement par le nombre des hommes, mais en général par la quantité d'action, laquelle se combine par des multitudes de causes; qu'au reste, si, pour m'exprimer en moins de paroles, j'emprunte un moment des termes de géométrie, je n'ignore pas cependant que la précision géométrique n'a point lieu dans les quantités morales.

Le gouvernement est en petit ce que le corps politique qui le renferme est en grand. C'est une personne morale douée de certaines facultés, active comme le souverain, passive comme l'état, et qu'on peut décomposer en d'autres rapports semblables; d'où naît par conséquent une nouvelle proportion; une autre encore dans celle-ci, selon l'ordre des tribunaux, jusqu'à ce qu'on arrive à un moyen terme indivisible, c'est-à-dire à un seul chef ou magistrat suprême, qu'on peut se représenter, au milieu de cette progression, comme l'unité entre la série des fractions et celle des nombres.

Sans nous embarrasser dans cette multiplication de termes, contentons-nous de considérer le gouvernement comme un nouveau corps dans l'état, distinct du peuple et du souverain, et intermédiaire entre l'un et l'autre.

Il y a cette différence essentielle entre ces deux corps, que l'état existe par lui-même, et que le gouvernement n'existe que par le souverain. Ainsi la volonté dominante du prince n'est ou ne doit être que la volonté générale ou la loi; sa force n'est que la force publique concentrée en lui : sitôt qu'il veut tirer de lui-même quelque acte absolu et indépendant, la liaison du tout commence à se relâcher. S'il arrivoit enfin que le prince eût une volonté particulière plus active que celle du souverain, et qu'il usât, pour obéir à cette volonté particulière, de la force publique qui est dans ses mains, en sorte qu'on eût, pour ainsi dire, deux souverains, l'un de droit et l'autre de fait, à l'instant l'union sociale s'évanouiroit, et le corps politique seroit dissous.

Cependant, pour que le corps du gouvernement

ait une existence, une vie réelle qui le distingue du corps de l'état; pour que tous ses membres puissent agir de concert et répondre à la fin pour laquelle il est institué, il faut un *moi* particulier, une sensibilité commune à ses membres, une force, une volonté propre qui tende à sa conservation. Cette existence particulière suppose des assemblées, des conseils, un pouvoir de délibérer, de résoudre, des droits, des titres, des priviléges qui appartiennent au prince exclusivement, et qui rendent la condition du magistrat plus honorable à proportion qu'elle est plus pénible. Les difficultés sont dans la manière d'ordonner, dans le tout, ce tout subalterne, de sorte qu'il n'altère point la constitution générale en affermissant la sienne ; qu'il distingue toujours sa force particulière destinée à sa propre conservation, de la force publique destinée à la conservation de l'état, et qu'en un mot, il soit toujours prêt à sacrifier le gouvernement au peuple, et non le peuple au gouvernement.

D'ailleurs, bien que le corps artificiel du gouvernement soit l'ouvrage d'un autre corps artificiel, et qu'il n'ait en quelque sorte qu'une vie empruntée et subordonnée, cela n'empêche pas qu'il ne puisse agir avec plus ou moins de vigueur ou de célérité, jouir, pour ainsi dire, d'une santé plus ou moins robuste. Enfin, sans s'éloigner directement du but de son institution, il peut s'en écarter plus ou moins, selon la manière dont il est constitué.

C'est de toutes ces différences que naissent les rapports divers que le gouvernement doit avoir avec le corps de l'état, selon les rapports accidentels et particuliers par lesquels ce même état est modifié. Car souvent le gouvernement le meilleur en soi deviendra le plus vicieux, si ses rapports ne sont altérés selon les défauts du corps politique auquel il appartient.

~~~~~~

CHAPITRE II.

Du principe qui constitue les diverses formes de gouvernement.

Pour exposer la cause générale de ces différences, il faut distinguer ici le principe et le gouvernement, comme j'ai distingué ci-devant l'état et le souverain.

Le corps du magistrat peut être composé d'un plus grand ou moindre nombre de membres. Nous avons dit que le rapport du souverain aux sujets étoit d'autant plus grand que le peuple étoit plus nombreux; et, par une évidente analogie, nous en pouvons dire autant du gouvernement à l'égard des magistrats.

Or, la force totale du gouvernement, étant toujours celle de l'état, ne varie point : d'où il suit que plus il use de cette force sur ses propres membres, moins il lui en reste pour agir sur tout le peuple.

Donc, plus les magistrats sont nombreux, plus le gouvernement est foible. Comme cette maxime est fondamentale, appliquons-nous à la mieux éclaircir.

Nous pouvons distinguer dans la personne du magistrat trois volontés essentiellement différentes : premièrement, la volonté propre de l'individu, qui ne tend qu'à son avantage particulier; secondement, la volonté commune des magistrats, qui se rapporte uniquement à l'avantage du prince, et qu'on peut appeler volonté de corps, laquelle est générale par rapport au gouvernement, et particulière par rapport à l'état, dont le gouvernement fait partie; en troisième lieu, la volonté du peuple ou la volonté souveraine, laquelle est générale, tant par rapport à l'état considéré comme le tout, que par rapport au gouvernement considéré comme partie du tout.

Dans une législation parfaite, la volonté particulière ou individuelle doit être nulle; la volonté de corps propre au gouvernement très-subordonnée; et par conséquent la volonté générale ou souveraine toujours dominante et la règle unique de toutes les autres.

Selon l'ordre naturel, au contraire, ces différentes volontés deviennent plus actives à mesure qu'elles se concentrent. Ainsi, la volonté générale est toujours la plus foible, la volonté de corps a le second rang, et la volonté particulière le premier de tous : de sorte que, dans le gouvernement, chaque membre est premièrement soi-même, et puis magistrat, et puis citoyen; gradation directement opposée à celle qu'exige l'ordre social.

Cela posé, que tout le gouvernement soit entre les mains d'un seul homme; voilà la volonté particulière et la volonté de corps parfaitement réunies, et par conséquent celle-ci au plus haut degré d'intensité qu'elle puisse avoir. Or, comme c'est du degré de la volonté que dépend l'usage de la force, et que la force absolue du gouvernement ne varie point, il s'ensuit que le plus actif des gouvernements est celui d'un seul.

Au contraire, unissons le gouvernement à l'autorité législative; faisons le prince du souverain, et de tous les citoyens autant de magistrats : alors la volonté de corps, confondue avec la volonté générale, n'aura pas plus d'activité qu'elle, et laissera la volonté particulière dans toute sa force. Ainsi, le gouvernement, toujours avec la même force absolue, sera dans son *minimum* de force relative ou d'activité.

Ces rapports sont incontestables, et d'autres considérations servent encore à les confirmer. On voit, par exemple, que chaque magistrat est plus actif dans son corps que chaque citoyen dans le sien, et que par conséquent la volonté particulière a beaucoup plus d'influence dans les actes du gouvernement que dans ceux du souverain; car chaque magistrat est presque toujours chargé de quelque fonction du gouvernement, au lieu que chaque citoyen pris à part n'a aucune fonction de la souveraineté. D'ailleurs, plus l'état s'étend, plus sa force réelle augmente, quoiqu'elle n'augmente pas en raison de son étendue : mais l'état restant le même, les magistrats ont beau se multiplier, le gouvernement n'en acquiert pas une plus grande force réelle, parce que cette force est celle de l'état, dont la mesure est toujours égale. Ainsi, la force relative ou l'activité du gouvernement diminue, sans que sa force absolue ou réelle puisse augmenter.

Il est sûr encore que l'expédition des affaires devient plus lente à mesure que plus de gens en sont chargés; qu'en donnant trop à la prudence on ne donne pas assez à la fortune, qu'on laisse échapper l'occasion, et qu'à force de délibérer on perd souvent le fruit de la délibération.

Je viens de prouver que le gouvernement se relâche à mesure que les magistrats se multiplient; et j'ai prouvé ci-devant que plus le peuple est nombreux, plus la force réprimante doit augmenter. D'où il suit que le rapport des magistrats au gouvernement doit être inverse du rapport des sujets au souverain; c'est-à-dire que, plus l'état s'agrandit, plus le gouvernement doit se resserrer; tellement que le nombre des chefs diminue en raison de l'augmentation du peuple.

Au reste, je ne parle ici que de la force relative du gouvernement, et non de sa rectitude : car, au contraire, plus le magistrat est nombreux, plus la volonté de corps se rapproche de la volonté générale; au lieu que, sous un magistrat unique, cette même volonté de corps n'est, comme je l'ai dit, qu'une volonté particulière. Ainsi, l'on perd d'un côté ce qu'on peut gagner de l'autre, et l'art du législateur est de savoir fixer le point où la force et la volonté du gouvernement, toujours en proportion réciproque, se combinent dans le rapport le plus avantageux à l'état.

CHAPITRE III.

Division des gouvernements.

On a vu dans le chapitre précédent pourquoi l'on distingue les diverses espèces ou formes de gouvernements par le nombre des membres qui les composent; il reste à voir dans celui-ci comment se fait cette division.

Le souverain peut, en premier lieu, commettre le dépôt du gouvernement à tout le peuple ou à la plus grande partie du peuple, en sorte qu'il y ait plus de citoyens magistrats que de citoyens simples particuliers. On donne à cette forme de gouvernement le nom de *démocratie*.

Ou bien il peut resserrer le gouvernement entre les mains d'un petit nombre, en sorte qu'il y ait plus de simples citoyens que de magistrats; et cette forme porte le nom d'*aristocratie*.

Enfin il peut concentrer tout le gouvernement dans les mains d'un magistrat unique dont tous les autres tiennent leur pouvoir. Cette troisième forme est la plus commune, et s'appelle *monarchie*, ou gouvernement royal.

On doit remarquer que toutes ces formes, ou du moins les deux premières, sont susceptibles de plus ou de moins, et ont même une assez grande latitude; car la démocratie peut embrasser tout le peuple, ou se resserrer jusqu'à la moitié. L'aristocratie, à son tour, peut de la moitié du peuple se resserrer jusqu'au plus petit nombre indéterminément. La royauté même est susceptible de quelque partage. Sparte eut constamment deux rois par sa constitution; et l'on a vu dans l'empire romain jusqu'à huit empereurs à la fois, sans qu'on pût dire que l'empire fût divisé. Ainsi il y a un point où chaque forme de gouvernement se confond avec la suivante, et l'on voit que, sous trois seules dénominations, le gouvernement est réellement susceptible d'autant de formes diverses que l'état a de citoyens.

Il y a plus : ce même gouvernement pouvant, à certains égards, se subdiviser en d'autres parties, l'une administrée d'une manière et l'autre d'une autre, il peut résulter de ces trois formes combinées une multitude de formes mixtes, dont chacune est multipliable par toutes les formes simples.

On a de tous temps beaucoup disputé sur la meilleure forme de gouvernement, sans considérer que chacune d'elles est la meilleure en certains cas, et la pire en d'autres.

Si, dans les différents états, le nombre des magistrats suprêmes doit être en raison inverse de celui des citoyens, il s'ensuit qu'en général le gouvernement démocratique convient aux petits états, l'aristocratique aux médiocres, et le monarchique aux grands. Cette règle se tire immédiatement du principe. Mais comment compter la multitude de circonstances qui peuvent fournir des exceptions?

CHAPITRE IV.

De la démocratie.

Celui qui fait la loi sait mieux que personne comment elle doit être exécutée et interprétée. Il semble donc qu'on ne sauroit avoir une meilleure constitution que celle où le pouvoir exécutif est joint au législatif : mais c'est cela même qui rend ce gouvernement insuffisant à certains égards, parce que les choses qui doivent être distinguées ne le sont pas, et que le prince et le souverain, n'étant que la même personne, ne forment, pour ainsi dire, qu'un gouvernement sans gouvernement.

Il n'est pas bon que celui qui fait les lois les exécute, ni que le corps du peuple détourne son attention des vues générales pour les donner aux objets particuliers. Rien n'est plus dangereux que l'influence des intérêts privés dans les affaires publiques, et l'abus des lois par le gouvernement est un mal moindre que la corruption du législateur, suite infaillible des vues particulières. Alors, l'état étant altéré dans sa substance, toute réforme devient impossible. Un peuple qui n'abuseroit jamais du gouvernement n'abuseroit pas non plus de l'indépendance; un peuple qui gouverneroit toujours bien n'auroit pas besoin d'être gouverné.

A prendre le terme dans la rigueur de l'acception, il n'a jamais existé de véritable démocratie, et il n'en existera jamais. Il est contre l'ordre naturel que le grand nombre gouverne et que le petit soit gouverné. On ne peut imaginer que le peuple reste incessamment assemblé pour vaquer aux affaires publiques, et l'on voit aisément qu'il ne sauroit établir pour cela des commissions, sans que la forme de l'administration change.

En effet, je crois pouvoir poser en principe que, quand les fonctions du gouvernement sont partagées entre plusieurs tribunaux, les moins nombreux acquièrent tôt ou tard la plus grande autorité, ne fût-ce qu'à cause de la facilité d'expédier les affaires, qui les y amène naturellement.

D'ailleurs, que de choses difficiles à réunir ne suppose pas ce gouvernement! Premièrement, un état très-petit, où le peuple soit facile à rassembler, et où chaque citoyen puisse aisément connoître tous les autres : secondement, une grande simplicité de mœurs qui prévienne la multitude d'affaires et de discussions épineuses : ensuite, beaucoup d'égalité dans les rangs et dans les fortunes, sans quoi l'égalité ne sauroit subsister long-temps dans les droits et l'autorité : enfin peu ou point de luxe, car ou le luxe est l'effet des richesses, où il les rend nécessaires; il corrompt à la fois le riche et le pauvre, l'un par la possession, l'autre par la convoitise; il vend la patrie à la mollesse, à la vanité; il ôte à l'état tous ses citoyens pour les asservir les uns aux autres, et tous à l'opinion.

Voilà pourquoi un auteur célèbre a donné la vertu pour principe à la république [1], car toutes ces conditions ne sauroient subsister sans la vertu : mais, faute d'avoir fait les distinctions nécessaires, ce beau génie a manqué souvent de justesse, quelquefois de clarté, et n'a pas vu que l'autorité souveraine étant partout la même, le même principe doit avoir lieu dans tout état bien constitué; plus

---

[1] * *Esprit des Lois*, liv. III, chap. 3.

ou moins, il est vrai, selon la forme du gouvernement.

Ajoutons qu'il n'y a pas de gouvernement si sujet aux guerres civiles et aux agitations intestines que le démocratique ou populaire, parce qu'il n'y en a aucun qui tende si fortement et si continuellement à changer de forme, ni qui demande plus de vigilance et de courage pour être maintenu dans la sienne. C'est surtout dans cette constitution que le citoyen doit s'armer de force et de constance, et dire chaque jour de sa vie au fond de son cœur ce que disoit un vertueux palatin [1] dans la diète de Pologne : *Malo periculosam libertatem quam quietum servitium.*

S'il y avoit un peuple de dieux, il se gouverneroit démocratiquement. Un gouvernement si parfait ne convient pas à des hommes.

CHAPITRE V.

De l'aristocratie.

Nous avons ici deux personnes morales très-distinctes, savoir, le gouvernement et le souverain; et par conséquent deux volontés générales, l'une par rapport à tous les citoyens, l'autre seulement pour les membres de l'administration. Ainsi,

[1] Le palatin de Posannie, père du roi de Pologne, duc de Lorraine.

bien que le gouvernement puisse régler sa police intérieure comme il lui plaît, il ne peut jamais parler au peuple qu'au nom du souverain, c'est-à-dire au nom du peuple même; ce qu'il ne faut jamais oublier.

Les premières sociétés se gouvernèrent aristocratiquement. Les chefs des familles délibéroient entre eux des affaires publiques. Les jeunes gens cédoient sans peine à l'autorité de l'expérience. De là les noms de *prêtres,* d'*anciens,* de *sénat,* de *gérontes.* Les sauvages de l'Amérique septentrionale se gouvernent encore ainsi de nos jours, et sont très-bien gouvernés.

Mais, à mesure que l'inégalité d'institution l'emporta sur l'inégalité naturelle, la richesse ou la puissance [1] fut préférée à l'âge, et l'aristocratie devint élective. Enfin la puissance transmise avec les biens du père aux enfants, rendant les familles patriciennes, rendit le gouvernement héréditaire, et l'on vit des sénateurs de vingt ans.

Il y a donc trois sortes d'aristocratie : naturelle, élective, héréditaire. La première ne convient qu'à des peuples simples; la troisième est le pire de tous les gouvernements. La deuxième est le meilleur; c'est l'aristocratie proprement dite.

Outre l'avantage de la distinction des deux pouvoirs, elle a celui du choix de ses membres; car,

---

[1] Il est clair que le mot *optimates,* chez les anciens, ne veut pas dire les meilleurs, mais les plus puissants.

dans le gouvernement populaire, tous les citoyens naissent magistrats; mais celui-ci les borne à un petit nombre, et ils ne le deviennent que par élection [1] : moyen par lequel la probité, les lumières, l'expérience, et toutes les autres raisons de préférence et d'estime publique, sont autant de nouveaux garants qu'on sera sagement gouverné.

De plus, les assemblées se font plus commodément; les affaires se discutent mieux, s'expédient avec plus d'ordre et de diligence; le crédit de l'état est mieux soutenu chez l'étranger par de vénérables sénateurs que par une multitude inconnue ou méprisée.

En un mot, c'est l'ordre le meilleur et le plus naturel que les plus sages gouvernent la multitude, quand on est sûr qu'ils la gouverneront pour son profit, et non pour le leur. Il ne faut point multiplier en vain les ressorts, ni faire avec vingt mille hommes ce que cent hommes choisis peuvent faire encore mieux. Mais il faut remarquer que l'intérêt de corps commence à moins diriger ici la force publique sur la règle de la volonté générale, et

[1] Il importe beaucoup de régler par des lois la forme de l'élection des magistrats; car, en l'abandonnant à la volonté du prince, on ne peut éviter de tomber dans l'aristocratie héréditaire, comme il est arrivé aux républiques de Venise et de Berne. Aussi la première est-elle, depuis long-temps, un état dissous; mais la seconde se maintient par l'extrême sagesse de son sénat : c'est une exception bien honorable et bien dangereuse.

qu'une autre pente inévitable enlève aux lois une partie de la puissance exécutive.

A l'égard des convenances particulières, il ne faut ni un état si petit, ni un peuple si simple et si droit, que l'exécution des lois suive immédiatement de la volonté publique, comme dans une bonne démocratie. Il ne faut pas non plus une si grande nation, que les chefs épars pour la gouverner puissent trancher du souverain chacun dans son département, et commencer par se rendre indépendants pour devenir enfin les maîtres.

Mais si l'aristocratie exige quelques vertus de moins que le gouvernement populaire, elle en exige aussi d'autres qui lui sont propres, comme la modération dans les riches, et le contentement dans les pauvres; car il semble qu'une égalité rigoureuse y seroit déplacée; elle ne fut pas même observée à Sparte.

Au reste, si cette forme comporte une certaine inégalité de fortune, c'est bien pour qu'en général l'administration des affaires publiques soit confiée à ceux qui peuvent le mieux y donner tout leur temps, mais non pas, comme prétend Aristote, pour que les riches soient toujours préférés. Au contraire, il importe qu'un choix opposé apprenne quelquefois au peuple qu'il y a, dans le mérite des hommes, des raisons de préférence plus importantes que la richesse [1].

[1] * Aristote n'établit nulle part que la préférence soit *toujours*

CHAPITRE VI.

De la monarchie.

Jusqu'ici nous avons considéré le prince comme une personne morale et collective, unie par la force des lois, et dépositaire dans l'état de la puissance exécutive. Nous avons maintenant à considérer cette puissance réunie entre les mains d'une personne naturelle, d'un homme réel, qui seul ait droit d'en disposer selon les lois. C'est ce qu'on appelle un monarque ou un roi.

Tout au contraire des autres administrations où un être collectif représente un individu, dans celle-ci un individu représente un être collectif; en sorte que l'unité morale qui constitue le prince est en même temps une unité physique, dans laquelle toutes les facultés que la loi réunit dans

due aux riches. Il dit formellement, au contraire (liv. III, chap. 14), que le droit qu'on fonde sur les richesses et la noblesse est un droit plus que douteux. A la vérité il reconnoît (chap. 10 du livre IV) qu'il est plus ordinaire de rencontrer parmi les riches le savoir joint à la naissance, et qu'ils sont moins exposés à la tentation de mal faire; mais dans ce même chapitre 10 et dans le suivant ayant à tracer, sous le nom de *Politie* (Πολιτεία) ou république proprement dite, le modèle du plus excellent gouvernement, il se montre bien éloigné d'une préférence exclusive, et conclut à ce qu'il soit pris un moyen terme entre l'oligarchie, où l'on ne considère que le revenu, et la démocratie, où l'on n'en tient nul compte.

l'autre avec tant d'efforts se trouvent naturellement réunies.

Ainsi la volonté du peuple, et la volonté du prince, et la force publique de l'état, et la force particulière du gouvernement, tout répond au même mobile, tous les ressorts de la machine sont dans la même main, tout marche au même but; il n'y a point de mouvements opposés qui s'entre-détruisent, et l'on ne peut imaginer aucune sorte de constitution dans laquelle un moindre effort produise une action plus considérable. Archimède, assis tranquillement sur le rivage et tirant sans peine à flot un grand vaisseau, me représente un monarque habile, gouvernant de son cabinet ses vastes états, et faisant tout mouvoir en paroissant immobile.

Mais s'il n'y a point de gouvernement qui ait plus de vigueur, il n'y en a point où la volonté particulière ait plus d'empire et domine plus aisément les autres : tout marche au même but, il est vrai; mais ce but n'est point celui de la félicité publique, et la force même de l'administration tourne sans cesse au préjudice de l'état.

Les rois veulent être absolus, et de loin on leur crie que le meilleur moyen de l'être est de se faire aimer de leurs peuples. Cette maxime est très-belle, et même très-vraie à certains égards : malheureusement on s'en moquera toujours dans les cours. La puissance qui vient de l'amour des peuples est sans doute la plus grande; mais elle est précaire et conditionnelle; jamais les princes ne s'en contenteront. Les meilleurs rois veulent pouvoir être méchants s'il leur plaît, sans cesser d'être les maîtres. Un sermonneur politique aura beau leur dire que la force du peuple étant la leur, leur plus grand intérêt est que le peuple soit florissant, nombreux, redoutable; ils savent très-bien que cela n'est pas vrai. Leur intérêt personnel est premièrement que le peuple soit foible, misérable, et qu'il ne puisse jamais leur résister. J'avoue que, supposant les sujets toujours parfaitement soumis, l'intérêt du prince seroit alors que le peuple fût puissant, afin que cette puissance étant sienne le rendît redoutable à ses voisins; mais, comme cet intérêt n'est que secondaire et subordonné, et que les deux suppositions sont incompatibles, il est naturel que les princes donnent toujours la préférence à la maxime qui leur est le plus immédiatement utile. C'est ce que Samuel représentoit fortement aux Hébreux : c'est ce que Machiavel a fait voir avec évidence. En feignant de donner des leçons aux rois, il en a donné de grandes aux peuples. Le *Prince* de Machiavel est le livre des républicains [1].

---

[1] Machiavel étoit un honnête homme et un bon citoyen; mais, attaché à la maison de Médicis, il étoit forcé, dans l'oppression de sa patrie, de déguiser son amour pour la liberté. Le choix seul de son exécrable héros [*] manifeste assez son intention secrète; et

[*] César Borgia.

Nous avons trouvé, par les rapports généraux, que la monarchie n'est convenable qu'aux grands états; et nous le trouvons encore en l'examinant en elle-même. Plus l'administration publique est nombreuse, plus le rapport du prince aux sujets diminue et s'approche de l'égalité, en sorte que ce rapport est un ou l'égalité, même dans la démocratie. Ce même rapport augmente à mesure que le gouvernement se resserre, et il est dans son *maximum* quand le gouvernement est dans les mains d'un seul. Alors il se trouve une trop grande distance entre le prince et le peuple, et l'état manque de liaison. Pour la former, il faut donc des ordres intermédiaires, il faut des princes, des grands, de la noblesse pour les remplir. Or, rien de tout cela ne convient à un petit état, que ruinent tous ces degrés.

Mais s'il est difficile qu'un grand état soit bien gouverné, il l'est beaucoup plus qu'il soit bien gouverné par un seul homme; et chacun sait ce

l'opposition des maximes de son livre *du Prince* à celles de ses *Discours sur Tite-Live*, et de son *Histoire de Florence*, démontre que ce profond politique n'a eu jusqu'ici que des lecteurs superficiels ou corrompus. La cour de Rome a sévèrement défendu son livre : je le crois bien; c'est elle qu'il dépeint le plus clairement *.

* M. Guiraudet, dans le tome premier de sa traduction de Machiavel (*Discours sur Machiavel*, page 3), annonce qu'avant Rousseau, Bacon avoit dit : « Rendons grâces à « Machiavel... en feignant de donner des leçons aux rois, il en a donné aux peuples. » Diderot depuis (*Encyclopédie*, article *Machiavélisme*) a présenté sur cet écrivain et sur son *intention secrète* la même opinion que Rousseau dans cette note, et M. Guiraudet enfin est entré sur ce sujet dans des développements faits pour ôter tout doute sur le vrai but que s'est proposé l'historien florentin dans tous ses écrits. (Note de M. Petitain.)

qu'il arrive quand le roi se donne des substituts.

Un défaut essentiel et inévitable, qui mettra toujours le gouvernement monarchique au-dessous du républicain, est que dans celui-ci la voix publique n'élève presque jamais aux premières places que des hommes éclairés et capables, qui les remplissent avec honneur; au lieu que ceux qui parviennent dans les monarchies ne sont le plus souvent que de petits brouillons, de petits fripons, de petits intrigants, à qui les petits talents, qui font dans les cours parvenir aux grandes places, ne servent qu'à montrer au public leur ineptie aussitôt qu'ils y sont parvenus. Le peuple se trompe bien moins sur ce choix que le prince; et un homme d'un vrai mérite est presque aussi rare dans le ministère qu'un sot à la tête d'un gouvernement républicain. Aussi, quand, par quelque heureux hasard, un de ces hommes nés pour gouverner prend le timon des affaires dans une monarchie presque abîmée par ces tas de jolis régisseurs, on est tout surpris des ressources qu'il trouve, et cela fait époque dans un pays.

Pour qu'un état monarchique pût être bien gouverné, il faudroit que sa grandeur ou son étendue fût mesurée aux facultés de celui qui gouverne. Il est plus aisé de conquérir que de régir. Avec un levier suffisant, d'un doigt on peut ébranler le monde; mais pour le soutenir il faut les épaules d'Hercule. Pour peu qu'un état soit grand, le prince est presque toujours trop petit. Quand, au contraire, il arrive que l'état est trop petit pour son chef, ce qui est très-rare, il est encore mal gouverné, parce que le chef, suivant toujours la grandeur de ses vues, oublie les intérêts des peuples, et ne les rend pas moins malheureux par l'abus des talents qu'il a de trop qu'un chef borné par le défaut de ceux qui lui manquent. Il faudroit, pour ainsi dire, qu'un royaume s'étendît ou se resserrât à chaque règne, selon la portée du prince; au lieu que les talents d'un sénat ayant des mesures plus fixes, l'état peut avoir des bornes constantes, et l'administration n'aller pas moins bien.

Le plus sensible inconvénient du gouvernement d'un seul est le défaut de cette succession continuelle qui forme dans les deux autres une liaison non interrompue. Un roi mort, il en faut un autre; les élections laissent des intervalles dangereux; elles sont orageuses; et à moins que les citoyens ne soient d'un désintéressement, d'une intégrité que ce gouvernement ne comporte guère, la brigue et la corruption s'en mêlent. Il est difficile que celui à qui l'état s'est vendu ne le vende pas à son tour, et ne se dédommage pas sur les foibles de l'argent que les puissants lui ont extorqué. Tôt ou tard tout devient vénal sous une pareille administration, et la paix, dont on jouit alors sous les rois, est pire que le désordre des interrègnes.

Qu'a-t-on fait pour prévenir ces maux? On a rendu les couronnes héréditaires dans certaines familles; et l'on a établi un ordre de succession qui prévient toute dispute à la mort des rois; c'est-à-dire que, substituant l'inconvénient des régences à celui des élections, on a préféré une apparente tranquillité à une administration sage, et qu'on a mieux aimé risquer d'avoir pour chefs des enfants, des monstres, des imbéciles, que d'avoir à disputer sur le choix des bons rois. On n'a pas considéré qu'en s'exposant ainsi aux risques de l'alternative, on met presque toutes les chances contre soi. C'étoit un mot très-sensé que celui du jeune Denys, à qui son père, en lui reprochant une action honteuse, disoit : T'en ai-je donné l'exemple? Ah! répondit le fils, votre père n'étoit pas roi [1].

Tout concourt à priver de justice et de raison un homme élevé pour commander aux autres. On prend beaucoup de peine, à ce qu'on dit, pour enseigner aux jeunes princes l'art de régner : il ne paroît pas que cette éducation leur profite. On feroit mieux de commencer par leur enseigner l'art d'obéir. Les plus grands rois qu'ait célébrés l'histoire n'ont point été élevés pour régner; c'est une science qu'on ne possède jamais moins qu'après l'avoir trop apprise, et qu'on acquiert mieux en obéissant qu'en commandant. « Nam utilissimus idem ac

---

[1] *PLUTARQUE. *Dicts notables des roys et des grands capitaines*, § 22.

« brevissimus bonarum malarumque rerum de-
« lectus, cogitare qui aut nolueris sub alio prin-
« cipe, aut volueris ¹. »

Une suite de ce défaut de cohérence est l'inconstance du gouvernement royal, qui, se réglant tantôt sur un plan et tantôt sur un autre, selon le caractère du prince qui règne ou des gens qui règnent pour lui, ne peut avoir long-temps un objet fixe ni une conduite conséquente : variation qui rend toujours l'état flottant de maxime en maxime, de projet en projet, et qui n'a pas lieu dans les autres gouvernements, où le prince est toujours le même. Aussi voit-on qu'en général, s'il y a plus de ruse dans une cour, il y a plus de sagesse dans un sénat, et que les républiques vont à leurs fins par des vues plus constantes et mieux suivies; au lieu que chaque révolution dans le ministère en produit une dans l'état, la maxime commune à tous les ministres, et presque à tous les rois, étant de prendre en toute chose le contre-pied de leur prédécesseur.

De cette même incohérence se tire encore la solution d'un sophisme très-familier aux politiques royaux; c'est non seulement de comparer le gouvernement civil au gouvernement domestique, et le prince au père de famille, erreur déjà réfutée, mais encore de donner libéralement à ce magistrat toutes les vertus dont il auroit besoin, et de sup-

---

¹ * Tacite, Hist., 1, 16.

poser toujours que le prince est ce qu'il devroit être : supposition à l'aide de laquelle le gouvernement royal est évidemment préférable à tout autre, parce qu'il est incontestablement le plus fort, et que, pour être aussi le meilleur, il ne lui manque qu'une volonté de corps plus conforme à la volonté générale.

Mais si, selon Platon [1], le roi par nature est un personnage si rare, combien de fois la nature et la fortune concourront-elles à le couronner! Et si l'éducation royale corrompt nécessairement ceux qui la reçoivent, que doit-on espérer d'une suite d'hommes élevés pour régner? C'est donc bien vouloir s'abuser que de confondre le gouvernement royal avec celui d'un bon roi. Pour voir ce qu'est ce gouvernement en lui-même, il faut le considérer sous des princes bornés ou méchants; car ils arriveront tels au trône, ou le trône les rendra tels.

Ces difficultés n'ont pas échappé à nos auteurs; mais ils n'en sont point embarrassés. Le remède est, disent-ils, d'obéir sans murmure ; Dieu donne les mauvais rois dans sa colère, et il les faut supporter comme des châtiments du ciel. Ce discours est édifiant, sans doute ; mais je ne sais s'il ne conviendroit pas mieux en chaire que dans un livre de politique. Que dire d'un médecin qui promet des miracles, et dont tout l'art est d'exhorter son

[1] Voyez le dialogue de Platon, précédemment cité, page 55.

malade à la patience? On sait bien qu'il faut souffrir un mauvais gouvernement quand on l'a : la question seroit d'en trouver un bon.

CHAPITRE VII.

Des gouvernemens mixtes.

A proprement parler, il n'y a point de gouvernement simple. Il faut qu'un chef unique ait des magistrats subalternes; il faut qu'un gouvernement populaire ait un chef. Ainsi, dans le partage de la puissance exécutive, il y a toujours gradation du grand nombre au moindre, avec cette différence que tantôt le grand nombre dépend du petit, et tantôt le petit du grand.

Quelquefois il y a partage égal, soit quand les parties constitutives sont dans une dépendance mutuelle, comme dans le gouvernement d'Angleterre; soit quand l'autorité de chaque partie est indépendante, mais imparfaite, comme en Pologne. Cette dernière forme est mauvaise, parce qu'il n'y a point d'unité dans le gouvernement, et que l'état manque de liaison.

Lequel vaut le mieux d'un gouvernement simple ou d'un gouvernement mixte? Question fort agitée chez les politiques, et à laquelle il faut faire la même réponse que j'ai faite ci-devant sur toute forme de gouvernement.

Le gouvernement simple est le meilleur en soi, par cela seul qu'il est simple. Mais quand la puissance exécutive ne dépend pas assez de la législative, c'est-à-dire quand il y a plus de rapport du prince au souverain que du peuple au prince, il faut remédier à ce défaut de proportion en divisant le gouvernement; car alors toutes ses parties n'ont pas moins d'autorité sur les sujets, et leur division les rend toutes ensemble moins fortes contre le souverain.

On prévient encore le même inconvénient en établissant des magistrats intermédiaires, qui, laissant le gouvernement en son entier, servent seulement à balancer les deux puissances et à maintenir leurs droits respectifs. Alors le gouvernement n'est pas mixte, il est tempéré.

On peut remédier par des moyens semblables à l'inconvénient opposé, et, quand le gouvernement est trop lâche, ériger des tribunaux pour le concentrer : cela se pratique dans toutes les démocraties. Dans le premier cas, on divise le gouvernement pour l'affoiblir, et dans le second, pour le renforcer; car les *maximum* de force et de foiblesse se trouvent également dans les gouvernements simples, au lieu que les formes mixtes donnent une force moyenne.

CHAPITRE VIII.

Que toute forme de gouvernement n'est pas propre à tout pays.

La liberté, n'étant pas un fruit de tous les climats, n'est pas à la portée de tous les peuples. Plus on médite ce principe établi par Montesquieu, plus on en sent la vérité; plus on le conteste, plus on donne occasion de l'établir par de nouvelles preuves.

Dans tous les gouvernements du monde, la personne publique consomme et ne produit rien. D'où lui vient donc la substance consommée? Du travail de ses membres. C'est le superflu des particuliers qui produit le nécessaire du public. D'où il suit que l'état civil ne peut subsister qu'autant que le travail des hommes rend au-delà de leurs besoins.

Or, cet excédant n'est pas le même dans tous les pays du monde. Dans plusieurs il est considérable, dans d'autres médiocre, dans d'autres nul, dans d'autres négatif. Ce rapport dépend de la fertilité du climat, de la sorte de travail que la terre exige, de la nature de ses productions, de la force de ses habitants, de la plus ou moins grande consommation qui leur est nécessaire, et de plusieurs autres rapports semblables desquels il est composé.

D'autre part, tous les gouvernements ne sont pas de même nature; il y en a de plus ou moins dévorants; et les différences sont fondées sur cet autre principe, que, plus les contributions publiques s'éloignent de leur source, et plus elles sont onéreuses. Ce n'est pas sur la quantité des impositions qu'il faut mesurer cette charge, mais sur le chemin qu'elles ont à faire pour retourner dans les mains dont elles sont sorties. Quand cette circulation est prompte et bien établie, qu'on paie peu ou beaucoup, il n'importe, le peuple est toujours riche, et les finances vont toujours bien. Au contraire, quelque peu que le peuple donne, quand ce peu ne lui revient point, en donnant toujours, bientôt il s'épuise; l'état n'est jamais riche et le peuple est toujours gueux.

Il suit de là que plus la distance du peuple au gouvernement augmente, et plus les tributs deviennent onéreux : ainsi dans la démocratie, le peuple est le moins chargé; dans l'aristocratie, il l'est davantage; dans la monarchie, il porte le plus grand poids. La monarchie ne convient donc qu'aux nations opulentes; l'aristocratie aux états médiocres en richesse ainsi qu'en grandeur; la démocratie aux états petits et pauvres.

En effet, plus on y réfléchit, plus on trouve en ceci de différence entre les états libres et les monarchiques. Dans les premiers tout s'emploie à l'utilité commune; dans les autres les forces publiques et particulières sont réciproques; et l'une s'augmente par l'affoiblissement de l'autre : enfin, au lieu de gouverner les sujets pour les rendre heureux, le despotisme les rend misérables pour les gouverner.

Voilà donc, dans chaque climat, des causes naturelles sur lesquelles on peut assigner la forme de gouvernement à laquelle la force du climat l'entraîne, et dire même quelle espèce d'habitants il doit avoir.

Les lieux ingrats et stériles, où le produit ne vaut pas le travail, doivent rester incultes et déserts, ou seulement peuplés de sauvages : les lieux où le travail des hommes ne rend exactement que le nécessaire doivent être habités par des peuples barbares; toute *politie* y seroit impossible : les lieux où l'excès de produit sur le travail est médiocre conviennent aux peuples libres : ceux où le terroir abondant et fertile donne beaucoup de produit pour peu de travail, veulent être gouvernés monarchiquement, pour consumer par le luxe du prince l'excès du superflu des sujets; car il vaut mieux que cet excès soit absorbé par le gouvernement que dissipé par les particuliers. Il y a des exceptions, je le sais : mais ces exceptions mêmes confirment la règle, en ce qu'elles produisent tôt ou tard des révolutions qui ramènent les choses dans l'ordre de la nature.

Distinguons toujours les lois générales des causes particulières qui peuvent en modifier l'effet. Quand tout le Midi seroit couvert de républiques, et tout le Nord d'états despotiques, il n'en seroit pas moins vrai que, par l'effet du climat, le despotisme convient aux pays chauds, la barbarie aux pays froids, et la bonne *politie* aux régions intermédiaires. Je vois encore qu'en accordant le principe, on pourra disputer sur l'application : on pourra dire qu'il y a des pays froids très-fertiles, et des méridionaux très-ingrats. Mais cette difficulté n'en est une que pour ceux qui n'examinent pas la chose dans tous ses rapports. Il faut, comme je l'ai déjà dit, compter ceux des travaux, des forces, de la consommation, etc.

Supposons que de deux terrains égaux l'un rapporte cinq et l'autre dix. Si les habitants du premier consomment quatre et ceux du dernier neuf, l'excès du premier produit sera un cinquième, et celui du second un dixième. Le rapport de ces deux excès étant donc inverse de celui des produits, le terrain qui ne produira que cinq donnera un superflu double de celui du terrain qui produira dix.

Mais il n'est pas question d'un produit double, et je ne crois pas que personne ose mettre en général la fertilité des pays froids en égalité même avec celle des pays chauds. Toutefois supposons cette égalité; laissons, si l'on veut, en balance l'Angleterre avec la Sicile, et la Pologne avec l'Égypte : plus au Midi, nous aurons l'Afrique et les Indes, plus au Nord, nous n'aurons plus rien.

Pour cette égalité de produit, quelle différence dans la culture! En Sicile il ne faut que gratter la terre; en Angleterre que de soins pour la labourer! Or, là où il faut plus de bras pour donner le même produit, le superflu doit être nécessairement moindre.

Considérez, outre cela, que la même quantité d'hommes consomme beaucoup moins dans les pays chauds. Le climat demande qu'on y soit sobre pour se porter bien : les Européens qui veulent y vivre comme chez eux périssent tous de dyssenterie et d'indigestion. « Nous sommes, dit Chardin,
« des bêtes carnassières, des loups, en comparai-
« son des Asiatiques. Quelques uns attribuent la
« sobriété des Persans à ce que leur pays est moins
« cultivé; et moi, je crois au contraire que leur
« pays abonde moins en denrées, parce qu'il en
« faut moins aux habitants. Si leur frugalité, con-
« tinue-t-il, étoit un effet de la disette du pays, il
« n'y auroit que les pauvres qui mangeroient peu,
« au lieu que c'est généralement tout le monde;
« et on mangeroit plus ou moins en chaque pro-
« vince, selon la fertilité du pays, au lieu que la
« même sobriété se trouve par tout le royaume.
« Ils se louent fort de leur manière de vivre, di-
« sant qu'il ne faut que regarder leur teint pour
« reconnoître combien elle est plus excellente que
« celle des chrétiens. En effet, le teint des Persans
« est uni; ils ont la peau belle, fine et polie; au

« lieu que le teint des Arméniens, leurs sujets,
« qui vivent à l'européenne, est rude, couperosé,
« et que leurs corps sont gros et pesants. »

Plus on approche de la ligne, plus les peuples vivent de peu. Ils ne mangent presque pas de viande; le riz, le maïs, le cuzcuz, le mil, la cassave, sont leurs aliments ordinaires. Il y a aux Indes des millions d'hommes dont la nourriture ne coûte pas un sou par jour. Nous voyons en Europe même des différences sensibles pour l'appétit entre les peuples du Nord et ceux du Midi. Un Espagnol vivra huit jours du dîner d'un Allemand. Dans les pays où les hommes sont plus voraces, le luxe se tourne aussi vers les choses de consommation : en Angleterre il se montre sur une table chargée de viandes; en Italie on vous régale de sucre et de fleurs.

Le luxe des vêtements offre encore de semblables différences. Dans les climats où les changements des saisons sont prompts et violents, on a des habits meilleurs et plus simples; dans ceux où l'on ne s'habille que pour la parure, on y cherche plus d'éclat que d'utilité; les habits eux-mêmes y sont un luxe. A Naples, vous verrez tous les jours se promener au Pausilype des hommes en veste dorée, et point de bas. C'est la même chose pour les bâtiments : on donne tout à la magnificence quand on n'a rien à craindre des injures de l'air. A Paris, à Londres, on veut être logé chaudement et commodément : à Madrid on a des salons superbes, mais point de fenêtres qui ferment, et l'on couche dans des nids à rats.

Les aliments sont beaucoup plus substantiels et succulents dans les pays chauds; c'est une troisième différence qui ne peut manquer d'influer sur la seconde. Pourquoi mange-t-on tant de légumes en Italie? parce qu'ils y sont bons, nourrissants, d'excellent goût. En France, où ils ne sont nourris que d'eau, ils ne nourrissent point, et sont presque comptés pour rien sur les tables; ils n'occupent pourtant pas moins de terrain et coûtent du moins autant de peine à cultiver. C'est une expérience faite que les blés de Barbarie, d'ailleurs inférieurs à ceux de France, rendent beaucoup plus en farine, et que ceux de France, à leur tour, rendent plus que les blés du Nord. D'où l'on peut inférer qu'une gradation semblable s'observe généralement dans la même direction de la ligne au pole. Or n'est-ce pas un désavantage visible d'avoir dans un produit égal une moindre quantité d'aliments?

A toutes ces différentes considérations j'en puis ajouter une qui en découle et qui les fortifie; c'est que les pays chauds ont moins besoin d'habitants que les pays froids, et pourroient en nourrir davantage; ce qui produit un double superflu toujours à l'avantage du despotisme. Plus le même nombre d'habitants occupe une grande surface, plus les révoltes deviennent difficiles, parce qu'on ne peut se concerter ni promptement ni secrètement, et qu'il est toujours facile au gouvernement d'éventer les projets et de couper les communications. Mais plus un peuple nombreux se rapproche, moins le gouvernement peut usurper sur le souverain : les chefs délibèrent aussi sûrement dans leurs chambres que le prince dans son conseil, et la foule s'assemble aussitôt dans les places que les troupes dans leurs quartiers. L'avantage d'un gouvernement tyrannique est donc en ceci d'agir à grandes distances. A l'aide des points d'appui qu'il se donne, sa force augmente au loin comme celle des leviers[1]. Celle du peuple, au contraire, n'agit que concentrée : elle s'évapore et se perd en s'étendant, comme l'effet de la poudre éparse à terre, et qui ne prend feu que grain à grain. Les pays les moins peuplés sont ainsi les plus propres à la tyrannie : les bêtes féroces ne règnent que dans les déserts.

CHAPITRE IX.

Des signes d'un bon gouvernement.

Quand donc on demande absolument quel est le meilleur gouvernement, on fait une question in-

[1] Ceci ne contredit pas ce que j'ai dit ci-devant, liv. II, chap. IX, sur les inconvénients des grands états ; car il s'agissoit là de l'autorité du gouvernement sur ses membres, et il s'agit ici de sa force contre les sujets. Ses membres épars lui servent de point d'appui

soluble comme indéterminée; ou, si l'on veut, elle a autant de bonnes solutions qu'il y a de combinaisons possibles dans les positions absurdes et relatives des peuples.

Mais si l'on demandoit à quel signe on peut connoître qu'un peuple donné est bien ou mal gouverné, ce seroit autre chose, et la question de fait pourroit se résoudre.

Cependant on ne la résout point, parce que chacun veut la résoudre à sa manière. Les sujets vantent la tranquillité publique, les citoyens la liberté des particuliers; l'un préfère la sûreté des possessions, et l'autre celle des personnes; l'un veut que le meilleur gouvernement soit le plus sévère, l'autre soutient que c'est le plus doux; celui-ci veut qu'on punisse les crimes, et celui-là qu'on les prévienne; l'un trouve beau qu'on soit craint des voisins, l'autre aime mieux qu'on en soit ignoré; l'un est content quand l'argent circule, l'autre exige que le peuple ait du pain. Quand même on conviendroit sur ces points et d'autres semblables, en seroit-on plus avancé? Les quantités morales manquant de mesure précise, fût-on d'accord sur le signe, comment l'être sur l'estimation?

Pour moi, je m'étonne toujours qu'on mécon-

---

pour agir au loin sur le peuple, mais il n'a nul point d'appui pour agir directement sur ses membres mêmes. Ainsi, dans l'un des cas, la longueur du levier en fait la foiblesse, et la force dans l'autre cas.

noisse un signe aussi simple, ou qu'on ait la mauvaise foi de n'en pas convenir. Quelle est la fin de l'association politique? c'est la conservation et la prospérité de ses membres. Et quel est le signe le plus sûr qu'ils se conservent et prospèrent? c'est leur nombre et leur population. N'allez donc pas chercher ailleurs ce signe si disputé. Toute chose d'ailleurs égale, le gouvernement sous lequel, sans moyens étrangers, sans naturalisation, sans colonies, les citoyens peuplent et multiplient davantage, est infailliblement le meilleur. Celui sous lequel un peuple diminue et dépérit est le pire. Calculateurs, c'est maintenant votre affaire; comptez, mesurez, comparez[1].

[1] On doit juger, sur le même principe, des siècles qui méritent la préférence pour la prospérité du genre humain. On a trop admiré ceux où l'on a vu fleurir les lettres et les arts, sans pénétrer l'objet secret de leur culture, sans en considérer le funeste effet : *idque apud imperitos humanitas vocabatur, cùm pars servitutis esset*[*]. Ne verrons-nous jamais dans les maximes des livres l'intérêt grossier qui fait parler les auteurs? Non, quoi qu'ils en puissent dire, quand, malgré son éclat, un pays se dépeuple, il n'est pas vrai que tout aille bien, et il ne suffit pas qu'un poëte ait cent mille livres de rente pour que son siècle soit le meilleur de tous. Il faut moins regarder au repos apparent et à la tranquillité des chefs, qu'au bien-être des nations entières, et surtout des états les plus nombreux. La grêle désole quelques cantons, mais elle fait rarement disette. Les émeutes, les guerres civiles, effarouchent beaucoup les chefs; mais elles ne font pas les vrais malheurs des peuples, qui peuvent même avoir du relâche, tandis qu'on dispute à qui les tyrannisera. C'est de leur état permanent que naissent leurs prospérités ou leurs calamités réelles : quand tout reste

[*] Tacit., Agric. 21.

CHAPITRE X.

De l'abus du gouvernement, et de sa pente à dégénérer.

Comme la volonté particulière agit sans cesse contre la volonté générale, ainsi le gouvernement fait un effort continuel contre la souveraineté. Plus cet effort augmente, plus la constitution s'altère; et, comme il n'y a point ici d'autre volonté de corps qui, résistant à celle du prince, fasse équilibre avec elle, il doit arriver tôt ou tard que le prince opprime enfin le souverain et rompe le traité social. C'est là le vice inhérent et inévitable qui, dès la naissance du corps politique, tend sans re-

---

écrasé sous le joug, c'est alors que tout dépérit; c'est alors que les chefs, les détruisant à leur aise, *ubi solitudinem faciunt, pacem appellant*[*]. Quand les tracasseries des grands agitoient le royaume de France, et que le coadjuteur de Paris portoit au parlement un poignard dans sa poche, cela n'empêchoit pas que le peuple françois ne vécût heureux et nombreux dans une honnête et libre aisance. Autrefois la Grèce florissoit au sein des plus cruelles guerres; le sang y couloit à flots, et tout le pays étoit couvert d'hommes. Il sembloit, dit Machiavel, qu'au milieu des meurtres, des proscriptions, des guerres civiles, notre république en devînt plus puissante; la vertu de ses citoyens, leurs mœurs, leur indépendance, avoient plus d'effet pour la renforcer que toutes ses dissensions n'en avoient pour l'affoiblir. Un peu d'agitation donne du ressort aux ames, et ce qui fait vraiment prospérer l'espèce est moins la paix que la liberté.

[*] Tacit., Agric. 31.

lâche à le détruire, de même que la vieillesse et la mort détruisent enfin le corps de l'homme.

Il y a deux voies générales par lesquelles un gouvernement dégénère : savoir, quand il se resserre, ou quand l'état se dissout.

Le gouvernement se resserre quand il passe du grand nombre au petit, c'est-à-dire de la démocratie à l'aristocratie, et de l'aristocratie à la royauté. C'est là son inclination naturelle[1]. S'il rétrogradoit

[1] La formation lente et le progrès de la république de Venise dans ses lagunes offrent un exemple notable de cette succession; et il est bien étonnant que, depuis plus de douze cents ans, les Vénitiens semblent n'être encore qu'au second terme, lequel commença au *Serrar di consiglio*, en 1198. Quant aux anciens ducs qu'on leur reproche, quoi qu'en puisse dire le *Squittinio della libertà veneta*[*], il est prouvé qu'ils n'ont point été leurs souverains.

On ne manquera pas de m'objecter la république romaine, qui suivit, dira-t-on, un progrès tout contraire, passant de la monarchie à l'aristocratie, et de l'aristocratie à la démocratie. Je suis bien éloigné d'en penser ainsi.

Le premier établissement de Romulus fut un gouvernement mixte, qui dégénéra promptement en despotisme. Par des causes particulières, l'état périt avant le temps, comme on voit mourir un nouveau-né avant d'avoir atteint l'âge d'homme. L'expulsion des Tarquins fut la véritable époque de la naissance de la république. Mais elle ne prit pas d'abord une forme constante, parce qu'on ne fit que la moitié de l'ouvrage en n'abolissant pas le patriciat. Car, de cette manière, l'aristocratie héréditaire, qui est la

[*] C'est le titre d'un ouvrage anonyme publié en 1612, et qui fit à Venise beaucoup de bruit quand il parut. Le but de cet ouvrage étoit, en établissant le droit des empereurs sur Venise, de prouver que l'indépendance de cette république n'étoit qu'une chimère, et que sa prétention à l'empire de la mer n'étoit pas mieux fondée.—*Squittinio* ou *squittino* signifie proprement *assemblée pour dire au scrutin*, et se prend souvent pour exprimer le scrutin même. Ici il signifie *examen, discussion*.

du petit nombre au grand, on pourroit dire qu'il se relâche : mais ce progrès inverse est impossible.

En effet, jamais le gouvernement ne change de forme que quand son ressort usé le laisse trop affoibli pour pouvoir conserver la sienne. Or, s'il se lâchoit encore en s'étendant, sa force deviendroit tout-à-fait nulle, et il subsisteroit encore moins. Il faut donc remonter et serrer le ressort à mesure qu'il cède : autrement l'état qu'il soutient tomberoit en ruine.

pire des administrations légitimes, restant en conflit avec la démocratie, la forme du gouvernement, toujours incertaine et flottante, ne fut fixée, comme l'a prouvé Machiavel, qu'à l'établissement des tribuns; alors seulement il y eut un vrai gouvernement et une véritable démocratie. En effet, le peuple alors n'étoit pas seulement souverain, mais aussi magistrat et juge; le sénat n'étoit qu'un tribunal en sous-ordre, pour tempérer et concentrer le gouvernement; et les consuls eux-mêmes, bien que patriciens, bien que premiers magistrats, bien que généraux absolus à la guerre, n'étoient à Rome que les présidents du peuple.

Dès-lors on vit aussi le gouvernement prendre sa pente naturelle et tendre fortement à l'aristocratie. Le patriciat s'abolissant comme de lui-même, l'aristocratie n'étoit plus dans le corps des patriciens comme elle est à Venise et à Gênes, mais dans le corps du sénat, composé de patriciens et de plébéiens, même dans le corps des tribuns quand ils commencèrent d'usurper une puissance active : car les mots ne font rien aux choses; et quand le peuple a des chefs qui gouvernent pour lui, quelque nom que portent ces chefs, c'est toujours une aristocratie.

De l'abus de l'aristocratie naquirent des guerres civiles et le triumvirat. Sylla, Jules César, Auguste, devinrent dans le fait de véritables monarques; et enfin sous le despotisme de Tibère, l'état fut dissous. L'histoire romaine ne dément donc point mon principe : elle le confirme.

Le cas de la dissolution de l'état peut arriver de deux manières.

Premièrement, quand le prince n'administre plus l'état selon les lois, et qu'il usurpe le pouvoir souverain. Alors il se fait un changement remarquable ; c'est que, non pas le gouvernement, mais l'état se resserre : je veux dire que le grand état se dissout, et qu'il s'en forme un autre dans celui-là, composé seulement des membres du gouvernement, et qui n'est plus rien au reste du peuple que son maître et son tyran. De sorte qu'à l'instant que le gouvernement usurpe la souveraineté, le pacte social est rompu ; et tous les simples citoyens, rentrés de droit dans leur liberté naturelle, sont forcés, mais non pas obligés d'obéir.

Le même cas arrive aussi quand les membres du gouvernement usurpent séparément le pouvoir qu'ils ne doivent exercer qu'en corps ; ce qui n'est pas une moindre infraction des lois, et produit encore un plus grand désordre. Alors on a, pour ainsi dire, autant de princes que de magistrats, et l'état, non moins divisé que le gouvernement, périt ou change de forme.

Quand l'état se dissout, l'abus du gouvernement, quel qu'il soit, prend le nom commun d'*anarchie*. En distinguant, la démocratie dégénère en *ochlocratie*, l'aristocratie en *oligarchie* : j'ajouterois que la royauté dégénère en *tyrannie* ; mais ce dernier mot est équivoque et demande explication.

Dans le sens vulgaire, un tyran est un roi qui gouverne avec violence et sans égard à la justice et aux lois. Dans le sens précis, un tyran est un particulier qui s'arroge l'autorité royale sans y avoir droit. C'est ainsi que les Grecs entendoient ce mot de tyran : ils le donnoient indifféremment aux bons et aux mauvais princes dont l'autorité n'étoit pas légitime [1]. Ainsi *tyrant* et *usurpateur* sont deux mots parfaitement synonymes.

Pour donner différents noms à différentes choses, j'appelle *tyran* l'usurpateur de l'autorité royale, et *despote* l'usurpateur du pouvoir souverain. Le tyran est celui qui s'ingère contre les lois à gouverner selon les lois; le despote est celui qui se met au-dessus des lois mêmes. Ainsi le tyran peut n'être pas despote, mais le despote est toujours tyran.

---

[1] *Omnes enim et habentur et dicuntur tyranni, qui potestate utuntur perpetuá in eá civitate quæ libertate usa est.* Corn. Nep., in Miltiad., cap. 8.—Il est vrai qu'Aristote, *Mor. Nicom.*, liv. VIII, c. 10, distingue le tyran du roi, en ce que le premier gouverne pour sa propre utilité, et le second seulement pour l'utilité de ses sujets; mais, outre que généralement tous les auteurs grecs ont pris le mot *tyran* dans un autre sens, comme il paroît surtout par le Hiéron de Xénophon, il s'ensuivroit de la distinction d'Aristote, que, depuis le commencement du monde, il n'auroit pas encore existé un seul roi.

CHAPITRE XI.

De la mort du corps politique.

Telle est la pente naturelle et inévitable des gouvernements les mieux constitués. Si Sparte et Rome ont péri, quel état peut espérer de durer toujours? Si nous voulons former un établissement durable, ne songeons donc point à le rendre éternel. Pour réussir, il ne faut pas tenter l'impossible, ni se flatter de donner à l'ouvrage des hommes une solidité que les choses humaines ne comportent pas.

Le corps politique, aussi-bien que le corps de l'homme, commence à mourir dès sa naissance, et porte en lui-même les causes de sa destruction. Mais l'un et l'autre peut avoir une constitution plus ou moins robuste et propre à le conserver plus ou moins long-temps. La constitution de l'homme est l'ouvrage de la nature; celle de l'état est l'ouvrage de l'art. Il ne dépend pas des hommes de prolonger leur vie, il dépend d'eux de prolonger celle de l'état aussi loin qu'il est possible, en lui donnant la meilleure constitution qu'il puisse avoir. Le mieux constitué finira, mais plus tard qu'un autre, si nul accident imprévu n'amène sa perte avant le temps.

Le principe de la vie politique est dans l'autorité souveraine. La puissance législative est le cœur de l'état, la puissance exécutive en est le cerveau, qui donne le mouvement à toutes les parties. Le cerveau peut tomber en paralysie et l'individu vivre encore. Un homme reste imbécile et vit : mais sitôt que le cœur a cessé ses fonctions, l'animal est mort.

Ce n'est point par les lois que l'état subsiste, c'est par le pouvoir législatif. La loi d'hier n'oblige pas aujourd'hui : mais le consentement tacite est présumé du silence, et le souverain est censé confirmer incessamment les lois qu'il n'abroge pas, pouvant le faire. Tout ce qu'il a déclaré vouloir une fois, il le veut toujours, à moins qu'il ne le révoque.

Pourquoi donc porte-t-on tant de respect aux anciennes lois ? C'est pour cela même. On doit croire qu'il n'y a que l'excellence des volontés antiques qui les ait pu conserver si long-temps : si le souverain ne les eût reconnues constamment salutaires, il les eût mille fois révoquées. Voilà pourquoi, loin de s'affoiblir, les lois acquièrent sans cesse une force nouvelle dans tout état bien constitué; le préjugé de l'antiquité les rend chaque jour plus vénérables : au lieu que partout où les lois s'affoiblissent en vieillissant, cela prouve qu'il n'y a plus de pouvoir législatif, et que l'état ne vit plus.

CHAPITRE XII.

Comment se maintient l'autorité souveraine.

Le souverain n'ayant d'autre force que sa puissance législative, n'agit que par des lois; et les lois n'étant que des actes authentiques de la volonté générale, le souverain ne sauroit agir que quand le peuple est assemblé. Le peuple assemblé, dira-t-on; quelle chimère ! C'est une chimère aujourd'hui; mais ce n'en étoit pas une il y a deux mille ans. Les hommes ont-ils changé de nature ?

Les bornes du possible, dans les choses morales, sont moins étroites que nous ne pensons : ce sont nos foiblesses, nos vices, nos préjugés, qui les rétrécissent. Les ames basses ne croient point aux grands hommes : de vils esclaves sourient d'un air moqueur à ce mot de *liberté*.

Par ce qui s'est fait considérons ce qui se peut faire. Je ne parlerai pas des anciennes républiques de la Grèce; mais la république romaine étoit, ce me semble, un grand état, et la ville de Rome une grande ville. Le dernier cens donna dans Rome quatre cent mille citoyens portant armes, et le dernier dénombrement de l'empire plus de quatre millions de citoyens, sans compter les sujets, les étrangers, les femmes, les enfants, les esclaves.

Quelle difficulté n'imagineroit-on pas d'assembler fréquemment le peuple immense de cette capitale et de ses environs! Cependant il se passoit peu de semaines que le peuple romain ne fût assemblé, et même plusieurs fois. Non seulement il exerçoit les droits de la souveraineté, mais une partie de ceux du gouvernement. Il traitoit certaines affaires, il jugeoit certaines causes, et tout ce peuple étoit sur la place publique presque aussi souvent magistrat que citoyen.

En remontant aux premiers temps des nations, on trouveroit que la plupart des anciens gouvernements, même monarchiques, tels que ceux des Macédoniens et des Francs, avoient de semblables conseils. Quoi qu'il en soit, ce seul fait incontestable répond à toutes les difficultés : de l'existant au possible la conséquence me paroît bonne.

CHAPITRE XIII.

Suite.

Il ne suffit pas que le peuple assemblé ait une fois fixé la constitution de l'état en donnant la sanction à un corps de lois; il ne suffit pas qu'il ait établi un gouvernement perpétuel, ou qu'il ait pourvu une fois pour toutes à l'élection des magistrats : outre les assemblées extraordinaires que des cas imprévus peuvent exiger, il faut qu'il y en ait de fixes et de périodiques que rien ne puisse abolir ni proroger; tellement qu'au jour marqué le peuple soit légitimement convoqué par la loi, sans qu'il soit besoin pour cela d'aucune autre convocation formelle.

Mais, hors de ces assemblées juridiques par leur seule date, toute assemblée du peuple qui n'aura pas été convoquée par les magistrats préposés à cet effet, et selon les formes prescrites, doit être tenue pour illégitime, et tout ce qui s'y fait pour nul, parce que l'ordre même de s'assembler doit émaner de la loi.

Quant aux retours plus ou moins fréquents des assemblées légitimes, ils dépendent de tant de considérations qu'on ne sauroit donner là-dessus de règles précises. Seulement on peut dire en général que plus le gouvernement a de force, plus le souverain doit se montrer fréquemment.

Ceci, me dira-t-on, peut être bon pour une seule ville; mais que faire quand l'état en comprend plusieurs? Partagera-t-on l'autorité souveraine? ou bien doit-on la concentrer dans une seule ville et assujettir tout le reste?

Je réponds qu'on ne doit faire ni l'un ni l'autre. Premièrement, l'autorité souveraine est simple et une, et l'on ne peut la diviser sans la détruire. En second lieu, une ville, non plus qu'une nation, ne peut être légitimement sujette d'une autre, parce que l'essence du corps politique est dans l'accord de l'obéissance et de la liberté, et que ces mots de *sujet* et de *souverain* sont des corrélations identiques dont l'idée se réunit sous le seul mot de citoyen.

Je réponds encore que c'est toujours un mal d'unir plusieurs villes en une seule cité; et que, voulant faire cette union, l'on ne doit pas se flatter d'en éviter les inconvénients naturels. Il ne faut point objecter l'abus des grands états à celui qui n'en veut que de petits. Mais comment donner aux petits états assez de force pour résister aux grands? Comme jadis les villes grecques résistèrent au grand roi, et comme plus récemment la Hollande et la Suisse ont résisté à la maison d'Autriche.

Toutefois, si l'on ne peut réduire l'état à de justes bornes, il reste encore une ressource; c'est de n'y point souffrir de capitale, de faire siéger le gouvernement alternativement dans chaque ville, et d'y rassembler aussi tour à tour les états du pays.

Peuplez également le territoire, étendez-y partout les mêmes droits, portez-y partout l'abondance et la vie; c'est ainsi que l'état deviendra tout à la fois le plus fort et le mieux gouverné qu'il soit possible. Souvenez-vous que les murs des villes ne se forment que du débris des maisons des champs. A chaque palais que je vois élever dans la capitale, je crois voir mettre en masure tout un pays.

CHAPITRE XIV.

Suite.

A l'instant que le peuple est légitimement assemblé en corps souverain, toute juridiction du gouvernement cesse, la puissance exécutive est suspendue, et la personne du dernier citoyen est aussi sacrée et inviolable que celle du premier magistrat, parce qu'où se trouve le représenté il n'y a plus de représentant. La plupart des tumultes qui s'élevèrent à Rome dans les comices vinrent d'avoir ignoré ou négligé cette règle. Les consuls alors n'étoient que les présidents du peuple; les tribuns de simples orateurs [1] : le sénat n'étoit rien du tout.

Ces intervalles de suspension où le prince reconnoît ou doit reconnoître un supérieur actuel, lui ont toujours été redoutables; et ces assemblées du peuple, qui sont l'égide du corps politique et le frein du gouvernement, ont été de tout temps l'horreur des chefs : aussi n'épargnent-ils jamais ni soins, ni objections, ni difficultés, ni promesses, pour en rebuter les citoyens. Quand ceux-ci sont avares, lâches, pusillanimes, plus amoureux du repos que

---

[1] A peu près selon le sens qu'on donne à ce nom dans le parlement d'Angleterre. La ressemblance de ces emplois eût mis en conflit les consuls et les tribuns, quand même toute juridiction eût été suspendue.

de la liberté, ils ne tiennent pas long-temps contre les efforts redoublés du gouvernement : c'est ainsi que, la force résistante augmentant sans cesse, l'autorité souveraine s'évanouit à la fin, et que la la plupart des cités tombent et périssent avant le temps.

Mais entre l'autorité souveraine et le gouvernement arbitraire il s'introduit quelquefois un pouvoir moyen dont il faut parler.

CHAPITRE XV.

Des députés ou représentants.

Sitôt que le service public cesse d'être la principale affaire des citoyens, et qu'ils aiment mieux servir de leur bourse que de leur personne, l'état est déjà près de sa ruine. Faut-il marcher au combat, ils paient des troupes et restent chez eux; faut-il aller au conseil, ils nomment des députés et restent chez eux. A force de paresse et d'argent, ils ont enfin des soldats pour asservir la patrie, et des représentants pour la vendre.

C'est le tracas du commerce et des arts, c'est l'avide intérêt du gain, c'est la mollesse et l'amour des commodités, qui changent les services personnels en argent. On cède une partie de son profit pour l'augmenter à son aise. Donnez de l'argent, et bientôt vous aurez des fers. Ce mot de *finance* est un mot d'esclave; il est inconnu dans la cité. Dans un pays vraiment libre, les citoyens font tout avec leurs bras, et rien avec de l'argent; loin de payer pour s'exempter de leurs devoirs, ils paieroient pour les remplir eux-mêmes. Je suis bien loin des idées communes; je crois les corvées moins contraires à la liberté que les taxes.

Mieux l'état est constitué, plus les affaires publiques l'emportent sur les privées, dans l'esprit des citoyens. Il y a même beaucoup moins d'affaires privées, parce que la somme du bonheur commun fournissant une portion plus considérable à celui de chaque individu, il lui en reste moins à chercher dans les soins particuliers. Dans une cité bien conduite chacun vole aux assemblées; sous un mauvais gouvernement nul n'aime à faire un pas pour s'y rendre, parce que nul ne prend intérêt à ce qui s'y fait, qu'on prévoit que la volonté générale n'y dominera pas, et qu'enfin les soins domestiques absorbent tout. Les bonnes lois en font faire de meilleures, les mauvaises en amènent de pires. Sitôt que quelqu'un dit des affaires de l'état, *que m'importe?* on doit compter que l'état est perdu.

L'attiédissement de l'amour de la patrie, l'activité de l'intérêt privé, l'immensité des états, les conquêtes, l'abus du gouvernement, ont fait imaginer la voie des députés ou représentants du peuple dans les assemblées de la nation. C'est ce qu'en certains pays on ose appeler le tiers-état. Ainsi l'intérêt particulier de deux ordres est mis au premier et second rang; l'intérêt public n'est qu'au troisième.

La souveraineté ne peut être représentée, par la même raison qu'elle ne peut être aliénée; elle consiste essentiellement dans la volonté générale, et la volonté ne se représente point : elle est la même, ou elle est autre; il n'y a point de milieu. Les députés du peuple ne sont donc ni ne peuvent être ses représentants, ils ne sont que ses commissaires; ils ne peuvent rien conclure définitivement. Toute loi que le peuple en personne n'a pas ratifiée est nulle; ce n'est point une loi. Le peuple anglois pense être libre, il se trompe fort; il ne l'est que durant l'élection des membres du parlement : sitôt qu'ils sont élus, il est esclave, il n'est rien. Dans les courts moments de sa liberté, l'usage qu'il en fait mérite bien qu'il la perde.

L'idée des représentants est moderne; elle nous vient du gouvernement féodal, de cet unique et absurde gouvernement dans lequel l'espèce humaine est dégradée, et où le nom d'homme est en déshonneur. Dans les anciennes républiques, et même dans les monarchies, jamais le peuple n'eut des représentants; on ne connoissoit pas ce mot-là. Il est très-singulier qu'à Rome, où les tribuns étoient si sacrés, on n'ait pas même imaginé qu'ils pussent usurper les fonctions du peuple, et qu'au milieu d'une si grande multitude ils n'aient jamais tenté de passer de leur chef un seul plébiscite. Qu'on juge cependant de l'embarras que causoit quelquefois la foule, par ce qui arriva du temps des Gracques, où une partie des citoyens donnoit son suffrage de dessus les toits.

Où le droit et la liberté sont toutes choses, les inconvénients ne sont rien. Chez ce sage peuple tout étoit mis à sa juste mesure : il laissoit faire à ses licteurs ce que ses tribuns n'eussent osé faire; il ne craignoit pas que ses licteurs voulussent le représenter.

Pour expliquer cependant comment les tribuns le représentoient quelquefois, il suffit de concevoir comment le gouvernement représente le souverain. La loi n'étant que la déclaration de la volonté générale, il est clair que, dans la puissance législative, le peuple ne peut être représenté ; mais il peut et doit l'être dans la puissance exécutive, qui n'est que la force appliquée à la loi. Ceci fait voir qu'en examinant bien les choses on trouveroit que très-peu de nations ont des lois. Quoi qu'il en soit, il est sûr que les tribuns n'ayant aucune partie du pouvoir exécutif, ne purent jamais représenter le peuple romain par les droits de leurs charges, mais seulement en usurpant sur ceux du sénat.

Chez les Grecs, tout ce que le peuple avoit à

faire il le faisoit par lui-même; il étoit sans cesse assemblé sur la place. Il habitoit un climat doux; il n'étoit point avide; des esclaves faisoient ses travaux; sa grande affaire étoit sa liberté. N'ayant plus les mêmes avantages, comment conserver les mêmes droits? Vos climats plus durs vous donnent plus de besoins[1] : six mois de l'année la place publique n'est pas tenable; vos langues sourdes ne peuvent se faire entendre en plein air; vous donnez plus à votre gain qu'à votre liberté, et vous craignez bien moins l'esclavage que la misère.

Quoi! la liberté ne se maintient qu'à l'appui de la servitude? Peut-être. Les deux excès se touchent. Tout ce qui n'est point dans la nature a ses inconvénients, et la société civile plus que tout le reste. Il y a telles positions malheureuses où l'on ne peut conserver sa liberté qu'aux dépens de celle d'autrui, et où le citoyen ne peut être parfaitement libre que l'esclave ne soit extrêmement esclave. Telle étoit la position de Sparte. Pour vous, peuples modernes, vous n'avez point d'esclaves, mais vous l'êtes; vous payez leur liberté de la vôtre. Vous avez beau vanter cette préférence, j'y trouve plus de lâcheté que d'humanité.

Je n'entends point par tout cela qu'il faille avoir des esclaves, ni que le droit d'esclavage soit légi-

---

[1] Adopter dans les pays froids le luxe et la mollesse des Orientaux, c'est vouloir se donner leurs chaînes; c'est s'y soumettre encore plus nécessairement qu'eux.

time, puisque j'ai prouvé le contraire : je dis seulement les raisons pourquoi les peuples modernes qui se croient libres ont des représentants, et pourquoi les peuples anciens n'en avoient pas. Quoi qu'il en soit, à l'instant qu'un peuple se donne des représentants, il n'est plus libre; il n'est plus.

Tout bien examiné, je ne vois pas qu'il soit désormais possible au souverain de conserver parmi nous l'exercice de ses droits, si la cité n'est très-petite. Mais si elle est très-petite, elle sera subjuguée? Non. Je ferai voir ci-après[1] comment on peut réunir la puissance extérieure d'un grand peuple avec la police aisée et le bon ordre d'un petit état.

CHAPITRE XVI.

Que l'institution du gouvernement n'est point un contrat.

Le pouvoir législatif une fois bien établi, il s'agit d'établir de même le pouvoir exécutif; car ce dernier, qui n'opère que par des actes particuliers, n'étant pas de l'essence de l'autre, en est naturellement séparé. S'il étoit possible que le souverain,

---

[1] C'est ce que je m'étois proposé de faire dans la suite de cet ouvrage, lorsqu'en traitant des relations externes j'en serois venu aux confédérations. Matière toute neuve, et où les principes sont encore à établir.

considéré comme tel, eût la puissance exécutive, le droit et le fait seroient tellement confondus, qu'on ne sauroit plus ce qui est loi et ce qui ne l'est pas; et le corps politique, ainsi dénaturé, seroit bientôt en proie à la violence contre laquelle il fut institué.

Les citoyens étant tous égaux par le contrat social, ce que tous doivent faire, tous peuvent le prescrire, au lieu que nul n'a droit d'exiger qu'un autre fasse ce qu'il ne fait pas lui-même. Or c'est proprement ce droit, indispensable pour faire vivre et mouvoir le corps politique, que le souverain donne au prince en instituant le gouvernement.

Plusieurs ont prétendu que l'acte de cet établissement étoit un contrat entre le peuple et les chefs qu'il se donne, contrat par lequel on stipuloit entre les deux parties des conditions sous lesquelles l'une s'obligeroit à commander et l'autre à obéir. On conviendra, je m'assure, que voilà une étrange manière de contracter. Mais voyons si cette opinion est soutenable.

Premièrement, l'autorité suprême ne peut pas plus se modifier que s'aliéner; la limiter, c'est la détruire. Il est absurde et contradictoire que le souverain se donne un supérieur; s'obliger d'obéir à un maître, c'est se remettre en pleine liberté.

De plus, il est évident que ce contrat du peuple avec telles ou telles personnes seroit un acte particulier; d'où il suit que ce contrat ne sauroit être une loi ni un acte de souveraineté, et que par conséquent il seroit illégitime.

On voit encore que les parties contractantes seroient entre elles sous la seule loi de nature et sans aucun garant de leurs engagements réciproques, ce qui répugne de toutes manières à l'état civil : celui qui a la force en main étant toujours le maître de l'exécution, autant vaudroit donner le nom de contrat à l'acte d'un homme qui diroit à un autre : « Je vous donne tout mon bien, à condition que « vous m'en rendrez ce qu'il vous plaira. »

Il n'y a qu'un contrat dans l'état, c'est celui de l'association : celui-là seul en exclut tout autre. On ne sauroit imaginer aucun contrat public qui ne fût une violation du premier.

CHAPITRE XVII.

De l'institution du gouvernement.

Sous quelle idée faut-il donc concevoir l'acte par lequel le gouvernement est institué? Je remarquerai d'abord que cet acte est complexe, ou composé de deux autres; savoir, l'établissement de la loi, et l'exécution de la loi.

Par le premier, le souverain statue qu'il y aura un corps de gouvernement établi sous telle ou telle forme; et il est clair que cet acte est une loi.

Par le second, le peuple nomme les chefs qui seront chargés du gouvernement établi. Or cette nomination étant un acte particulier, n'est pas une seconde loi, mais seulement une suite de la première et une fonction du gouvernement.

La difficulté est d'entendre comment on peut avoir un acte de gouvernement avant que le gouvernement existe, et comment le peuple, qui n'est que souverain ou sujet, peut devenir prince ou magistrat dans certaines circonstances.

C'est encore ici que se découvre une de ces étonnantes propriétés du corps politique par lesquelles il concilie des opérations contradictoires en apparence ; car celle-ci se fait par une conversion subite de la souveraineté en démocratie, en sorte que, sans aucun changement sensible, et seulement par une nouvelle relation de tous à tous, les citoyens, devenus magistrats, passent des actes généraux aux actes particuliers, et de la loi à l'exécution.

Ce changement de relation n'est point une subtilité de spéculation sans exemple dans la pratique : il a lieu tous les jours dans le parlement d'Angleterre, où la chambre basse, en certaines occasions, se tourne en grand comité, pour mieux discuter les affaires, et devient ainsi simple commission, de cour souveraine qu'elle étoit l'instant précédent ; en telle sorte qu'elle se fait ensuite rapport à elle-même, comme chambre des communes, de ce qu'elle vient de régler en grand comité, et délibère de nouveau sous un titre de ce qu'elle a déjà résolu sous un autre.

Tel est l'avantage propre au gouvernement démocratique, de pouvoir être établi dans le fait par un simple acte de la volonté générale. Après quoi ce gouvernement provisionnel reste en possession, si telle est la forme adoptée, ou établit au nom du souverain le gouvernement prescrit par la loi; et tout se trouve ainsi dans la règle. Il n'est pas possible d'instituer le gouvernement d'aucune autre manière légitime et sans renoncer aux principes ci-devant établis.

CHAPITRE XVIII.

Moyens de prévenir les usurpations du gouvernement.

De ces éclaircissements il résulte, en confirmation du chapitre XVI, que l'acte qui institue le gouvernement n'est point un contrat, mais une loi; que les dépositaires de la puissance exécutive ne sont point les maîtres du peuple, mais ses officiers; qu'il peut les établir et les destituer quand il lui plaît; qu'il n'est point question pour eux de contracter, mais d'obéir; et qu'en se chargeant des fonctions que l'état leur impose ils ne font que remplir leur devoir de citoyens, sans avoir en aucune sorte le droit de disputer sur les conditions.

Quand donc il arrive que le peuple institue un gouvernement héréditaire, soit monarchique dans une famille, soit aristocratique dans un ordre de citoyens, ce n'est point un engagement qu'il prend; c'est une forme provisionnelle qu'il donne à l'administration, jusqu'à ce qu'il lui plaise d'en ordonner autrement.

Il est vrai que ces changements sont toujours dangereux, et qu'il ne faut jamais toucher au gouvernement établi que lorsqu'il devient incompatible avec le bien public : mais cette circonspection est une maxime de politique, et non pas une règle de droit; et l'état n'est pas plus tenu de laisser l'autorité civile à ses chefs, que l'autorité militaire à ses généraux.

Il est vrai encore qu'on ne sauroit en pareil cas observer avec trop de soin toutes les formalités requises pour distinguer un acte régulier et légitime d'un tumulte séditieux, et la volonté de tout un peuple des clameurs d'une faction. C'est ici surtout qu'il ne faut donner au cas odieux que ce qu'on ne peut lui refuser dans toute la rigueur du droit; et c'est aussi de cette obligation que le prince tire un grand avantage pour conserver sa puissance malgré le peuple, sans qu'on puisse dire qu'il l'ait usurpée; car, en paroissant n'user que de ses droits, il lui est fort aisé de les étendre, et d'empêcher, sous le prétexte du repos public, les assemblées destinées à rétablir le bon ordre; de sorte qu'il se prévaut d'un silence qu'il empêche de rompre, ou des irrégularités qu'il fait commettre, pour supposer en sa faveur l'aveu de ceux que la crainte fait taire, et pour punir ceux qui osent parler. C'est ainsi que les décemvirs, ayant d'abord été élus pour un an, puis continués pour une autre année, tentèrent de retenir à perpétuité leur pouvoir en ne permettant plus aux comices de s'assembler ; et c'est par ce facile moyen que tous les gouvernements du monde, une fois revêtus de la force publique, usurpent tôt ou tard l'autorité souveraine.

Les assemblées périodiques dont j'ai parlé ci-devant sont propres à prévenir ou différer ce malheur, surtout quand elles n'ont pas besoin de convocation formelle ; car alors le prince ne sauroit les empêcher sans se déclarer ouvertement infracteur des lois et ennemi de l'état.

L'ouverture de ces assemblées, qui n'ont pour objet que le maintien du traité social, doit toujours se faire par deux propositions qu'on ne puisse jamais supprimer, et qui passent séparément par les suffrages.

La première : « S'il plaît au souverain de con-« server la présente forme de gouvernement. »

La seconde : « S'il plaît au peuple d'en laisser « l'administration à ceux qui en sont actuellement « chargés. »

Je suppose ici ce que je crois avoir démontré,

savoir, qu'il n'y a dans l'état aucune loi fondamentale qui ne se puisse révoquer, non pas même le pacte social; car si tous les citoyens s'assembloient pour rompre ce pacte d'un commun accord, on ne peut douter qu'il ne fût très-légitimement rompu. Grotius pense même que chacun peut renoncer à l'état dont il est membre, et reprendre sa liberté naturelle et ses biens en sortant du pays [1]. Or il seroit absurde que tous les citoyens réunis ne pussent pas ce que peut séparément chacun d'eux.

[1] Bien entendu qu'on ne quitte point pour éluder son devoir et se dispenser de servir sa patrie au moment qu'elle a besoin de nous. La fuite alors seroit criminelle et punissable; ce ne seroit plus retraite, mais désertion.

LIVRE IV.

CHAPITRE I.

Que la volonté générale est indestructible.

Tant que plusieurs hommes réunis se considèrent comme un seul corps, ils n'ont qu'une seule volonté qui se rapporte à la commune conservation et au bien-être général. Alors tous les ressorts de l'état sont vigoureux et simples, ses maximes sont claires et lumineuses; il n'a point d'intérêts embrouillés, contradictoires; le bien commun se montre partout avec évidence, et ne demande que du bon sens pour être aperçu. La paix, l'union, l'égalité, sont ennemies des subtilités politiques. Les hommes droits et simples sont difficiles à tromper à cause de leur simplicité : les leurres, les prétextes raffinés ne leur en imposent point, ils ne sont pas même assez fins pour être dupes. Quand on voit chez le plus heureux peuple du monde des troupes de paysans régler les affaires de l'état sous un chêne, et se conduire toujours sagement, peut-on s'empêcher de mépriser les raffinements des autres nations, qui se rendent illustres et misérables avec tant d'art et de mystère?

Un état ainsi gouverné a besoin de très-peu de lois ; et, à mesure qu'il devient nécessaire d'en promulguer de nouvelles, cette nécessité se voit universellement. Le premier qui les propose ne fait que dire ce que tous ont déjà senti, et il n'est question ni de brigues ni d'éloquence pour faire passer en loi ce que chacun a déjà résolu de faire, sitôt qu'il sera sûr que les autres le feront comme lui.

Ce qui trompe les raisonneurs, c'est que, ne voyant que des états mal constitués dès leur origine, ils sont frappés de l'impossibilité d'y maintenir une semblable police ; ils rient d'imaginer toutes les sottises qu'un fourbe adroit, un parleur insinuant, pourroit persuader au peuple de Paris ou de Londres. Ils ne savent pas que Cromwell eût été mis aux sonnettes par le peuple de Berne, et le duc de Beaufort à la discipline par les Génevois.

Mais quand le nœud social commence à se relâcher et l'état à s'affoiblir, quand les intérêts particuliers commencent à se faire sentir et les petites sociétés à influer sur la grande, l'intérêt commun s'altère et trouve des opposants : l'unanimité ne règne plus dans les voix ; la volonté générale n'est plus la volonté de tous ; il s'élève des contradictions, des débats ; et le meilleur avis ne passe point sans disputes.

Enfin, quand l'état, près de sa ruine, ne subsiste plus que par une forme illusoire et vaine, que le lien social est rompu dans tous les cœurs, que le plus vil intérêt se pare effrontément du nom sacré du bien public ; alors la volonté générale devient muette ; tous, guidés par des motifs secrets, n'opinent pas plus comme citoyens que si l'état n'eût jamais existé ; et l'on fait passer faussement sous le nom de lois des décrets iniques qui n'ont pour but que l'intérêt particulier.

S'ensuit-il de là que la volonté générale soit anéantie ou corrompue ? Non : elle est toujours constante, inaltérable et pure ; mais elle est subordonnée à d'autres qui l'emportent sur elle. Chacun, détachant son intérêt de l'intérêt commun, voit bien qu'il ne peut l'en séparer tout-à-fait ; mais sa part du mal public ne lui paroît rien auprès du bien exclusif qu'il prétend s'approprier. Ce bien particulier excepté, il veut le bien général pour son propre intérêt, tout aussi fortement qu'aucun autre. Même en vendant son suffrage à prix d'argent il n'éteint pas en lui la volonté générale, il l'élude. La faute qu'il commet est de changer l'état de la question et de répondre autre chose que ce qu'on lui demande : en sorte qu'au lieu de dire, par son suffrage, « Il est avantageux à l'état, » il dit : « Il est avantageux à tel homme ou à tel parti « que tel ou tel avis passe. » Ainsi la loi de l'ordre public dans les assemblées n'est pas tant d'y maintenir la volonté générale que de faire qu'elle soit toujours interrogée et qu'elle réponde toujours.

J'aurois ici bien des réflexions à faire sur le simple droit de voter dans tout acte de souveraineté, droit que rien ne peut ôter aux citoyens, et sur celui d'opiner, de proposer, de diviser, de discuter, que le gouvernement a toujours grand soin de ne laisser qu'à ses membres : mais cette importante matière demanderoit un traité à part, et je ne puis tout dire dans celui-ci.

CHAPITRE II.

Des suffrages.

On voit, par le chapitre précédent, que la manière dont se traitent les affaires générales peut donner un indice assez sûr de l'état actuel des mœurs et de la santé du corps politique. Plus le concert règne dans les assemblées, c'est-à-dire plus les avis approchent de l'unanimité, plus aussi la volonté générale est dominante ; mais les longs débats, les dissensions, le tumulte, annoncent l'ascendant des intérêts particuliers et le déclin de l'état.

Ceci paroît moins évident quand deux ou plusieurs ordres entrent dans sa constitution, comme à Rome les patriciens et les plébéiens, dont les querelles troublèrent souvent les comices, même dans les plus beaux temps de la république : mais cette exception est plus apparente que réelle ; car alors, par le vice inhérent au corps politique, on a pour ainsi dire deux états en un; ce qui n'est pas vrai des deux ensemble est vrai de chacun séparément. Et en effet, dans les temps même les plus orageux, les plébiscites du peuple, quand le sénat ne s'en mêloit pas, passoient toujours tranquillement et à la grande pluralité des suffrages : les citoyens n'ayant qu'un intérêt, le peuple n'avoit qu'une volonté.

A l'autre extrémité du cercle l'unanimité revient : c'est quand les citoyens, tombés dans la servitude, n'ont plus ni liberté ni volonté. Alors la crainte et la flatterie changent en acclamations les suffrages; on ne délibère plus, on adore ou l'on maudit. Telle étoit la vile manière d'opiner du sénat sous les empereurs. Quelquefois cela se faisoit avec des précautions ridicules. Tacite observe [1] que, sous Othon, les sénateurs, accablant Vitellius d'exécrations, affectoient de faire en même temps un bruit épouvantable, afin que, si par hasard il devenoit le maître, il ne pût savoir ce que chacun d'eux avoit dit.

De ces diverses considérations naissent les maximes sur lesquelles on doit régler la manière de compter les voix et de comparer les avis, selon que la volonté générale est plus ou moins facile à connoître et l'état plus ou moins déclinant.

Il n'y a qu'une seule loi qui, par sa nature, exige

[1] * Histor. 1, 85.

un consentement unanime; c'est le pacte social : car l'association civile est l'acte du monde le plus volontaire; tout homme étant né libre et maître de lui-même, nul ne peut, sous quelque prétexte que ce puisse être, l'assujettir sans son aveu. Décider que le fils d'une esclave naît esclave, c'est décider qu'il ne naît pas homme.

Si donc, lors du pacte social, il s'y trouve des opposants, leur opposition n'invalide pas le contrat, elle empêche seulement qu'ils n'y soient compris : ce sont des étrangers parmi les citoyens. Quand l'état est institué, le consentement est dans la résidence; habiter le territoire, c'est se soumettre à la souveraineté [1].

Hors ce contrat primitif, la voix du plus grand nombre oblige toujours tous les autres; c'est une suite du contrat même. Mais on demande comment un homme peut être libre, et forcé de se conformer à des volontés qui ne sont pas les siennes. Comment les opposants sont-ils libres, et soumis à des lois auxquelles ils n'ont pas consenti ?

Je réponds que la question est mal posée. Le citoyen consent à toutes les lois, même à celles qu'on passe malgré lui, et même à celles qui le punissent quand il ose en violer quelqu'une. La volonté cons-

---

[1] Ceci doit toujours s'entendre d'un état libre; car d'ailleurs la famille, les biens, le défaut d'asile, la nécessité, la violence, peuvent retenir un habitant dans le pays malgré lui; et alors son séjour seul ne suppose plus son consentement au contrat ou à la violation du contrat.

tante de tous les membres de l'état est la volonté générale ; c'est par elle qu'ils sont citoyens et libres[1]. Quand on propose une loi dans l'assemblée du peuple, ce qu'on leur demande n'est pas précisément s'ils approuvent la proposition ou s'ils la rejettent, mais si elle est conforme ou non à la volonté générale, qui est la leur : chacun en donnant son suffrage dit son avis là-dessus ; et du calcul des voix se tire la déclaration de la volonté générale. Quand donc l'avis contraire au mien l'emporte, cela ne prouve autre chose sinon que je m'étois trompé, et que ce que j'estimois être la volonté générale ne l'étoit pas. Si mon avis particulier l'eût emporté, j'aurois fait autre chose que ce que j'avois voulu, c'est alors que je n'aurois pas été libre.

Ceci suppose, il est vrai, que tous les caractères de la volonté générale sont encore dans la pluralité : quand ils cessent d'y être, quelque parti qu'on prenne, il n'y a plus de liberté.

En montrant ci-devant comment on substituoit des volontés particulières à la volonté générale dans les délibérations publiques, j'ai suffisamment indiqué les moyens praticables de prévenir cet abus ; j'en parlerai encore ci-après. A l'égard du

---

[1] A Gênes on lit au-devant des prisons et sur les fers des galériens ce mot *Libertas*. Cette application de la devise est belle et juste. En effet il n'y a que les malfaiteurs de tous les états qui empêchent le citoyen d'être libre. Dans un pays où tous ces gens-là seroient aux galères on jouiroit de la plus parfaite liberté.

nombre proportionnel des suffrages pour déclarer cette volonté, j'ai aussi donné des principes sur lesquels on peut le déterminer. La différence d'une seule voix rompt l'égalité; un seul opposant rompt l'unanimité : mais entre l'unanimité et l'égalité il y a plusieurs partages inégaux, à chacun desquels on peut fixer ce nombre selon l'état et les besoins du corps politique.

Deux maximes générales peuvent servir à régler ces rapports : l'une, que, plus les délibérations sont importantes et graves, plus l'avis qui l'emporte doit approcher de l'unanimité; l'autre, que, plus l'affaire agitée exige de célérité, plus on doit resserrer la différence prescrite dans le partage des avis : dans les délibérations qu'il faut terminer sur-le-champ, l'excédant d'une seule voix doit suffire. La première de ces maximes paroît plus convenable aux lois, et la seconde aux affaires. Quoi qu'il en soit, c'est sur leur combinaison que s'établissent les meilleurs rapports qu'on peut donner à la pluralité pour prononcer.

CHAPITRE III.

Des élections.

A l'égard des élections du prince et des magistrats, qui sont, comme je l'ai dit, des actes complexes, il y a deux voies pour y procéder, savoir, le choix et le sort. L'une et l'autre ont été employées en diverses républiques, et l'on voit encore actuellement un mélange très-compliqué des deux dans l'élection du doge de Venise.

« Le suffrage par le sort, dit Montesquieu [1], est « de la nature de la démocratie. » J'en conviens, mais comment cela? « Le sort, continue-t-il, « est une façon d'élire qui n'afflige personne; il « laisse à chaque citoyen une espérance raison- « nable de servir la patrie. » Ce ne sont pas là des raisons.

Si l'on fait attention que l'élection des chefs est une fonction du gouvernement, et non de la souveraineté, on verra pourquoi la voie du sort est plus dans la nature de la démocratie, où l'administration est d'autant meilleure que les actes en sont moins multipliés.

Dans toute véritable démocratie la magistrature n'est pas un avantage, mais une charge onéreuse qu'on ne peut justement imposer à un particulier plutôt qu'à un autre. La loi seule peut imposer cette charge à celui sur qui le sort tombera. Car alors la condition étant égale pour tous, et le choix ne dépendant d'aucune volonté humaine, il n'y a point d'application particulière qui altère l'universalité de la loi.

Dans l'aristocratie le prince choisit le prince, le

[1] Esprit des Lois, liv. II, chap. II.

gouvernement se conserve par lui-même, et c'est là que les suffrages sont bien placés.

L'exemple de l'élection du doge de Venise confirme cette distinction loin de la détruire : cette forme mêlée convient dans un gouvernement mixte. Car c'est une erreur de prendre le gouvernement de Venise pour une véritable aristocratie. Si le peuple n'y a nulle part au gouvernement, la noblesse y est peuple elle-même. Une multitude de pauvres barnabotes n'approcha jamais d'aucune magistrature, et n'a de sa noblesse que le vain titre d'excellence et le droit d'assister au grand-conseil. Ce grand-conseil étant aussi nombreux que notre conseil général à Genève, ses illustres membres n'ont pas plus de priviléges que nos simples citoyens. Il est certain qu'ôtant l'extrême disparité des deux républiques, la bourgeoisie de Genève représente exactement le patriciat vénitien; nos natifs et habitants représentent les citadins et le peuple de Venise; nos paysans représentent les sujets de terre-ferme : enfin, de quelque manière que l'on considère cette république, abstraction faite de sa grandeur, son gouvernement n'est pas plus aristocratique que le nôtre. Toute la différence est que, n'ayant aucun chef à vie, nous n'avons pas le même besoin du sort.

Les élections par le sort auroient peu d'inconvénients dans une véritable démocratie, où, tout étant égal aussi bien par les mœurs et par les talents que par les maximes et par la fortune, le choix deviendroit presque indifférent. Mais j'ai déjà dit qu'il n'y avoit point de véritable démocratie.

Quand le choix et le sort se trouvent mêlés, le premier doit remplir les places qui demandent des talents propres, telles que les emplois militaires : l'autre convient à celles où suffisent le bon sens, la justice, l'intégrité, telles que les charges de judicature, parce que, dans un état bien constitué, ces qualités sont communes à tous les citoyens.

Le sort ni les suffrages n'ont aucun lieu dans le gouvernement monarchique. Le monarque étant de droit seul prince et magistrat unique, le choix de ses lieutenants n'appartient qu'à lui. Quand l'abbé de Saint-Pierre proposoit de multiplier les conseils du roi de France, et d'en élire les membres par scrutin, il ne voyoit pas qu'il proposoit de changer la forme du gouvernement.

Il me resteroit à parler de la manière de donner et de recueillir les voix dans l'assemblée du peuple; mais peut-être l'historique de la police romaine à cet égard expliquera-t-il plus sensiblement toutes les maximes que je pourrois établir. Il n'est pas indigne d'un lecteur judicieux de voir un peu en détail comment se traitoient les affaires publiques et particulières dans un conseil de deux cent mille hommes.

CHAPITRE IV.

Des comices romains.

Nous n'avons nuls monuments bien assurés des premiers temps de Rome; il y a même grande apparence que la plupart des choses qu'on en débite sont des fables [1], et en général la partie la plus instructive des annales des peuples, qui est l'histoire de leur établissement, est celle qui nous manque le plus. L'expérience nous apprend tous les jours de quelles causes naissent les révolutions des empires : mais, comme il ne se forme plus de peuple, nous n'avons guère que des conjectures pour expliquer comment ils sont formés.

Les usages qu'on trouve établis attestent au moins qu'il y eut une origine à ces usages. Des traditions qui remontent à ces origines, celles qu'appuient les plus grandes autorités, et que de plus fortes raisons confirment, doivent passer pour les plus certaines. Voilà les maximes que j'ai tâché de suivre en recherchant comment le plus libre et le plus puissant peuple de la terre exerçoit son pouvoir suprême.

[1] Le nom de *Rome*, qu'on prétend venir de *Romulus*, est grec, et signifie *force*; le nom de *Numa* est grec aussi, et signifie *loi*. Quelle apparence que les deux premiers rois de cette ville aient porté d'avance des noms si bien relatifs à ce qu'ils ont fait.

Après la fondation de Rome, la république naissante, c'est-à-dire l'armée du fondateur, composée d'Albains, de Sabins et d'étrangers, fut divisée en trois classes, qui, de cette division, prirent le nom de *tribus*. Chacune de ces tribus fut subdivisée en dix curies, et chaque curie en décuries, à la tête desquelles on mit des chefs appelés *curions* et *décurions*.

Outre cela on tira de chaque tribu un corps de cent cavaliers ou chevaliers, appelé centurie, par où l'on voit que ces divisions, peu nécessaires dans un bourg, n'étoient d'abord que militaires. Mais il semble qu'un instinct de grandeur portoit la petite ville de Rome à se donner d'avance une police convenable à la capitale du monde.

De ce premier partage résulta bientôt un inconvénient; c'est que la tribu des Albains[1] et celle des Sabins[2] restant toujours au même état, tandis que celle des étrangers[3] croissoit sans cesse par le concours perpétuel de ceux-ci, cette dernière ne tarda pas à surpasser les deux autres. Le remède que Servius trouva à ce dangereux abus fut de changer la division; et à celle des races qu'il abolit, d'en substituer une autre tirée des lieux de la ville occupés par chaque tribu. Au lieu de trois tribus il en fit quatre, chacune desquelles occupoit une des collines de Rome et en portoit le nom. Ainsi remédiant à l'inégalité présente, il la prévint encore

---

[1] *Rammenses.* — [2] *Tatienses.* — [3] *Luceres.*

pour l'avenir; et afin que cette division ne fût pas seulement de lieux, mais d'hommes, il défendit aux habitants d'un quartier de passer dans un autre; ce qui empêcha les races de se confondre.

Il doubla aussi les trois anciennes centuries de cavalerie, et y en ajouta douze autres, mais toujours sous les anciens noms; moyen simple et judicieux, par lequel il acheva de distinguer le corps des chevaliers de celui du peuple, sans faire murmurer ce dernier.

A ces quatre tribus urbaines Servius en ajouta quinze autres appelées tribus rustiques, parce qu'elles étoient formées des habitants de la campagne, partagés en autant de cantons. Dans la suite on en fit autant de nouvelles; et le peuple romain se trouva enfin divisé en trente-cinq tribus, nombre auquel elles restèrent fixées jusqu'à la fin de la république.

De cette distinction des tribus de la ville et des tribus de la campagne résulta un effet digne d'être observé, parce qu'il n'y en a point d'autre exemple, et que Rome lui dut à la fois la conservation de ses mœurs et l'accroissement de son empire. On croiroit que les tribus urbaines s'arrogèrent bientôt la puissance et les honneurs, et ne tardèrent pas d'avilir les tribus rustiques : ce fut tout le contraire. On connoît le goût des premiers Romains pour la vie champêtre. Ce goût leur venoit du sage instituteur qui unit à la liberté les travaux rustiques et militaires, et relégua pour ainsi dire à la ville les arts, les métiers, l'intrigue, la fortune, et l'esclavage.

Ainsi tout ce que Rome avoit d'illustre vivant aux champs et cultivant les terres, on s'accoutuma à ne chercher que là les soutiens de la république. Cet état, étant celui des plus dignes patriciens, fut honoré de tout le monde; la vie simple et laborieuse des villageois fut préférée à la vie oisive et lâche des bourgeois de Rome; et tel n'eût été qu'un malheureux prolétaire à la ville, qui, laboureur aux champs, devint un citoyen respecté. Ce n'est pas sans raison, disoit Varron, que nos magnanimes ancêtres établirent au village la pépinière de ces robustes et vaillants hommes qui les défendoient en temps de guerre et les nourrissoient en temps de paix. Pline dit positivement que les tribus des champs étoient honorées à cause des hommes qui les composoient; au lieu qu'on transféroit par ignominie dans celles de la ville les lâches qu'on vouloit avilir. Le Sabin Appius Claudius, étant venu s'établir à Rome, y fut comblé d'honneurs et inscrit dans une tribu rustique, qui prit dans la suite le nom de sa famille. Enfin, les affranchis entroient tous dans les tribus urbaines, jamais dans les rurales; et il n'y a pas, durant toute la république, un seul exemple d'aucun de ces affranchis parvenu à aucune magistrature, quoique devenu citoyen.

Cette maxime étoit excellente; mais elle fut poussée si loin, qu'il en résulta enfin un changement, et certainement un abus dans la police.

Premièrement, les censeurs, après s'être arrogé long-temps le droit de transférer arbitrairement les citoyens d'une tribu à l'autre, permirent à la plupart de se faire inscrire dans celle qui leur plaisoit; permission qui sûrement n'étoit bonne à rien, et ôtoit un des grands ressorts de la censure. De plus, les grands et les puissants se faisant tous inscrire dans les tribus de la campagne, et les affranchis devenus citoyens restant avec la populace dans celles de la ville, les tribus, en général, n'eurent plus de lieu ni de territoire, mais toutes se trouvèrent tellement mêlées, qu'on ne pouvoit plus discerner les membres de chacune que par les registres; en sorte que l'idée du mot *tribu* passa ainsi du réel au personnel, ou plutôt devint presque une chimère.

Il arriva encore que les tribus de la ville, étant plus à portée, se trouvèrent souvent les plus fortes dans les comices, et vendirent l'état à ceux qui daignoient acheter les suffrages de la canaille qui les composoit.

A l'égard des curies, l'instituteur en ayant fait dix en chaque tribu, tout le peuple romain, alors renfermé dans les murs de la ville, se trouva composé de trente curies, dont chacune avoit ses temples, ses dieux, ses officiers, ses prêtres, et ses fêtes, appelées *compitalia*, semblables aux *paganalia*, qu'eurent dans la suite les tribus rustiques.

Au nouveau partage de Servius, ce nombre de trente ne pouvant se répartir également dans ses quatre tribus, il n'y voulut point toucher; et les curies, indépendantes des tribus, devinrent une autre division des habitants de Rome : mais il ne fut point question de curies, ni dans les tribus rustiques ni dans le peuple qui les composoit, parce que les tribus étant devenues un établissement purement civil, et une autre police ayant été introduite pour la levée des troupes, les divisions militaires de Romulus se trouvèrent superflues. Ainsi, quoique tout citoyen fût inscrit dans une tribu, il s'en falloit de beaucoup que chacun ne le fût dans une curie.

Servius fit encore une troisième division, qui n'avoit aucun rapport aux deux précédentes, et devint, par ses effets, la plus importante de toutes. Il distribua tout le peuple romain en six classes, qu'il ne distingua ni par le lieu ni par les hommes, mais par les biens; en sorte que les premières classes étoient remplies par les riches, les dernières par les pauvres, et les moyennes par ceux qui jouissoient d'une fortune médiocre. Ces six classes étoient subdivisées en cent quatre-vingt-treize autres corps, appelées centuries; et ces corps étoient tellement distribués, que la première classe en comprenoit seule plus de la moitié, et la dernière n'en formoit qu'un seul. Il se trouva ainsi que la classe la moins nombreuse en hommes l'étoit le plus en centuries, et que la dernière classe entière n'étoit comptée que pour une subdivision, bien qu'elle contînt seule plus de la moitié des habitants de Rome.

Afin que le peuple pénétrât moins les conséquences de cette dernière forme, Servius affecta de lui donner un air militaire : il inséra dans la seconde classe deux centuries d'armuriers, et deux d'instruments de guerre dans la quatrième : dans chaque classe, excepté la dernière, il distingua les jeunes et les vieux, c'est-à-dire ceux qui étoient obligés de porter les armes, et ceux que leur âge en exemptoit par les lois, distinction qui, plus que celle des biens, produisit la nécessité de recommencer souvent le cens ou dénombrement : enfin il voulut que l'assemblée se tînt au champ de Mars, et que tous ceux qui étoient en âge de servir y vinssent avec leurs armes.

La raison pour laquelle il ne suivit pas dans la dernière classe cette même division des jeunes et des vieux, c'est qu'on n'accordoit point à la populace, dont elle étoit composée, l'honneur de porter les armes pour la patrie; il falloit avoir des foyers pour obtenir le droit de les défendre : et, de ces innombrables troupes de gueux dont brillent aujourd'hui les armées des rois, il n'y en a pas un peut-être qui n'eût été chassé avec dédain d'une cohorte romaine, quand les soldats étoient les défenseurs de la liberté.

On distingua pourtant encore, dans la dernière classe, les *prolétaires* de ceux qu'on appeloit *capite censi*. Les premiers, non tout-à-fait réduits à rien, donnoient au moins des citoyens à l'état, quelquefois même des soldats dans les besoins pressants. Pour ceux qui n'avoient rien du tout et qu'on ne pouvoit dénombrer que par leurs têtes, ils étoient tout-à-fait regardés comme nuls, et Marius fut le premier qui daigna les enrôler.

Sans décider ici si ce troisième dénombrement étoit bon ou mauvais en lui-même, je crois pouvoir affirmer qu'il n'y avoit que les mœurs simples des premiers Romains, leur désintéressement, leur goût pour l'agriculture, leur mépris pour le commerce et pour l'ardeur du gain, qui pussent le rendre praticable. Où est le peuple moderne chez lequel la dévorante avidité, l'esprit inquiet, l'intrigue, les déplacements continuels, les perpétuelles révolutions des fortunes, pussent laisser durer vingt ans un pareil établissement sans bouleverser tout l'état? Il faut même bien remarquer que les mœurs et la censure, plus fortes que cette institution, en corrigèrent le vice à Rome, et que tel riche se vit relégué dans la classe des pauvres pour avoir trop étalé sa richesse.

De tout ceci l'on peut comprendre aisément pourquoi il n'est presque jamais fait mention que de cinq classes, quoiqu'il y en eût réellement six. La sixième, ne fournissant ni soldats à l'armée, ni votants au champ de Mars [1], et n'étant presque d'aucun usage dans la république, étoit rarement comptée pour quelque chose.

Telles furent les différentes divisions du peuple romain. Voyons à présent l'effet qu'elles produisoient dans les assemblées. Ces assemblées légitimement convoquées s'appeloient *comices* : elles se tenoient ordinairement dans la place de Rome ou au champ de Mars, et se distinguoient en comices par curies, comices par centuries, et comices par tribus; selon celle de ces trois formes sur laquelle elles étoient ordonnées. Les comices par curies étoient de l'institution de Romulus; ceux par centuries, de Servius; ceux par tribus, des tribuns du peuple. Aucune loi ne recevoit la sanction, aucun magistrat n'étoit élu, que dans les comices; et comme il n'y avoit aucun citoyen qui ne fût inscrit dans une curie, dans une centurie, ou dans une tribu, il s'ensuit qu'aucun citoyen n'étoit exclu du droit de suffrage, et que le peuple romain étoit véritablement souverain de droit et de fait.

Pour que les comices fussent légitimement assemblés, et que ce qui s'y faisoit eût force de loi,

---

[1] Je dis au *champ de Mars,* parce que c'étoit là que s'assembloient les comices par centuries : dans les deux autres formes le peuple s'assembloit au *forum* ou ailleurs ; et alors les *capite censi* avoient autant d'influence et d'autorité que les premiers citoyens.

il falloit trois conditions : la première, que le corps ou le magistrat qui les convoquoit fût revêtu pour cela de l'autorité nécessaire ; la seconde, que l'assemblée se fît un des jours permis par la loi ; la troisième, que les augures fussent favorables.

La raison du premier réglement n'a pas besoin d'être expliquée ; le second est une affaire de police : ainsi il n'étoit pas permis de tenir les comices les jours de férie et de marché, où les gens de la campagne, venant à Rome pour leurs affaires, n'avoient pas le temps de passer la journée dans la place publique. Par le troisième, le sénat tenoit en bride un peuple fier et remuant, et tempéroit à propos l'ardeur des tribuns séditieux ; mais ceux-ci trouvèrent plus d'un moyen de se délivrer de cette gêne.

Les lois et l'élection des chefs n'étoient pas les seuls points soumis au jugement des comices : le peuple romain ayant usurpé les plus importantes fonctions du gouvernement, on peut dire que le sort de l'Europe étoit réglé dans ses assemblées. Cette variété d'objets donnoit lieu aux diverses formes que prenoient ces assemblées, selon les matières sur lesquelles il avoit à prononcer.

Pour juger de ces diverses formes, il suffit de les comparer. Romulus, en instituant les curies, avoit en vue de contenir le sénat par le peuple et le peuple par le sénat, en dominant également sur tous. Il donna donc au peuple, par cette forme, toute l'autorité du nombre pour balancer celle de la puissance et des richesses qu'il laissoit aux patriciens. Mais, selon l'esprit de la monarchie, il laissa cependant plus d'avantage aux patriciens par l'influence de leurs clients sur la pluralité des suffrages. Cette admirable institution des patrons et des clients fut un chef-d'œuvre de politique et d'humanité sans lequel le patriciat, si contraire à l'esprit de la république, n'eût pu subsister. Rome seule a eu l'honneur de donner au monde ce bel exemple, duquel il ne résulta jamais d'abus, et qui pourtant n'a jamais été suivi.

Cette même forme des curies ayant subsisté sous les rois jusqu'à Servius, et le règne du dernier Tarquin n'étant point compté pour légitime, cela fit distinguer généralement les lois royales par le nom de *leges curiatœ*.

Sous la république, les curies, toujours bornées aux quatre tribus urbaines, et ne contenant plus que la populace de Rome, ne pouvoient convenir ni au sénat, qui étoit à la tête des patriciens, ni aux tribuns, qui, quoique plébéiens, étoient à la tête des citoyens aisés. Elles tombèrent donc dans le discrédit; leur avilissement fut tel, que leurs trente licteurs assemblés faisoient ce que les comices par curies auroient dû faire.

La division par centuries étoit si favorable à l'aristocratie, qu'on ne voit pas d'abord comment le sénat ne l'emportoit pas toujours dans les comices qui portoient ce nom, et par lesquels étoient élus les consuls, les censeurs, et les autres magistrats curules. En effet, de cent quatre-vingt-treize centuries qui formoient les six classes de tout le peuple romain, la première classe en comprenant quatre-vingt-dix-huit, et les voix ne se comptant que par centuries, cette seule première classe l'emportoit en nombre de voix sur toutes les autres. Quand toutes ces centuries étoient d'accord, on ne continuoit pas même à recueillir les suffrages; ce qu'avoit décidé le plus petit nombre passoit pour une décision de la multitude; et l'on peut dire que, dans les comices par centuries, les affaires se régloient à la pluralité des écus bien plus qu'à celle des voix.

Mais cette extrême autorité se tempéroit par deux moyens : premièrement, les tribuns pour l'ordinaire, et toujours un grand nombre de plébéiens, étant dans la classe des riches, balançoient le crédit des patriciens dans cette première classe.

Le second moyen consistoit en ceci, qu'au lieu de faire d'abord voter les centuries selon leur ordre, ce qui auroit toujours fait commencer par la première, on en tiroit une au sort, et celle-là[1] procédoit seule à l'élection; après quoi toutes les centuries, appelées un autre jour selon leur rang,

---

[1] Cette centurie, ainsi tirée au sort, s'appeloit *prœrogativa*, à cause qu'elle étoit la première à qui l'on demandoit son suffrage; et c'est de là qu'est venu le mot de *prérogative*.

répétoient la même élection, et la confirmoient ordinairement. On ôtoit ainsi l'autorité de l'exemple au rang pour la donner au sort, selon le principe de la démocratie.

Il résultoit de cet usage un autre avantage encore, c'est que les citoyens de la campagne avoient le temps, entre les deux élections, de s'informer du mérite du candidat provisionnellement nommé, afin de ne donner leur voix qu'avec connoissance de cause. Mais, sous prétexte de célérité, l'on vint à bout d'abolir cet usage, et les deux élections se firent le même jour.

Les comices par tribus étoient proprement le conseil du peuple romain. Ils ne se convoquoient que par les tribuns; les tribuns y étoient élus et y passoient leurs plébiscites. Non seulement le sénat n'y avoit point de rang, il n'avoit pas même le droit d'y assister; et, forcés d'obéir à des lois sur lesquelles ils n'avoient pu voter, les sénateurs, à cet égard, étoient moins libres que les derniers citoyens. Cette injustice étoit tout-à-fait mal entendue, et suffisoit seule pour invalider les décrets d'un corps où tous ses membres n'étoient pas admis. Quand tous les patriciens eussent assisté à ces comices selon le droit qu'ils en avoient comme citoyens, devenus alors simples particuliers ils n'eussent guère influé sur une forme de suffrages qui se recueilloient par tête, et où le moindre prolétaire pouvoit autant que le prince du sénat.

On voit donc qu'outre l'ordre qui résultoit de ces diverses distributions pour le recueillement des suffrages d'un si grand peuple, ces distributions ne se réduisoient pas à des formes indifférentes en elles-mêmes, mais que chacune avoit des effets relatifs aux vues qui la faisoient préférer.

Sans entrer là-dessus en de plus longs détails, il résulte des éclaircissements précédents que les comices par tribus étoient les plus favorables au gouvernement populaire, et les comices par centuries à l'aristocratie. A l'égard des comices par curies, où la seule populace de Rome formoit la pluralité, comme ils n'étoient bons qu'à favoriser la tyrannie et les mauvais desseins, ils durent tomber dans le décri, les séditieux eux-mêmes s'abstenant d'un moyen qui mettoit trop à découvert leurs projets. Il est certain que toute la majesté du peuple romain ne se trouvoit que dans les comices par centuries, qui seuls étoient complets; attendu que dans les comices par curies manquoient les tribus rustiques, et dans les comices par tribus le sénat et les patriciens.

Quant à la manière de recueillir les suffrages, elle étoit chez les premiers Romains aussi simple que leurs mœurs, quoique moins simple encore qu'à Sparte. Chacun donnoit son suffrage à haute voix, un greffier les écrivoit à mesure : pluralité de voix dans chaque tribu déterminoit le suffrage de la tribu; pluralité de voix entre les tribus déterminoit le suffrage du peuple; et ainsi des curies et des centuries. Cet usage étoit bon tant que l'honnêteté régnoit entre les citoyens, et que chacun avoit honte de donner publiquement son suffrage à un avis injuste ou à un sujet indigne; mais, quand le peuple se corrompit et qu'on acheta les voix, il convint qu'elles se donnassent en secret, pour contenir les acheteurs par la défiance, et fournir aux fripons le moyen de n'être pas des traîtres.

Je sais que Cicéron blâme ce changement, et lui attribue en partie la ruine de la république. Mais, quoique je sente le poids que doit avoir ici l'autorité de Cicéron, je ne puis être de son avis: je pense au contraire que, pour n'avoir pas fait assez de changements semblables, on accéléra la perte de l'état. Comme le régime des gens sains n'est pas propre aux malades, il ne faut pas vouloir gouverner un peuple corrompu par les mêmes lois qui conviennent à un bon peuple. Rien ne prouve mieux cette maxime que la durée de la république de Venise, dont le simulacre existe encore, uniquement parce que ses lois ne conviennent qu'à de méchants hommes.

On distribua donc aux citoyens des tablettes par lesquelles chacun pouvoit voter sans qu'on sût quel étoit son avis: on établit aussi de nouvelles formalités pour le recueillement des tablettes, le compte des voix, la comparaison des nombres, etc.; ce qui n'empêcha pas que la fidélité des officiers chargés de ces fonctions [1] ne fût souvent suspectée. On fit enfin, pour empêcher la brigue et le trafic des suffrages, des édits dont la multitude montre l'inutilité.

Vers les derniers temps on étoit souvent contraint de recourir à des expédients extraordinaires pour suppléer à l'insuffisance des lois : tantôt on supposoit des prodiges; mais ce moyen, qui pouvoit en imposer au peuple, n'en imposoit pas à ceux qui le gouvernoient : tantôt on convoquoit brusquement une assemblée avant que les candidats eussent eu le temps de faire leurs brigues : tantôt on consumoit toute une séance à parler quand on voyoit le peuple gagné prêt à prendre un mauvais parti. Mais enfin l'ambition éluda tout; et ce qu'il y a d'incroyable, c'est qu'au milieu de tant d'abus ce peuple immense, à la faveur de ses anciens réglements, ne laissoit pas d'élire les magistrats, de passer les lois, de juger les causes, d'expédier les affaires particulières et publiques, presque avec autant de facilité qu'eût pu faire le sénat lui-même.

[1] * « Custodes diribitores, rogatores suffragiorum. »

CHAPITRE V.

Du tribunat.

Quand on ne peut établir une exacte proportion entre les parties constitutives de l'état, ou que des causes indestructibles en altèrent sans cesse les rapports, alors on institue une magistrature particulière qui ne fait point corps avec les autres, qui replace chaque terme dans son vrai rapport, et qui fait une liaison ou un moyen terme soit entre le prince et le peuple, soit entre le prince et le souverain, soit à la fois des deux côtés s'il est nécessaire.

Ce corps, que j'appellerai *Tribunat,* est le conservateur des lois et du pouvoir législatif. Il sert quelquefois à protéger le souverain contre le gouvernement, comme faisoient à Rome les tribuns du peuple; quelquefois à soutenir le gouvernement contre le peuple, comme fait maintenant à Venise le conseil des Dix; et quelquefois à maintenir l'équilibre de part et d'autre, comme faisoient les éphores à Sparte.

Le tribunat n'est point une partie constitutive de la cité, et ne doit avoir aucune portion de la puissance législative ni de l'exécutive: mais c'est en cela même que la sienne est plus grande; car, ne pouvant rien faire, il peut tout empêcher. Il est plus sacré et plus révéré, comme défenseur des lois, que le prince qui les exécute, et que le souverain qui les donne. C'est ce qu'on vit bien clairement à Rome, quand ces fiers patriciens, qui méprisèrent toujours le peuple entier, furent forcés de fléchir devant un simple officier du peuple, qui n'avoit ni auspices ni juridiction.

Le tribunat, sagement tempéré, est le plus ferme appui d'une bonne constitution; mais pour peu de force qu'il ait de trop, il renverse tout : à l'égard de la foiblesse, elle n'est pas dans sa nature; et pourvu qu'il soit quelque chose, il n'est jamais moins qu'il ne faut.

Il dégénère en tyrannie quand il usurpe la puissance exécutive, dont il n'est que le modérateur, et qu'il veut dispenser des lois, qu'il ne doit que protéger. L'énorme pouvoir des éphores, qui fut sans danger tant que Sparte conserva ses mœurs, en accéléra la corruption commencée. Le sang d'Agis, égorgé par ces tyrans, fut vengé par son successeur : le crime et le châtiment des éphores hâtèrent également la perte de la république; et après Cléomène Sparte ne fut plus rien. Rome périt encore par la même voie; et le pouvoir excessif des tribuns, usurpé par degrés, servit enfin, à l'aide des lois faites pour la liberté, de sauvegarde aux empereurs qui la détruisirent. Quant au conseil des Dix à Venise, c'est un tribunal de sang, horrible également aux patriciens et au peuple, et qui, loin de protéger hautement les lois, ne sert plus, après leur avilissement, qu'à porter dans les ténèbres des coups qu'on n'ose apercevoir.

Le tribunat s'affoiblit, comme le gouvernement, par la multiplication de ses membres. Quand les tribuns du peuple romain, d'abord au nombre de deux, puis de cinq, voulurent doubler ce nombre, le sénat les laissa faire, bien sûr de contenir les uns par les autres; ce qui ne manqua pas d'arriver.

Le meilleur moyen de prévenir les usurpations d'un si redoutable corps, moyen dont nul gouvernement ne s'est avisé jusqu'ici, seroit de ne pas rendre ce corps permanent, mais de régler les intervalles durant lesquels il resteroit supprimé. Les intervalles qui ne doivent pas être assez grands pour laisser aux abus le temps de s'affermir, peuvent être fixés par la loi, de manière qu'il soit aisé de les abréger au besoin par des commissions extraordinaires.

Ce moyen me paroît sans inconvénient, parce que, comme je l'ai dit, le tribunat, ne faisant point partie de la constitution, peut être ôté sans qu'elle en souffre; et il me paroît efficace, parce qu'un magistrat nouvellement rétabli ne part point du pouvoir qu'avoit son prédécesseur, mais de celui que la loi lui donne.

CHAPITRE VI.

De la dictature.

L'inflexibilité des lois, qui les empêche de se plier aux événements, peut, en certains cas, les rendre pernicieuses, et causer par elles la perte de l'état dans sa crise. L'ordre et la lenteur des formes demandent un espace de temps que les circonstances refusent quelquefois. Il peut se présenter mille cas auxquels le législateur n'a point pourvu, et c'est une prévoyance très-nécessaire de sentir qu'on ne peut tout prévoir.

Il ne faut donc pas vouloir affermir les institutions politiques jusqu'à s'ôter le pouvoir d'en suspendre l'effet. Sparte elle-même a laissé dormir ses lois.

Mais il n'y a que les plus grands dangers qui puissent balancer celui d'altérer l'ordre public, et l'on ne doit jamais arrêter le pouvoir sacré des lois que quand il s'agit du salut de la patrie. Dans ces cas rares et manifestes, on pourvoit à la sûreté publique par un acte particulier qui en remet la charge au plus digne. Cette commission peut se donner de deux manières, selon l'espèce du danger.

Si, pour y remédier, il suffit d'augmenter l'activité du gouvernement, on le concentre dans un ou deux de ses membres : ainsi ce n'est pas l'autorité des lois qu'on altère, mais seulement la forme de leur administration. Que si le péril est tel que l'appareil des lois soit un obstacle à s'en garantir, alors on nomme un chef suprême, qui fasse taire toutes les lois et suspende un moment l'autorité souveraine. En pareil cas, la volonté générale n'est pas douteuse, et il est évident que la première intention du peuple est que l'état ne périsse pas. De cette manière la suspension de l'autorité législative ne l'abolit point : le magistrat qui la fait taire ne peut la faire parler; il la domine sans pouvoir la représenter. Il peut tout faire, excepté des lois.

Le premier moyen s'employoit par le sénat romain quand il chargeoit les consuls par une formule consacrée de pourvoir au salut de la république. Le second avoit lieu quand un des deux consuls nommoit un dictateur[1]; usage dont Albe avoit donné l'exemple à Rome.

Dans les commencements de la république, on eut très-souvent recours à la dictature, parce que l'état n'avoit pas encore une assiette assez fixe pour pouvoir se soutenir par la seule force de sa constitution.

Les mœurs rendant alors superflues bien des précautions qui eussent été nécessaires dans un autre temps, on ne craignoit ni qu'un dictateur abusât de son autorité, ni qu'il tentât de la garder

[1] Cette nomination se faisoit de nuit et en secret, comme si l'on avoit eu honte de mettre un homme au-dessus des lois.

au-delà du terme. Il sembloit, au contraire, qu'un si grand pouvoir fût à charge à celui qui en étoit revêtu, tant il se hâtoit de s'en défaire, comme si c'eût été un poste trop pénible et trop périlleux de tenir la place des lois.

Aussi n'est-ce pas le danger de l'abus, mais celui de l'avilissement qui me fait blâmer l'usage indiscret de cette suprême magistrature dans les premiers temps; car tandis qu'on la prodiguoit à des élections, à des dédicaces, à des choses de pure formalité, il étoit à craindre qu'elle ne devînt moins redoutable au besoin, et qu'on ne s'accoutumât à regarder comme un vain titre celui qu'on n'employoit qu'à de vaines cérémonies.

Vers la fin de la république, les Romains, devenus plus circonspects, ménagèrent la dictature avec aussi peu de raison qu'ils l'avoient prodiguée autrefois. Il étoit aisé de voir que leur crainte étoit mal fondée; que la foiblesse de la capitale faisoit alors sa sûreté contre les magistrats qu'elle avoit dans son sein; qu'un dictateur pouvoit, en certain cas, défendre la liberté publique sans jamais y pouvoir attenter; et que les fers de Rome ne seroient point forgés dans Rome même, mais dans ses armées. Le peu de résistance que firent Marius à Sylla, et Pompée à César, montra bien ce qu'on pouvoit attendre de l'autorité du dedans contre la force du dehors.

Cette erreur leur fit faire de grandes fautes :

telle, par exemple, fut celle de n'avoir pas nommé un dictateur dans l'affaire de Catilina : car, comme il n'étoit question que du dedans de la ville, et, tout au plus, de quelque province d'Italie, avec l'autorité sans bornes que les lois donnoient au dictateur, il eût facilement dissipé la conjuration, qui ne fut étouffée que par un concours d'heureux hasards que jamais la prudence humaine ne devoit attendre.

Au lieu de cela, le sénat se contenta de remettre tout son pouvoir aux consuls, d'où il arriva que Cicéron, pour agir efficacement, fut contraint de passer ce pouvoir dans un point capital, et que, si les premiers transports de joie firent approuver sa conduite, ce fut avec justice que, dans la suite, on lui demanda compte du sang des citoyens versé contre les lois, reproche qu'on n'eût pu faire à un dictateur. Mais l'éloquence du consul entraîna tout ; et lui-même, quoique Romain, aimant mieux sa gloire que sa patrie, ne cherchoit pas tant le moyen le plus légitime et le plus sûr de sauver l'état, que celui d'avoir tout l'honneur de cette affaire [1]. Aussi fut-il honoré justement comme libérateur de Rome, et justement puni comme infracteur des lois. Quelque brillant qu'ait été son rappel, il est certain que ce fut une grâce.

[1] C'est ce dont il ne pouvoit se répondre en proposant un dictateur, n'osant se nommer lui-même, et ne pouvant s'assurer que son collègue le nommeroit.

Au reste, de quelque manière que cette importante commission soit conférée, il importe d'en fixer la durée à un terme très-court, qui jamais ne puisse être prolongé. Dans les crises qui la font établir, l'état est bientôt détruit ou sauvé; et, passé le besoin pressant, la dictature devient tyrannique ou vaine. A Rome, les dictateurs ne l'étant que pour six mois, la plupart abdiquèrent avant ce terme. Si le terme eût été plus long, peut-être eussent-ils été tentés de le prolonger encore, comme firent les décemvirs de celui d'une année. Le dictateur n'avoit que le temps de pourvoir au besoin qui l'avoit fait élire; il n'avoit pas celui de songer à d'autres projets.

CHAPITRE VII.

De la censure.

De même que la déclaration de la volonté générale se fait par la loi, la déclaration du jugement public se fait par la censure. L'opinion publique est l'espèce de loi dont le censeur est le ministre, et qu'il ne fait qu'appliquer aux cas particuliers, à l'exemple du prince.

Loin donc que le tribunal censorial soit l'arbitre de l'opinion du peuple, il n'en est que le déclarateur; et sitôt qu'il s'en écarte, ses décisions sont vaines et sans effet.

Il est inutile de distinguer les mœurs d'une nation des objets de son estime; car tout cela tient au même principe et se confond nécessairement. Chez tous les peuples du monde, ce n'est point la nature, mais l'opinion, qui décide du choix de leurs plaisirs. Redressez les opinions des hommes, et leurs mœurs s'épureront d'elles-mêmes. On aime toujours ce qui est beau ou ce qu'on trouve tel; mais c'est sur ce jugement qu'on se trompe : c'est donc ce jugement qu'il s'agit de régler. Qui juge des mœurs juge de l'honneur; et qui juge de l'honneur prend sa loi de l'opinion.

Les opinions d'un peuple naissent de sa constitution Quoique la loi ne règle pas les mœurs, c'est la législation qui les fait naître : quand la législation s'affoiblit, les mœurs dégénèrent : mais alors le jugement des censeurs ne fera pas ce que la force des lois n'aura pas fait.

Il suit de là que la censure peut être utile pour conserver les mœurs, jamais pour les rétablir. Établissez des censeurs durant la vigueur des lois; sitôt qu'elles l'ont perdue, tout est désespéré, rien de légitime n'a plus de force lorsque les lois n'en ont plus.

La censure maintient les mœurs en empêchant les opinions de se corrompre, en conservant leur droiture par de sages applications, quelquefois même en les fixant lorsqu'elles sont encore incertaines. L'usage des seconds dans les duels, porté jusqu'à la fureur dans le royaume de France, y fut aboli par ces seuls mots d'un édit du roi : « Quant « à ceux qui ont la lâcheté d'appeler des seconds. » Ce jugement, prévenant celui du public, le détermina tout d'un coup. Mais quand les mêmes édits voulurent prononcer que c'étoit aussi une lâcheté de se battre en duel, ce qui est très-vrai, mais contraire à l'opinion commune, le public se moqua de cette décision, sur laquelle son jugement étoit déjà porté.

J'ai dit ailleurs[1] que l'opinion publique n'étant point soumise à la contrainte, il n'en falloit aucun

---

[1] Je ne fais qu'indiquer dans ce chapitre ce que j'ai traité plus au long dans la lettre à M. d'Alembert.

vestige dans le tribunal établi pour la représenter. On ne peut trop admirer avec quel art ce ressort, entièrement perdu chez les modernes, étoit mis en œuvre chez les Romains, et mieux chez les Lacédémoniens.

Un homme de mauvaises mœurs ayant ouvert un bon avis dans le conseil de Sparte, les éphores, sans en tenir compte, firent proposer le même avis par un citoyen vertueux [1]. Quel honneur pour l'un, quelle note pour l'autre, sans avoir donné ni louange ni blâme à aucun des deux ! Certains ivrognes de Samos [2] souillèrent le tribunal des éphores : le lendemain, par édit public, il fut permis aux Samiens d'être des vilains. Un vrai châtiment eût été moins sévère qu'une pareille impunité. Quand Sparte a prononcé sur ce qui est ou n'est pas honnête, la Grèce n'appelle pas de ses jugements.

[1] * PLUTARQUE, *Dicts notables des Lacédémoniens*, § 69. Le même trait est rapporté par Montaigne, livre II, chap. XXXI.

[2] Ils étoient d'une autre île, que la délicatesse de notre langue défend de nommer dans cette occasion *.

* On conçoit difficilement comment le nom d'une île peut blesser la *délicatesse de notre langue*. Pour entendre ceci, il faut savoir que Rousseau a pris ce trait dans Plutarque (*Dicts notables des Lacédémoniens*), qui le raconte dans toute sa turpitude, et l'attribue aux habitants de Chio. Rousseau, en ne nommant pas cette île, a voulu éviter l'application d'un mauvais jeu de mots, et ne pas exciter le rire dans un sujet grave. En cela il a bien fait sans doute ; mais c'est l'effet de la délicatesse de l'écrivain plutôt que de celle de notre langue.

Ælien (livre II, chapitre XV) rapporte aussi ce fait ; mais il en affoiblit la honte, en disant que le tribunal des éphores fut *couvert de suie*, et il l'attribue à des Clazoméniens. (Note de M. Petitain.)

CHAPITRE VIII.

De la religion civile [1].

Les hommes n'eurent point d'abord d'autres rois que les dieux, ni d'autre gouvernement que le théocratique. Ils firent le raisonnement de Caligula; et alors ils raisonnoient juste. Il faut une longue altération de sentiments et d'idées pour qu'on puisse se résoudre à prendre son semblable pour maître, et se flatter qu'on s'en trouvera bien.

De cela seul qu'on mettoit Dieu à la tête de chaque societé politique, il s'ensuivit qu'il y eut autant de dieux que de peuples. Deux peuples étrangers l'un à l'autre, et presque toujours ennemis, ne purent long-temps reconnoître un même maître : deux armées se livrant bataille ne sauroient obéir au même chef. Ainsi des divisions nationales résulta le polytéisme, et de là l'intolérance théologique et civile, qui naturellement est la même comme il sera dit ci-après.

La fantaisie qu'eurent les Grecs de retrouver leurs dieux chez les peuples barbares, vint de celle

---

[1] L'idée fondamentale de ce chapitre est présentée de nouveau, expliquée et développée dans les *Lettres de la Montagne*. Partie I, lettre première.

Voyez aussi sur ce même chapitre la lettre à M. Ustéri, du 15 juillet 1763.

qu'ils avoient aussi de se regarder comme les souverains naturels de ces peuples. Mais c'est de nos jours une érudition bien ridicule que celle qui roule sur l'identité des dieux de diverses nations : comme si Moloch, Saturne et Chronos pouvoient être le même dieu ! comme si le Baal des Phéniciens, le Zeus des Grecs et le Jupiter des Latins pouvoient être le même ! comme s'il pouvoit rester quelque chose commune à des êtres chimériques portant des noms différents !

Que si l'on demande comment dans le paganisme, où chaque état avoit son culte et ses dieux, il n'y avoit point de guerres de religion ; je réponds que c'étoit par cela même que chaque état, ayant son culte propre aussi bien que son gouvernement, ne distinguoit point ses dieux de ses lois. La guerre politique étoit aussi théologique ; les départements des dieux étoient pour ainsi dire fixés par les bornes des nations. Le dieu d'un peuple n'avoit aucun droit sur les autres peuples. Les dieux des païens n'étoient point des dieux jaloux ; ils partageoient entre eux l'empire du monde : Moïse même et le peuple hébreu se prêtoient quelquefois à cette idée en parlant du dieu d'Israël. Ils regardoient, il est vrai, comme nuls les dieux des Cananéens, peuples proscrits, voués à la destruction, et dont ils devoient occuper la place ; mais voyez comment ils parloient des divinités des peuples voisins qu'il leur étoit défendu d'attaquer : « La possession de

« ce qui appartient à Chamos votre dieu, disoit
« Jephté aux Ammonites, ne vous est-elle pas lé-
« gitimement due? Nous possédons au même titre
« les terres que notre dieu vainqueur s'est ac-
« quises [1]. » C'étoit là, ce me semble, une parité
bien reconnue entre les droits de Chamos et ceux
du dieu d'Israël.

Mais quand les Juifs soumis aux rois de Baby-
lone, et dans la suite aux rois de Syrie, voulurent
s'obstiner à ne reconnoître aucun autre dieu que
le leur, ce refus, regardé comme une rébellion
contre le vainqueur, leur attira les persécutions
qu'on lit dans leur histoire, et dont on ne voit aucun autre exemple avant le christianisme [2].

Chaque religion étant donc uniquement attachée aux lois de l'état qui la prescrivoit, il n'y
avoit point d'autre manière de convertir un peuple
que de l'asservir, ni d'autres missionnaires que les
conquérants; et l'obligation de changer de culte
étant la loi des vaincus, il falloit commencer par

---

[1] *Nonne ea quæ possidet Chamos Deus tuus, tibi jure debentur?*
(Jug. xi, 24). Tel est le texte de la Vulgate. Le père de Carrières
a traduit : Ne croyez-vous pas avoir droit de posséder ce qui appartient à Chamos votre Dieu? J'ignore la force du texte hébreu ; mais
je vois que, dans la Vulgate, Jephté reconnoît positivement le
droit du dieu Chamos, et que le traducteur françois affoiblit cette
reconnoissance par un *selon vous* qui n'est pas dans le latin.

[2] Il est de la dernière évidence que la guerre des Phocéens, appelée guerre sacrée, n'étoit pas une guerre de religion. Elle avoit
pour objet de punir des sacriléges, et non de soumettre des mé-
créants.

vaincre avant d'en parler. Loin que les hommes combattissent pour les dieux, c'étoient, comme dans Homère, les dieux qui combattoient pour les hommes; chacun demandoit au sien la victoire, et la payoit par de nouveaux autels. Les Romains, avant de prendre une place, sommoient ses dieux de l'abandonner; et quand ils laissoient aux Tarentins leurs dieux irrités, c'est qu'ils regardoient alors ces dieux comme soumis aux leurs et forcés de leur faire hommage. Ils laissoient aux vaincus leurs dieux comme ils leur laissoient leurs lois. Une couronne au Jupiter du Capitole étoit souvent le seul tribut qu'ils imposoient.

Enfin les Romains ayant étendu avec leur empire leur culte et leurs dieux, et ayant souvent eux-mêmes adopté ceux des vaincus, en accordant aux uns et aux autres le droit de cité, les peuples de ce vaste empire se trouvèrent insensiblement avoir des multitudes de dieux et de cultes, à peu près les mêmes partout: et voilà comment le paganisme ne fut enfin dans le monde connu qu'une seule et même religion.

Ce fut dans ces circonstances que Jésus vint établir sur la terre un royaume spirituel, ce qui, séparant le système théologique du système politique, fit que l'état cessa d'être un, et causa les divisions intestines qui n'ont jamais cessé d'agiter les peuples chrétiens. Or cette idée nouvelle d'un royaume de l'autre monde n'ayant pu jamais entrer dans la tête des païens, ils regardèrent toujours les chrétiens comme de vrais rebelles, qui, sous une hypocrite soumission, ne cherchoient que le moment de se rendre indépendants et maîtres, et d'usurper adroitement l'autorité qu'ils feignoient de respecter dans leur foiblesse. Telle fut la cause des persécutions.

Ce que les païens avoient craint est arrivé. Alors tout a changé de face; les humbles chrétiens ont changé de langage, et bientôt on a vu ce prétendu royaume de l'autre monde devenir, sous un chef visible, le plus violent despotisme dans celui-ci.

Cependant, comme il y a toujours eu un prince et des lois civiles, il a résulté de cette double puissance un perpétuel conflit de juridiction qui a rendu toute bonne *politie* impossible dans les états chrétiens; et l'on n'a jamais pu venir à bout de savoir auquel du maître ou du prêtre on étoit obligé d'obéir.

Plusieurs peuples cependant, même dans l'Europe ou à son voisinage, ont voulu conserver ou rétablir l'ancien système, mais sans succès; l'esprit du christianisme a tout gagné. Le culte sacré est toujours resté ou redevenu indépendant du souverain, et sans liaison nécessaire avec le corps de l'état. Mahomet eut des vues très-saines, il lia bien son système politique; et, tant que la forme de son gouvernement subsista sous les califes ses successeurs, ce gouvernement fut exactement un, et bon en cela. Mais les Arabes, devenus florissants, lettrés, polis, mous et lâches, furent subjugués par des barbares : alors la division entre les deux puissances recommença. Quoiqu'elle soit moins apparente chez les mahométans que chez les chrétiens, elle y est pourtant, surtout dans la secte d'Ali ; et il y a des états, tels que la Perse, où elle ne cesse de se faire sentir.

Parmi nous, les rois d'Angleterre se sont établis chefs de l'Église ; autant en ont fait les czars : mais, par ce titre, ils s'en sont moins rendus les maîtres que les ministres ; ils ont moins acquis le droit de la changer que le pouvoir de la maintenir : ils n'y sont pas législateurs, ils n'y sont que princes. Partout où le clergé fait un corps[1], il est maître et législateur dans sa partie. Il y a donc deux puissances, deux souverains, en Angleterre et en Russie, tout comme ailleurs.

De tous les auteurs chrétiens, le philosophe Hobbes est le seul qui ait bien vu le mal et le remède, qui ait osé proposer de réunir les deux têtes

---

[1] Il faut bien remarquer que ce ne sont pas tant des assemblées formelles, comme celle de France, qui lient le clergé en un corps que la communion des églises. La communion et l'excommunication sont le pacte social du clergé, pacte avec lequel il sera toujours le maître des peuples et des rois. Tous les prêtres qui communiquent ensemble sont citoyens, fussent-ils des deux bouts du monde. Cette invention est un chef-d'œuvre en politique. Il n'y avoit rien de semblable parmi les prêtres païens : aussi n'ont-ils jamais fait un corps de clergé.

de l'aigle; et de tout ramener à l'unité politique, sans laquelle jamais état ni gouvernement ne sera bien constitué. Mais il a dû voir que l'esprit dominateur du christianisme étoit incompatible avec son système, et que l'intérêt du prêtre seroit toujours plus fort que celui de l'état. Ce n'est pas tant ce qu'il y a d'horrible et de faux dans sa politique, que ce qu'il y a de juste et de vrai, qui l'a rendue odieuse [1].

Je crois qu'en développant sous ce point de vue les faits historiques, on réfuteroit aisément les sentiments opposés de Bayle et de Warburton, dont l'un prétend que nulle religion n'est utile au corps politique, et dont l'autre soutient, au contraire, que le christianisme en est le plus ferme appui. On prouveroit au premier que jamais état ne fut fondé que la religion ne lui servît de base; et au second, que la loi chrétienne est au fond plus nuisible qu'utile à la forte constitution de l'état. Pour achever de me faire entendre, il ne faut que donner un peu plus de précision aux idées trop vagues de religion relatives à mon sujet.

La religion, considérée par rapport à la société, qui est ou générale ou particulière, peut aussi

[1] Voyez, entre autres, une lettre de Grotius à son frère, du 11 avril 1643, ce que ce savant homme approuve et ce qu'il blâme dans le livre *de Cive*. Il est vrai que, porté à l'indulgence, il paroît pardonner à l'auteur le bien en faveur du mal : mais tout le monde n'est pas si clément.

se diviser en deux espèces; savoir, la religion de l'homme, et celle du citoyen. La première, sans temples, sans autels, sans rites, bornée au culte purement intérieur du Dieu suprême et aux devoirs éternels de la morale, est la pure et simple religion de l'Évangile, le vrai théisme, et ce qu'on peut appeler le droit divin naturel. L'autre, inscrite dans un seul pays, lui donne ses dieux, ses patrons propres et tutélaires. Elle a ses dogmes, ses rites, son culte extérieur prescrit par des lois : hors la seule nation qui la suit, tout est pour elle infidèle, étranger, barbare; elle n'étend les devoirs et les droits de l'homme qu'aussi loin que ses autels. Tels furent toutes les religions des premiers peuples, auxquelles on peut donner le nom de droit divin civil ou positif.

Il y a une troisième sorte de religion plus bizarre, qui, donnant aux hommes deux législations, deux chefs, deux patries, les soumet à des devoirs contradictoires, et les empêche de pouvoir être à la fois dévots et citoyens. Telle est la religion des Lamas, telle est celle des Japonois, tel est le christianisme romain. On peut appeler celui-ci la religion du prêtre. Il en résulte une sorte de droit mixte et insociable qui n'a point de nom.

A considérer politiquement ces trois sortes de religions, elles ont toutes leurs défauts. La troisième est si évidemment mauvaise, que c'est perdre le temps de s'amuser à le démontrer. Tout ce qui rompt l'unité sociale ne vaut rien; toutes les institutions qui mettent l'homme en contradiction avec lui-même ne valent rien.

La seconde est bonne en ce qu'elle réunit le culte divin et l'amour des lois, et que, faisant de la patrie l'objet de l'adoration des citoyens, elle leur apprend que servir l'état, c'est en servir le dieu tutélaire. C'est une espèce de théocratie, dans laquelle on ne doit point avoir d'autre pontife que le prince, ni d'autres prêtres que les magistrats. Alors mourir pour son pays, c'est aller au martyre; violer les lois, c'est être impie; et soumettre un coupable à l'exécration publique, c'est le dévouer au courroux des dieux: *Sacer esto*.

Mais elle est mauvaise en ce qu'étant fondée sur l'erreur et sur le mensonge, elle trompe les hommes, les rend crédules, superstitieux, et noie le vrai culte de la divinité dans un vain cérémonial. Elle est mauvaise encore quand, devenant exclusive et tyrannique, elle rend un peuple sanguinaire et intolérant; en sorte qu'il ne respire que meurtre et massacre, et croit faire une action sainte en tuant quiconque n'admet pas ses dieux. Cela met un tel peuple dans un état naturel de guerre avec tous les autres, très-nuisible à sa propre sûreté.

Reste donc la religion de l'homme ou le christianisme, non pas celui d'aujourd'hui, mais celui de l'Évangile, qui en est tout-à-fait différent. Par cette religion sainte, sublime, véritable, les hommes, enfants du même Dieu, se reconnoissent tous pour frères, et la société qui les unit ne se dissout pas même à la mort.

Mais cette religion, n'ayant nulle relation particulière avec le corps politique, laisse aux lois la seule force qu'elles tirent d'elles-mêmes sans leur en ajouter aucune autre; et par-là un des grands liens de la société particulière reste sans effet. Bien plus, loin d'attacher les cœurs des citoyens à l'état elle les en détache comme de toutes les choses de la terre. Je ne connois rien de plus contraire à l'esprit social.

On nous dit qu'un peuple de vrais chrétiens formeroit la plus parfaite société que l'on puisse imaginer. Je ne vois à cette supposition qu'une grande difficulté; c'est qu'une société de vrais chrétiens ne seroit plus une société d'hommes.

Je dis même que cette société supposée ne seroit, avec toute sa perfection, ni la plus forte ni la plus durable : à force d'être parfaite, elle manqueroit de liaisons; son vice destructeur seroit dans sa perfection même.

Chacun rempliroit son devoir; le peuple seroit soumis aux lois, les chefs seroient justes et modérés, les magistrats intègres, incorruptibles, les soldats mépriseroient la mort, il n'y auroit ni vanité ni luxe : tout cela est fort bien; mais voyons plus loin.

Le christianisme est une religion toute spirituelle, occupée uniquement des choses du ciel ; la patrie du chrétien n'est pas de ce monde. Il fait son devoir, il est vrai ; mais il le fait avec une profonde indifférence sur le bon ou mauvais succès de ses soins. Pourvu qu'il n'ait rien à se reprocher, peu lui importe que tout aille bien ou mal ici-bas. Si l'état est florissant, à peine ose-t-il jouir de la félicité publique ; il craint de s'enorgueillir de la gloire de son pays : si l'état dépérit, il bénit la main de Dieu qui s'appesantit sur son peuple.

Pour que la société fût paisible et que l'harmonie se maintînt, il faudroit que tous les citoyens sans exception fussent également bons chrétiens : mais si malheureusement il s'y trouve un seul ambitieux, un seul hypocrite, un Catilina, par exemple, un Cromwell, celui-là très-certainement aura bon marché de ses pieux compatriotes. La charité chrétienne ne permet pas aisément de penser mal de son prochain. Dès qu'il aura trouvé par quelque ruse l'art de leur en imposer et de s'emparer d'une partie de l'autorité publique, voilà un homme constitué en dignité ; Dieu veut qu'on le respecte : bientôt voilà une puissance ; Dieu veut qu'on lui obéisse. Le dépositaire de cette puissance en abuse-t-il, c'est la verge dont Dieu punit ses enfants. On se feroit conscience de chasser l'usurpateur : il faudroit troubler le repos public, user de violence, verser du sang ; et après tout, qu'importe qu'on soit libre ou serf dans cette vallée de misères? l'essentiel est d'aller en paradis, et la résignation n'est qu'un moyen de plus pour cela.

Survient-il quelque guerre étrangère, les citoyens marchent sans peine au combat; nul d'entre eux ne songe à fuir; ils font leur devoir, mais sans passion pour la victoire; ils savent plutôt mourir que vaincre. Qu'ils soient vainqueurs ou vaincus, qu'importe? La Providence ne sait-elle pas mieux qu'eux ce qu'il leur faut? Qu'on imagine quel parti un ennemi fier, impétueux, passionné, peut tirer de leur stoïcisme! Mettez vis-à-vis d'eux ces peuples généreux que dévoroit l'ardent amour de la gloire et de la patrie; supposez votre république chrétienne vis-à-vis de Sparte ou de Rome, les pieux chrétiens seront battus, écrasés, détruits, avant d'avoir eu le temps de se reconnoître, ou ne devront leur salut qu'au mépris que leur ennemi concevra pour eux. C'étoit un beau serment à mon gré que celui des soldats de Fabius; ils jurèrent de revenir vainqueurs, et tinrent leur serment [1].
Jamais des chrétiens n'en eussent fait un pareil; ils auroient cru tenter Dieu.

Mais je me trompe en disant une république chrétienne; chacun de ces deux mots exclut l'autre. Le christianisme ne prêche que servitude et dépendance. Son esprit est trop favorable à la tyran-

---

[1] * Tit-Liv., lib. II, cap. xlv; cité par Montaigne, liv. II, ch. xxi.

nie pour qu'elle n'en profite pas toujours. Les vrais chrétiens sont faits pour être esclaves ; ils le savent et ne s'en émeuvent guère ; cette courte vie a trop peu de prix à leurs yeux.

Les troupes chrétiennes sont excellentes, nous dit-on. Je le nie : qu'on m'en montre de telles. Quant à moi, je ne connois point de troupes chrétiennes. On me citera les croisades. Sans disputer sur la valeur des croisés, je remarquerai que, bien loin d'être des chrétiens, c'étoient des soldats du prêtre, c'étoient des citoyens de l'Église : ils se battoient pour son pays spirituel, qu'elle avoit rendu temporel on ne sait comment. A le bien prendre, ceci rentre sous le paganisme : comme l'Évangile n'établit point une religion nationale, toute guerre sacrée est impossible parmi les chrétiens.

Sous les empereurs païens, les soldats chrétiens étoient braves ; tous les auteurs chrétiens l'assurent, et je le crois : c'étoit une émulation d'honneur contre les troupes païennes. Dès que les empereurs furent chrétiens, cette émulation ne subsista plus ; et, quand la croix eut chassé l'aigle, toute la valeur romaine disparut.

Mais, laissant à part les considérations politiques, revenons au droit, et fixons les principes sur ce point important. Le droit que le pacte social donne au souverain sur les sujets ne passe point, comme je l'ai dit, les bornes de l'utilité publique¹. Les sujets ne doivent donc compte au souverain de leurs opinions qu'autant que ces opinions importent à la communauté. Or il importe bien à l'état que chaque citoyen ait une religion qui lui fasse aimer ses devoirs; mais les dogmes de cette religion n'intéressent ni l'état ni ses membres qu'autant que ces dogmes se rapportent à la morale et aux devoirs que celui qui la professe est tenu de remplir envers autrui. Chacun peut avoir, au surplus, telles opinions qu'il lui plaît, sans qu'il appartienne au souverain d'en connoître : car, comme il n'a point de compétence dans l'autre monde, quel que soit le sort des sujets dans la vie à venir, ce n'est pas son affaire, pourvu qu'ils soient bons citoyens dans celle-ci.

Il y a donc une profession de foi purement civile dont il appartient au souverain de fixer les articles, non pas précisément comme dogmes de religion, mais comme sentiments de sociabilité sans

---

¹ *Dans la république*, dit le marquis d'Argenson, *chacun est parfaitement libre en ce qui ne nuit pas aux autres.* Voilà la borne invariable; on ne peut la poser plus exactement. Je n'ai pu me refuser au plaisir de citer quelquefois ce manuscrit, quoique non connu du public, pour rendre honneur à la mémoire d'un homme illustre et respectable, qui avoit conservé jusque dans le ministère le cœur d'un vrai citoyen, et des vues droites et saines sur le gouvernement de son pays *.

* L'ouvrage du marquis d'Argenson, qui, lorsque Rousseau écrivoit son *Contrat social*, n'étoit encore connu et lu qu'en manuscrit, a été imprimé à Amsterdam en 1764, sous le titre de *Considérations sur le gouvernement ancien et présent de la France*, in-8.; il a été réimprimé en 1784 dans la même ville, avec des corrections et changements faits sur les manuscrits de l'auteur, mort quelques années avant la première édition de son ouvrage.

lesquels il est impossible d'être bon citoyen ni sujet fidèle[1]. Sans pouvoir obliger personne à les croire, il peut bannir de l'état quiconque ne les croit pas; il peut le bannir, non comme impie, mais comme insociable, comme incapable d'aimer sincèrement les lois, la justice, et d'immoler au besoin sa vie à son devoir. Que si quelqu'un, après avoir reconnu publiquement ces mêmes dogmes, se conduit comme ne les croyant pas, qu'il soit puni de mort; il a commis le plus grand des crimes, il a menti devant les lois.

Les dogmes de la religion civile doivent être simples, en petit nombre, énoncés avec précision, sans explications ni commentaires. L'existence de la divinité puissante, intelligente, bienfaisante, prévoyante et pourvoyante, la vie à venir, le bonheur des justes, le châtiment des méchants, la sainteté du contrat social et des lois; voilà les dogmes positifs. Quant aux dogmes négatifs, je les borne à un seul, c'est l'intolérance : elle rentre dans les cultes que nous avons exclus.

Ceux qui distinguent l'intolérance civile et l'intolérance théologique se trompent, à mon avis. Ces deux intolérances sont inséparables. Il est im-

---

[1] César, plaidant pour Catilina, tâchoit d'établir le dogme de la mortalité de l'ame : Caton et Cicéron, pour le réfuter, ne s'amusèrent point à philosopher; ils se contentèrent de montrer que César parloit en mauvais citoyen, et avançoit une doctrine pernicieuse à l'état. En effet, voilà de quoi devoit juger le sénat de Rome, et non d'une question de théologie.

possible de vivre en paix avec des gens qu'on croit damnés; les aimer seroit haïr Dieu qui les punit : il faut absolument qu'on les ramène ou qu'on les tourmente. Partout où l'intolérance théologique est admise, il est impossible qu'elle n'ait pas quelque effet civil [1]; et sitôt qu'elle en a, le souverain n'est plus souverain, même au temporel : dès-lors les prêtres sont les vrais maîtres; les rois ne sont que leurs officiers.

Maintenant qu'il n'y a plus et qu'il ne peut plus y avoir de religion nationale exclusive, on doit tolérer toutes celles qui tolèrent les autres, autant

[1] Le mariage, par exemple, étant un contrat civil, a des effets civils, sans lesquels il est même impossible que la société subsiste. Supposons donc qu'un clergé vienne à bout de s'attribuer à lui seul le droit de passer cet acte, droit qu'il doit nécessairement usurper dans toute religion intolérante, alors n'est-il pas clair qu'en faisant valoir à propos l'autorité de l'Église il rendra vaine celle du prince, qui n'aura plus de sujets que ceux que le clergé voudra bien lui donner? Maître de marier ou de ne pas marier les gens, selon qu'ils auront ou n'auront pas telle ou telle doctrine, selon qu'ils admettront ou rejetteront tel ou tel formulaire, selon qu'ils lui seront plus ou moins dévoués, en se conduisant prudemment et tenant ferme, n'est-il pas clair qu'il disposera seul des héritages, des charges, des citoyens, de l'état même, qui ne sauroit subsister n'étant plus composé que de bâtards? Mais, dira-t-on, l'on appellera comme d'abus, on ajournera, décrétera, saisira le temporel. Quelle pitié! Le clergé, pour peu qu'il ait, je ne dis pas de courage, mais de bon sens, laissera faire et ira son train; il laissera tranquillement appeler, ajourner, décréter, saisir, et finira par rester le maître. Ce n'est pas, ce me semble, un grand sacrifice d'abandonner une partie, quand on est sûr de s'emparer du tout.

que leurs dogmes n'ont rien de contraire aux devoirs du citoyen. Mais quiconque ose dire, *Hors de l'Église point de salut,* doit être chassé de l'état, à moins que l'état ne soit l'Église, et que le prince ne soit le pontife. Un tel dogme n'est bon que dans un gouvernement théocratique; dans tout autre il est pernicieux. La raison sur laquelle on dit que Henri IV embrassa la religion romaine la devroit faire quitter à tout honnête homme, et surtout à tout prince qui sauroit raisonner [1].

CHAPITRE IX.

Conclusion.

Après avoir posé les vrais principes du droit politique et tâché de fonder l'état sur sa base, il resteroit à l'appuyer par ses relations externes; ce

---

[1] « Un historien rapporte que le roi faisant faire devant lui une « conférence entre les docteurs de l'une et de l'autre Église, et « voyant qu'un ministre tomboit d'accord qu'on se pouvoit sauver « dans la religion des catholiques, sa majesté prit la parole, et dit « à ce ministre : *Quoi! tombez-vous d'accord qu'on puisse se* « *sauver dans la religion de ces messieurs-là?* Le ministre répon- « dant qu'il n'en doutoit pas, pourvu qu'on y vécût bien, le roi « repartit très-judicieusement : *La prudence veut donc que je sois* « *de leur religion et non pas de la vôtre, parce qu'étant de la leur,* « *je me sauve selon eux et selon vous, et étant de la vôtre, je me* « *sauve bien selon vous, mais non selon eux. Or, la prudence* « *veut que je suive le plus assuré.* » Péréfixe, Hist. de Henri IV.

qui comprendroit le droit des gens, le commerce, le droit de la guerre et les conquêtes, le droit public, les ligues, les négociations, les traités, etc. Mais tout cela forme un nouvel objet trop vaste pour ma courte vue : j'aurois dû la fixer toujours plus près de moi.

FIN DU CONTRAT SOCIAL.

CONSIDÉRATIONS

SUR

LE GOUVERNEMENT DE POLOGNE,

ET

SUR SA RÉFORMATION PROJETÉE EN AVRIL 1772.

/

NOTICE PRÉLIMINAIRE.

« La Pologne, dans sa division la plus générale, en grande, petite Pologne et duché de Lithuanie, contenoit en trente-trois provinces ou *palatinats* un peu plus de huit millions d'habitants. Cette population étoit régie souverainement par environ cent mille nobles, un roi électif et un sénat perpétuel. Les habitants des villes ne pouvant posséder que des maisons dans les villes mêmes, et des fonds de terre à une lieue aux environs, n'étoient comptés dans l'ordre politique que pour en supporter toutes les charges; le commerce et le peu d'industrie que le pays pouvoit comporter étoient entre les mains des Juifs et des étrangers, et les paysans attachés à la glèbe étoient la propriété de leurs seigneurs, au pouvoir desquels rien ne pouvoit les soustraire, et qui avoient sur eux droit de vie et de mort.

On distinguoit parmi les nobles les *Palatins* ou gouverneurs des provinces, les *Castellans* ou commandants des châteaux et des villes, considérés comme les lieutenants des Palatins, et les *Starostes* ou possesseurs des *Starosties*, vastes domaines qui leur étoient accordés à vie avec ou sans juridiction sur les terres qui en dépendoient. Ces Palatinats, Castellanies et Starosties, et beaucoup d'autres *tenutes* et bénéfices de même espèce, étoient à la nomination du roi. Comme aucuns appointements ou gages n'étoient attachés aux charges et fonctions publiques, ces concessions étoient les récompenses naturelles des services rendus à la patrie, et étoient appelées pour cela *panis benè meritorum,* dont le roi étoit le distributeur. Mais à la mort de chaque possesseur, le bénéfice concédé rentroit dans les mains du roi, qui étoit tenu de faire sur-le-champ une nomination nouvelle; et c'étoit en cela que le régime polonois différoit essentiellement du régime féodal.

« Les nobles seuls jouissant ainsi des droits de cité, se rassembloient périodiquement dans les *diétines* ou diètes de palatinat, pour y élire les *nonces* chargés de les représenter à la diète générale. Celle-ci s'assembloit tous les deux ans, et se composoit du sénat et des représentants de la noblesse; elle partageoit avec le roi le pouvoir législatif.

« A ce germe toujours subsistant de confusion et de désordre se joignoit 1° la dépendance absolue de chaque nonce résultant des instructions qui lui avoient été données dans la diétine et dont il ne pouvoit s'écarter; 2° le droit du *liberum veto* qui rendoit la délibération de toute diète infructueuse par l'opposition d'un seul membre, droit dont l'usage ne remontoit pas au-delà de 1650, mais dont les nobles polonois s'étoient depuis ce temps montrés si jaloux qu'il étoit passé en loi et maxime d'état.

« Un autre droit encore, également constitutionnel, et non moins cher aux Polonois, étoit celui de former, sous le nom de *confédération,* une ligue générale dont les membres liés par un serment particulier se choisissoient un chef et nommoient un *conseil général* qui réunissoit en lui seul l'autorité de toutes les magistratures. Ainsi, les insurrections mêmes avoient en Pologne une forme légale. Mais dans les assemblées qui en étoient la suite, le droit du *liberum veto* restoit suspendu; la pluralité des suffrages alors faisoit loi; et c'étoit ainsi que ce droit de confédération, dont l'exercice étoit de nature à mettre le comble au désordre, étoit souvent ce qui contribuoit le plus efficacement à le faire cesser. Au reste, la confédération une fois dissoute, tous ces réglements cessoient avec elle; pour qu'ils devinssent des lois, il falloit qu'ils reçussent la sanction d'une diète unanime; et la république reprenoit sa forme accoutumée.

« Dans cet état des choses un roi électif, qui ne battoit point monnoie, qui ne faisoit point la guerre en personne, qui ne pouvoit ni la déclarer ni faire aucun traité, ni même se marier sans l'aveu de la diète, dont les actes administratifs se réduisoient à des nominations et des concessions qu'il ne pouvoit révoquer, et dont les revenus ne suffisoient guère qu'à la dépense de sa table, n'avoit sans doute qu'une ombre de pouvoir réel; mais ces nominations et concessions en si grand nombre, et dont on a vu plus haut que le droit lui appartenoit exclusivement, lui donnoient une force d'opinion et une influence bien en contraste avec l'esprit dont les nobles polonois étoient constamment animés, et c'est ce qui explique, d'une part, pourquoi à chaque élection cette couronne étoit si ardemment briguée et poursuivie; de l'autre, pourquoi le droit du *liberum veto*, celui de confédération, et toutes les autres entraves données à l'autorité royale, s'établirent successivement pour en balancer la puissance. Chaque élection en effet étoit toujours l'époque des restrictions nouvelles mises à une autorité déjà si bornée, restrictions que le prince nouvellement élu juroit de respecter, ainsi que toutes les lois fondamentales de la république, désignées généralement sous le nom de *pacta conventa*.

« Les effets naturels d'un état politique ainsi constitué sont faciles à concevoir, et on ne peut qu'en croire l'historien moderne qui nous trace ainsi le tableau de l'état intérieur de la Pologne à l'époque même où Rousseau rêvoit pour elle ce que la force des choses rendoit impossible à réaliser. « La répu-
« blique, dit Rulhière, presque toujours destituée
« d'une autorité législative et souveraine, se trouva
« dans une impuissance absolue de suivre les progrès
« que l'administration commençoit à faire dans la
« plupart des autres pays. Tout ce qui exigeoit des
« dépenses continues devint impraticable...... Les
« grands établissements qui annoncent la perfection
« des arts, et les soins toujours actifs du gouverne-
« ment, ne purent seulement pas être proposés......
« Les Polonois, dont les mœurs sont faciles, adop-
« tèrent chacun séparément une partie de ces progrès
« rapides que le luxe et la société faisoient chez les
« autres peuples; mais ils n'admirent aucun de ceux
« que faisoit l'administration publique. De tant de
« changements introduits en Europe, la politesse et
« le luxe furent les seuls qui s'introduisirent parmi

« eux. » *Hist. de l'anarchie de Pologne*, tom. 1, p. 49 et 127.

« La Russie, qui dès 1733 avoit imposé par la force Auguste III, pour roi à la Pologne, réussit par le même moyen à faire décider en 1764 l'élection de Stanislas Poniatowski son successeur. Celui-ci, dont le titre le plus signalé pour obtenir cette couronne étoit d'avoir été l'amant de Catherine II, étoit déjà sous ce rapport doublement odieux aux Polonois. Le caractère et les actes de ce souverain, et l'ascendant toujours plus marqué de sa protectrice, n'étoient pas propres à affoiblir cette impression, et avoient décidé la formation de plusieurs confédérations particulières, toujours vainement dissipées par les armées russes, et qui se réunirent en 1768 en une confédération générale formée à Bar en Podolie. Ces confédérés réussirent à faire soulever les Turcs contre les Russes; mais la guerre entre les deux empires fut désastreuse pour les Turcs, et n'accabla pas moins les confédérés. Ceux-ci néanmoins profitèrent pour se soutenir de l'épuisement où cette guerre avoit jeté la Russie, et des embarras que lui suscitoit la cour de Vienne : c'est dans le cours des hostilités commencées sur la fin de 1768, et de la suspension d'armes dont elles furent suivies en 1771, que, se flattant d'un avenir plus heureux, ils songèrent à asseoir sur de plus sûrs fondements le bonheur de leur patrie.

« Comme s'il n'eût pas existé chez cette nation malheureuse assez d'éléments d'anarchie et de dissolution, le fanatisme religieux en avoit introduit encore un autre en faisant naître parmi les Polonois une classe de *dissidents*. On désignoit ainsi les nobles attachés soit à l'Église grecque, soit à la réforme, et ils étoient en assez grand nombre. Mais la cour de Rome avoit conservé en Pologne tout son empire, et la superstition s'y montroit dans tous ses excès. Profitant de cette disposition, les nobles catholiques en grande majorité s'obstinoient à n'accorder aux dissidents aucuns droits politiques, et ils étoient en effet parvenus à les exclure de tous les emplois. Les dissidents avoient formé, pour le soutien de leurs droits, des confédérations particulières en opposition, même en guerre ouverte avec la confédération générale, et la Pologne fut en proie à leurs dévastations réciproques. Ces confédérés de Bar, dont nous verrons Jean-Jacques exalter les vertus patriotiques, avoient des étendards qui représentoient la vierge Marie et l'enfant Jésus; ils portoient, comme les croisés du moyen âge, des croix brodées sur leurs habits, prêts à vaincre ou mourir *pour la défense de la religion et de la liberté*. C'est du prétexte de défendre les intérêts des dissidents et de les faire réintégrer dans leurs droits que Catherine coloroit ses vues d'envahissement, se donnant encore par-là, aux yeux des gens de lettres françois dont elle recherchoit l'approbation, le mérite de combattre le fanatisme en Pologne, et d'y prêcher la tolérance les armes à la main. Le résultat de ce beau zèle ne fut autre que l'oubli total des dissidents et de leurs demandes et de leurs droits, dont il ne fut pas même question dans les actes définitifs qui firent cesser pour quelque temps les troubles de la Pologne. »

CONSIDÉRATIONS

SUR

LE GOUVERNEMENT DE POLOGNE.

CHAPITRE I.

État de la question.

Le tableau du gouvernement de Pologne fait par M. le comte de Wielhorski, et les réflexions qu'il y a jointes, sont des pièces instructives pour quiconque voudra former un plan régulier pour la refonte de ce gouvernement. Je ne connois personne plus en état de tracer ce plan que lui-même, qui joint aux connoissances générales que ce travail exige, toutes celles du local, et des détails particuliers, impossibles à donner par écrit, et néanmoins nécessaires à savoir pour approprier une institution au peuple auquel on la destine. Si l'on ne connoît à fond la nation pour laquelle on travaille, l'ouvrage qu'on fera pour elle, quelque excellent qu'il puisse être en lui-même, péchera toujours par l'application, et bien plus encore lorsqu'il s'agira d'une nation déjà tout instituée, dont les goûts, les mœurs, les préjugés et les vices sont trop enracinés pour pouvoir être aisément étouffés par des semences nouvelles. Une bonne institution pour la Pologne ne peut être l'ouvrage que des Polonois, ou de quelqu'un qui ait bien étudié sur les lieux la nation polonoise et celles qui l'avoisinent. Un étranger ne peut guère donner que des vues générales, pour éclairer non pour guider l'instituteur. Dans toute la vigueur de ma tête je n'aurois pu saisir l'ensemble de ces grands rapports. Aujourd'hui qu'il me reste à peine la faculté de lier des idées, je dois me borner, pour obéir à M. le comte de Wielhorski et faire acte de mon zèle pour sa patrie, à lui rendre compte des impressions que m'a faites la lecture de son travail, et des réflexions qu'il m'a suggérées.

En lisant l'histoire du gouvernement de Pologne, on a peine à comprendre comment un état si bizarrement constitué a pu subsister si long-temps. Un grand corps formé d'un grand nombre de membres morts, et d'un petit nombre de membres désunis, dont tous les mouvements presque indépendants les uns des autres, loin d'avoir une fin commune, s'entre-détruisent mutuellement, qui s'agite beaucoup pour ne rien faire, qui ne peut faire aucune résistance à quiconque veut l'entamer, qui tombe en dissolution cinq ou six fois chaque siècle, qui tombe en paralysie à chaque effort qu'il veut faire, à chaque besoin auquel il veut pourvoir, et qui, malgré tout cela, vit et se conserve en vigueur; voilà, ce me semble, un des plus singuliers spectacles qui puissent frapper un être pensant. Je vois tous les états de l'Europe courir à leur ruine. Monarchies, républiques, toutes ces nations si magnifiquement instituées, tous ces beaux gouvernements si sagement pondérés, tombés en décrépitude, menacent d'une mort prochaine; et la Pologne, cette région dépeuplée, dévastée, opprimée, ouverte à ses agresseurs, au fort de ses malheurs et de son anarchie, montre encore tout le feu de la jeunesse; elle ose demander un gouvernement et des lois, comme si elle ne faisoit que de naître. Elle est dans les fers, et discute les moyens de se conserver libre; elle sent en elle cette force que celle de la tyrannie ne peut subjuguer. Je crois voir Rome assiégée régir tranquillement les terres sur lesquelles son ennemi venoit d'asseoir son camp. Braves Polonois, prenez garde; prenez garde que, pour vouloir trop bien être, vous n'empiriez votre situation. En songeant à ce que vous voulez acquérir, n'oubliez pas ce que vous pouvez perdre. Corrigez, s'il se peut, les abus de votre constitution; mais ne méprisez pas celle qui vous a faits ce que vous êtes.

Vous aimez la liberté, vous en êtes dignes; vous l'avez défendue contre un agresseur puissant et rusé, qui, feignant de vous présenter les liens de l'amité, vous chargeoit des fers de la servitude. Maintenant, las des troubles de votre patrie, vous soupirez après la tranquillité. Je crois fort aisé de l'obtenir; mais la conserver avec la liberté, voilà ce qui me paroît difficile. C'est au sein de cette anarchie qui vous est odieuse que se sont formées ces ames patriotiques qui vous ont garantis du joug. Elles s'endormoient dans un repos léthargique; l'orage les a réveillées. Après avoir brisé les fers qu'on leur destinoit, elles sentent le poids de la fatigue. Elles voudroient allier la paix du despotisme aux douceurs de la liberté. J'ai peur qu'elles ne veuillent des choses contradictoires. Le repos et la liberté me paroissent incompatibles, il faut opter.

Je ne dis pas qu'il faille laisser les choses dans l'état où elles sont; mais je dis qu'il n'y faut toucher qu'avec une circonspection extrême. En ce moment on est plus frappé des abus que des avantages. Le temps viendra, je le crains, qu'on sentira mieux ces avantages, et malheureusement ce sera quand on les aura perdus.

Qu'il soit aisé, si l'on veut, de faire de meilleures lois. Il est impossible d'en faire dont les passions des hommes n'abusent pas, comme ils ont abusé des premières. Prévoir et peser tous ces abus à venir est peut-être une chose impossible à l'homme d'état le plus consommé. Mettre la loi au-dessus de l'homme est un problème en politique que je compare à celui de la quadrature du cercle en géométrie. Résolvez bien ce problème; et le gouvernement fondé sur cette solution sera bon et sans abus. Mais jusque-là soyez sûrs qu'où vous croirez faire régner les lois, ce seront les hommes qui régneront.

Il n'y aura jamais de bonne et solide constitution que celle où la loi régnera sur les cœurs des citoyens : tant que la force législative n'ira pas jusque-là, les lois seront toujours éludées. Mais comment arriver aux cœurs? c'est à quoi nos instituteurs, qui ne voient jamais que la force et les châtiments, ne songent guère, et c'est à quoi les récompenses matérielles ne meneroient peut-être pas mieux; la justice même la plus intègre n'y mène pas, parce que la justice est, ainsi que la santé, un bien dont on jouit sans le sentir, qui n'inspire point d'enthousiasme, et dont on ne sent le prix qu'après l'avoir perdu.

Par où donc émouvoir les cœurs, et faire aimer la patrie et ses lois? L'oserai-je dire? par des jeux d'enfants, par des institutions oiseuses aux yeux des hommes superficiels, mais qui forment des habitudes chéries et des attachements invincibles. Si j'extravague ici, c'est du moins bien complètement, car j'avoue que je vois ma folie sous tous les traits de la raison.

CHAPITRE II.

Esprit des anciennes institutions.

Quand on lit l'histoire ancienne, on se croit transporté dans un autre univers et parmi d'autres êtres. Qu'ont de commun les François, les Anglois, les Russes, avec les Romains et les Grecs? rien presque que la figure. Les fortes ames de ceux-ci paroissent aux autres des exagérations de l'histoire. Comment eux qui se sentent si petits penseroient-ils qu'il y ait eu de si grands hommes? Ils existèrent pourtant, et c'étoient des humains comme nous. Qu'est-ce qui nous empêche d'être des hommes comme eux? nos préjugés, notre basse philosophie, et les passions du petit intérêt, concentrées avec l'égoïsme dans tous les cœurs par des institutions ineptes que le génie ne dicta jamais.

Je regarde les nations modernes. J'y vois force faiseurs de lois et pas un législateur. Chez les anciens, j'en vois trois principaux qui méritent une attention particulière; Moïse, Lycurgue, et Numa. Tous trois ont mis leurs principaux soins à des objets qui paroîtroient à nos docteurs dignes de risée. Tous trois ont eu des succès qu'on jugeroit impossibles s'ils étoient moins attestés.

Le premier forma et exécuta l'étonnante entre-

CHAPITRE II.

prise d'instituer en corps de nation un essaim de malheureux fugitifs, sans arts, sans armes, sans talents, sans vertus, sans courage, et qui, n'ayant pas en propre un seul pouce de terrain, faisoient une troupe étrangère sur la face de la terre. Moïse osa faire de cette troupe errante et servile un corps politique, un peuple libre; et tandis qu'elle erroit dans les déserts sans avoir une pierre pour y reposer sa tête, il lui donnoit cette institution durable, à l'épreuve du temps, de la fortune et des conquérants, que cinq mille ans n'ont pu détruire ni même altérer, et qui subsiste encore aujourd'hui dans toute sa force, lors même que le corps de la nation ne subsiste plus.

Pour empêcher que son peuple ne se fondît parmi les peuples étrangers, il lui donna des mœurs et des usages inalliables avec ceux des autres nations; il le surchargea de rites, de cérémonies particulières; il le gêna de mille façons pour le tenir sans cesse en haleine et le rendre toujours étranger parmi les autres hommes; et tous les liens de fraternité qu'il mit entre les membres de sa république étoient autant de barrières qui le tenoient séparé de ses voisins et l'empêchoient de se mêler avec eux. C'est par-là que cette singulière nation, si souvent subjuguée, si souvent dispersée, et détruite en apparence, mais toujours idolâtre de sa règle, s'est pourtant conservée jusqu'à nos jours éparse parmi les autres sans s'y confondre, et que ses mœurs, ses lois, ses rites, subsistent et dureront autant que le monde, malgré la haine et la persécution du reste du genre humain.

Lycurgue entreprit d'instituer un peuple déjà dégradé par la servitude et par les vices qui en sont l'effet. Il lui imposa un joug de fer, tel qu'aucun autre peuple n'en porta jamais un semblable; mais il l'attacha, l'identifia pour ainsi dire à ce joug, en l'occupant toujours. Il lui montra sans cesse la patrie dans ses lois, dans ses jeux, dans sa maison, dans ses amours, dans ses festins; il ne lui laissa pas un instant de relâche pour être à lui seul : et de cette continuelle contrainte, ennoblie par son objet, naquit en lui cet ardent amour de la patrie qui fut toujours la plus forte ou plutôt l'unique passion des Spartiates, et qui en fit des êtres au-dessus de l'humanité. Sparte n'étoit qu'une ville, il est vrai; mais par la seule force de son institution, cette ville donna des lois à toute la Grèce, en devint la capitale, et fit trembler l'empire persan. Sparte étoit le foyer d'où sa législation étendoit ses effets tout autour d'elle.

Ceux qui n'ont vu dans Numa qu'un instituteur de rites et de cérémonies religieuses, ont bien mal jugé ce grand homme. Numa fut le vrai fondateur de Rome. Si Romulus n'eût fait qu'assembler des brigands qu'un revers pouvoit disperser, son ouvrage imparfait n'eût pu résister au temps. Ce fut Numa qui le rendit solide et durable en unissant ces brigands en un corps indissoluble, en les transformant en citoyens, moins par des lois, dont leur rustique pauvreté n'avoit guère encore besoin, que par des institutions douces qui les attachoient les uns aux autres, et tous à leur sol, en rendant enfin leur ville sacrée par ses rites frivoles et superstitieux en apparence, dont si peu de gens sentent la force et l'effet, et dont cependant Romulus, le farouche Romulus lui-même, avoit jeté les premiers fondements.

Le même esprit guida tous les anciens législateurs dans leurs institutions. Tous cherchèrent des liens qui attachassent les citoyens à la patrie et les uns aux autres; et ils les trouvèrent dans des usages particuliers, dans des cérémonies religieuses qui par leur nature étoient toujours exclusives et nationales [1]; dans des jeux qui tenoient beaucoup les citoyens rassemblés; dans des exercices qui augmentoient avec leur vigueur et leurs forces leur fierté et l'estime d'eux-mêmes; dans des spectacles qui, leur rappelant l'histoire de leurs ancêtres, leurs malheurs, leurs vertus, leurs victoires, intéressoient leurs cœurs, les enflammoient d'une vive émulation, et les attachoient fortement à cette patrie dont on ne cessoit de les occuper. Ce sont les poésies d'Homère récitées aux Grecs solennellement assemblés, non dans des coffres, sur des planches et l'argent à la main, mais en plein air et

[1] * Voyez la fin du *Contrat social* (liv. IV, chap. VIII).

en corps de nation ; ce sont les tragédies d'Eschyle, de Sophocle et d'Euripide, représentées souvent devant eux ; ce sont les prix dont, aux acclamations de toute la Grèce, on couronnoit les vainqueurs dans leurs jeux, qui, les embrasant continuellement d'émulation et de gloire, portèrent leur courage et leurs vertus à ce degré d'énergie dont rien aujourd'hui ne nous donne d'idée, et qu'il n'appartient pas même aux modernes de croire. S'ils ont des lois, c'est uniquement pour leur apprendre à bien obéir à leurs maîtres, à ne pas voler dans les poches, et à donner beaucoup d'argent aux fripons publics. S'ils ont des usages, c'est pour savoir amuser l'oisiveté des femmes galantes, et promener la leur avec grâce. S'ils s'assemblent, c'est dans des temples pour un culte qui n'a rien de national, qui ne rappelle en rien la patrie ; c'est dans des salles bien fermées et à prix d'argent, pour voir sur des théâtres efféminés, dissolus, où l'on ne sait parler que d'amour, déclamer des histrions, minauder des prostituées, et pour y prendre des leçons de corruption, les seules qui profitent de toutes celles qu'on fait semblant d'y donner ; c'est dans des fêtes où le peuple, toujours méprisé, est toujours sans influence, où le blâme et l'approbation publique ne produisent rien ; c'est dans des cohues licencieuses, pour s'y faire des liaisons secrètes, pour y chercher les plaisirs qui séparent, isolent le plus les hommes, et qui relâchent le plus les cœurs. Sont-ce là des stimulants pour le patriotisme? Faut-il s'étonner que des manières de vivre si dissemblables produisent des effets si différents, et que les modernes ne retrouvent plus rien en eux de cette vigueur d'ame que tout inspiroit aux anciens? Pardonnez ces digressions à un reste de chaleur que vous avez ranimée. Je reviens avec plaisir à celui de tous les peuples d'aujourd'hui qui m'éloigne le moins de ceux dont je viens de parler.

CHAPITRE III.

Application.

La Pologne est un grand état environné d'états encore plus considérables, qui, par leur despotisme et par leur discipline militaire, ont une grande force offensive. Foible au contraire par son anarchie, elle est, malgré la valeur polonoise, en butte à tous leurs outrages. Elle n'a point de places fortes pour arrêter leurs incursions. Sa dépopulation la met presque absolument hors d'état de défense. Aucun ordre économique, peu ou point de troupes, nulle discipline militaire, nul ordre, nulle subordination; toujours divisée au dedans, toujours menacée au dehors, elle n'a par elle-même aucune consistance, et dépend du caprice de ses voisins. Je ne vois dans l'état présent des choses qu'un seul moyen de lui donner cette consistance qui lui manque ; c'est d'infuser pour ainsi dire dans toute la nation l'ame des confédérés; c'est d'établir tellement la république dans le cœur des Polonois, qu'elle y subsiste malgré tous les efforts de ses oppresseurs; c'est là, ce me semble, l'unique asile où la force ne peut ni l'atteindre ni la détruire. On vient d'en voir une preuve à jamais mémorable : la Pologne étoit dans les fers du Russe, mais les Polonois sont restés libres. Grand exemple qui vous montre comment vous pouvez braver la puissance et l'ambition de vos voisins. Vous ne sauriez empêcher qu'ils ne vous engloutissent; faites au moins qu'ils ne puissent vous digérer. De quelque façon qu'on s'y prenne, avant qu'on ait donné à la Pologne tout ce qui lui manque pour être en état de résister à ses ennemis, elle en sera cent fois accablée. La vertu de ses citoyens, leur zèle patriotique, la forme particulière que des institutions nationales peuvent donner à leurs ames, voilà le seul rempart toujours prêt à la défendre, et qu'aucune armée ne sauroit forcer. Si vous faites en sorte qu'un Polonois ne puisse jamais devenir un Russe, je vous réponds que la Russie ne subjuguera pas la Pologne.

Ce sont les institutions nationales qui forment le génie, le caractère, les goûts et les mœurs d'un peuple, qui le font être lui et non pas un autre,

CHAPITRE III.

qui lui inspirent cet ardent amour de la patrie fondé sur des habitudes impossibles à déraciner, qui le font mourir d'ennui chez les autres peuples au sein des délices dont il est privé dans son pays. Souvenez-vous de ce Spartiate gorgé des voluptés de la cour du grand roi, à qui l'on reprochoit de regretter la sauce noire. Ah! dit-il au satrape en soupirant, je connois tes plaisirs, mais tu ne connois pas les nôtres.

Il n'y a plus aujourd'hui de François, d'Allemands, d'Espagnols, d'Anglois même, quoi qu'on en dise; il n'y a que des Européens. Tous ont les mêmes goûts, les mêmes passions, les mêmes mœurs, parce que aucun n'a reçu de formes nationales par une institution particulière. Tous, dans les mêmes circonstances, feront les mêmes choses; tous se diront désintéressés et seront fripons; tous parleront du bien public et ne penseront qu'à eux-mêmes; tous vanteront la médiocrité et voudront être des Crésus; ils n'ont d'ambition que pour le luxe, ils n'ont de passion que celle de l'or : sûrs d'avoir avec lui tout ce qui les tente, tous se vendront au premier qui voudra les payer. Que leur importe à quel maître ils obéissent, de quel état ils suivent les lois? pourvu qu'ils trouvent de l'argent à voler et des femmes à corrompre, ils sont partout dans leur pays.

Donnez une autre pente aux passions des Polonois, vous donnerez à leurs ames une physionomie nationale qui les distinguera des autres peuples, qui les empêchera de se fondre, de se plaire, de s'allier avec eux; une vigueur qui remplacera le jeu abusif des vains préceptes, qui leur fera faire par goût et par passion ce qu'on ne fait jamais assez bien quand on ne le fait que par devoir ou par intérêt. C'est sur ces ames-là qu'une législation bien appropriée aura prise. Ils obéiront aux lois et ne les éluderont pas, parce qu'elles leur conviendront et qu'elles auront l'assentiment interne de leur volonté. Aimant la patrie, ils la serviront par zèle et de tout leur cœur. Avec ce seul sentiment, la législation, fût-elle mauvaise, feroit de bons citoyens; et il n'y a jamais que les bons citoyens qui fassent la force et la prospérité de l'état.

J'expliquerai ci-après le régime d'administration qui, sans presque toucher au fond de vos lois, me paroît propre à porter le patriotisme et les vertus qui en sont inséparables au plus haut degré d'intensité qu'ils puissent avoir. Mais soit que vous adoptiez ou non ce régime, commencez toujours par donner aux Polonois une grande opinion d'eux-mêmes et de leur patrie : après la façon dont ils viennent de se montrer, cette opinion ne sera pas fausse. Il faut saisir la circonstance de l'événement présent pour monter les ames au ton des ames antiques. Il est certain que la confédération de Bar a sauvé la patrie expirante. Il faut graver cette grande époque en caractères sacrés dans tous les cœurs polonois. Je voudrois qu'on érigeât un monument en sa mémoire; qu'on y mît les noms de tous les confédérés, même de ceux qui dans la suite auroient pu trahir la cause commune, une si grande action doit effacer les fautes de toute la vie; qu'on instituât une solennité périodique pour la célébrer tous les dix ans avec une pompe non brillante et frivole, mais simple, fière, et républicaine; qu'on y fît dignement, mais sans emphase, l'éloge de ces vertueux citoyens qui ont eu l'honneur de souffrir pour la patrie dans les fers de l'ennemi; qu'on accordât même à leurs familles quelque privilége honorifique qui rappelât toujours ce beau souvenir aux yeux du public. Je ne voudrois pourtant pas qu'on se permît dans ces solennités aucune invective contre les Russes, ni même qu'on en parlât : ce seroit trop les honorer. Ce silence, le souvenir de leur barbarie, et l'éloge de ceux qui leur ont résisté, diront d'eux tout ce qu'il en faut dire, vous devez trop les mépriser pour les haïr.

Je voudrois que, par des honneurs, par des récompenses publiques, on donnât de l'éclat à toutes les vertus patriotiques, qu'on occupât sans cesse les citoyens de la patrie; qu'on en fît leur plus grande affaire, qu'on la tînt incessamment sous leurs yeux. De cette manière ils auroient moins, je l'avoue, les moyens et le temps de s'enrichir, mais ils en auroient moins aussi le désir et le besoin : leurs cœurs apprendroient à connoître un autre bonheur que celui de la fortune; et voilà l'art d'ennoblir les ames et d'en faire un instrument plus puissant que l'or.

L'exposé succinct des mœurs des Polonois qu'a bien voulu me communiquer M. de Wielhorski ne suffit pas pour me mettre au fait de leurs usages civils et domestiques. Mais une grande nation qui ne s'est jamais trop mêlée avec ses voisins doit en avoir beaucoup qui lui soient propres, et qui peut-être s'abâtardissent journellement par la pente générale en Europe de prendre les goûts et les mœurs des François. Il faut maintenir, rétablir ces anciens usages, et en introduire de convenables qui soient propres aux Polonois. Ces usages, fussent-ils indifférents, fussent-ils mauvais même à certains égards, pourvu qu'ils ne le soient pas essentiellement, auront toujours l'avantage d'affectionner les Polonois à leur pays, et de leur donner une répugnance naturelle à se mêler avec l'étranger. Je regarde comme un bonheur qu'ils aient un habillement particulier. Conservez avec soin cet avantage : faites exactement le contraire de ce que fit ce czar si vanté. Que le roi ni les sénateurs, ni aucun homme public ne portent jamais d'autre vêtement que celui de la nation, et que nul Polonois n'ose paroître à la cour vêtu à la françoise.

Beaucoup de jeux publics où la bonne mère

CHAPITRE III.

patrie se plaise à voir jouer ces enfants. Qu'elle s'occupe d'eux souvent afin qu'ils s'occupent toujours d'elle. Il faut abolir, même à la cour, à cause de l'exemple, les amusements ordinaires des cours, le jeu, les théâtres, comédie, opéra, tout ce qui efféminé les hommes, tout ce qui les distrait, les isole, leur fait oublier leur patrie et leur devoir, tout ce qui les fait trouver bien partout pourvu qu'ils s'amusent; il faut inventer des jeux, des fêtes, des solennités, qui soient si propres à cette cour-là qu'on ne les retrouve dans aucune autre. Il faut qu'on s'amuse en Pologne plus que dans les autres pays, mais non pas de la même manière. Il faut en un mot renverser un exécrable proverbe, et faire dire à tout Polonois au fond de son cœur : *Ubi patria, ibi benè.*

Rien, s'il se peut, d'exclusif pour les grands et les riches. Beaucoup de spectacles en plein air, où les rangs soient distingués avec soin, mais où tout le peuple prenne part également, comme chez les anciens, et où, dans certaines occasions, la jeune noblesse fasse preuve de force et d'adresse. Les combats des taureaux n'ont pas peu contribué à maintenir une certaine vigueur chez la nation espagnole. Ces cirques où s'exerçoit jadis la jeunesse en Pologne devroient être soigneusement rétablis, on en devroit faire pour elle des théâtres d'honneur et d'émulation. Rien ne seroit plus aisé que d'y substituer aux anciens combats des exercices moins cruels, où cependant la force et l'adresse auroient part, et où les victorieux auroient de même des honneurs et des récompenses. Le maniement des chevaux est par exemple un exercice très-convenable aux Polonois, et très-susceptible de l'éclat du spectacle.

Les héros d'Homère se distinguoient tous par leur force et leur adresse, et par-là montroient aux yeux du peuple qu'ils étoient faits pour lui commander. Les tournois des paladins formoient des hommes non seulement vaillants et courageux, mais avides d'honneur et de gloire, et propres à toutes les vertus. L'usage des armes à feu, rendant ces facultés du corps moins utiles à la guerre, les a fait tomber en discrédit. Il arrive de là que, hors les qualités de l'esprit, qui sont souvent équivoques, déplacées, sur lesquelles on a mille moyens de tromper, et dont le peuple est mauvais juge, un homme, avec l'avantage de la naissance, n'a rien en lui qui le distingue d'un autre, qui justifie la fortune, qui montre dans sa personne un droit naturel à la supériorité; et plus on néglige ces signes extérieurs, plus ceux qui nous gouvernent s'efféminent et se corrompent impunément. Il importe pourtant, et plus qu'on ne pense, que ceux qui doivent un jour commander aux autres se montrent dès leur jeunesse supérieurs à eux de tout point, ou du moins qu'ils y tâchent. Il est bon de plus que le peuple se trouve souvent avec ses chefs

CHAPITRE III. 247

dans des occasions agréables, qu'il les connoisse, qu'il s'accoutume à les voir, qu'il partage avec eux ses plaisirs. Pourvu que la subordination soit toujours gardée et qu'il ne se confonde point avec eux, c'est le moyen qu'il s'y affectionne et qu'il joigne pour eux l'attachement au respect. Enfin le goût des exercices corporels détourne d'une oisiveté dangereuse, des plaisirs efféminés, et du luxe de l'esprit. C'est surtout à cause de l'ame qu'il faut exercer le corps; et voilà ce que nos petits sages sont loin de voir.

Ne négligez point une certaine décoration publique; qu'elle soit noble, imposante, et que la magnificence soit dans les hommes plus que dans les choses. On ne sauroit croire à quel point le cœur du peuple suit ses yeux, et combien la majesté du cérémonial lui en impose. Cela donne à l'autorité un air d'ordre et de règle qui inspire la confiance, et qui écarte les idées de caprice et de fantaisie attachées à celle du pouvoir arbitraire. Il faut seulement éviter, dans l'appareil des solennités, le clinquant, le papillotage et les décorations de luxe qui sont d'usage dans les cours. Les fêtes d'un peuple libre doivent toujours respirer la décence et la gravité, et l'on n'y doit présenter à son admiration que des objets dignes de son estime. Les Romains, dans leurs triomphes, étaloient un luxe énorme, mais c'étoit le luxe des vaincus; plus il brilloit moins il séduisoit; son éclat même étoit une grande leçon pour les Romains. Les rois captifs étoient enchaînés avec des chaînes d'or et de pierreries. Voilà du luxe bien entendu. Souvent on vient au même but par deux routes opposées. Les deux balles de laine, mises dans la chambre des pairs d'Angleterre devant la place du chancelier, forment à mes yeux une décoration touchante et sublime. Deux gerbes de blé, placées de même dans le sénat de Pologne, n'y feroient pas un moins bel effet à mon gré.

L'immense distance des fortunes qui sépare les seigneurs de la petite noblesse est un grand obstacle aux réformes nécessaires pour faire de l'amour de la patrie la passion dominante. Tant que le luxe régnera chez les grands, la cupidité régnera dans tous les cœurs. Toujours l'objet de l'admiration publique sera celui des vœux des particuliers; et, s'il faut être riche pour briller, la passion dominante sera toujours d'être riche. Grand moyen de corruption qu'il faut affoiblir autant qu'il est possible. Si d'autres objets attrayants, si des marques de rang distinguoient les hommes en place, ceux qui ne seroient que riches en seroient privés; les vœux secrets prendroient naturellement la route de ces distinctions honorables, c'est-à-dire celles du mérite et de la vertu, quand on ne parviendroit que par-là. Souvent les consuls de Rome étoient très-pauvres, mais ils avoient des licteurs; l'appareil de ces licteurs fut convoité par le peuple, et les plébéiens parvinrent au consulat.

Oter tout-à-fait le luxe où règne l'inégalité me paroît, je l'avoue, une entreprise bien difficile. Mais n'y auroit-il pas moyen de changer les objets de ce luxe et d'en rendre l'exemple moins pernicieux? Par exemple, autrefois la pauvre noblesse en Pologne s'attachoit aux grands qui lui donnoient l'éducation et la subsistance à leur suite. Voilà un luxe vraiment grand et noble, dont je sens parfaitement l'inconvénient, mais qui du moins, loin d'avilir les ames, les élève, leur donne des sentiments, du ressort, et fut sans abus chez les Romains tant que dura la république. J'ai lu que le duc d'Épernon, rencontrant un jour le duc de Sully, vouloit lui chercher querelle, mais que, n'ayant que six cents gentilshommes à sa suite, il n'osa attaquer Sully, qui en avoit huit cents. Je doute qu'un luxe de cette espèce laisse une grande place à celui des colifichets; et l'exemple du moins n'en séduira pas les pauvres. Ramenez les grands en Pologne à n'en avoir que de ce genre, il en résultera peut-être des divisions, des partis, des querelles; mais il ne corrompra pas la nation. Après celui-là tolérons le luxe militaire, celui des armes, des chevaux; mais que toute parure efféminée soit en mépris; et si l'on n'y peut faire renoncer les femmes, qu'on leur apprenne au moins à l'improuver et dédaigner dans les hommes.

Au reste, ce n'est pas par des lois somptuaires qu'on vient à bout d'extirper le luxe : c'est du fond des cœurs qu'il faut l'arracher, en y imprimant des goûts plus sains et plus nobles. Défendre les choses qu'on ne doit pas faire est un expédient inepte et vain, si l'on ne commence par les faire haïr et mépriser ; et jamais l'improbation de la loi n'est efficace que quand elle vient à l'appui de celle du jugement. Quiconque se mêle d'instituer un peuple doit savoir dominer les opinions, et par elles gouverner les passions des hommes. Cela est vrai surtout dans l'objet dont je parle. Les lois somptuaires irritent le désir par la contrainte plutôt qu'elles ne l'éteignent par le châtiment. La simplicité dans les mœurs et dans la parure est moins le fruit de la loi que celui de l'éducation.

CHAPITRE IV.

Éducation.

C'est ici l'article important. C'est l'éducation qui doit donner aux ames la forme nationale, et diriger tellement leurs opinions et leurs goûts, qu'elles soient patriotes par inclination, par passion, par nécessité. Un enfant en ouvrant les yeux doit voir la patrie, et jusqu'à la mort ne doit plus voir qu'elle. Tout vrai républicain suça avec le lait de sa mère

CHAPITRE IV.

l'amour de sa patrie, c'est-à-dire des lois et de la liberté. Cet amour fait toute son existence; il ne voit que la patrie, il ne vit que pour elle; sitôt qu'il est seul, il est nul; sitôt qu'il n'a plus de patrie, il n'est plus; et s'il n'est pas mort, il est pis.

L'éducation nationale n'appartient qu'aux hommes libres; il n'y a qu'eux qui aient une existence commune et qui soient vraiment liés par la loi. Un François, un Anglois, un Espagnol, un Italien, un Russe, sont tous à peu près le même homme; il sort du collége déjà tout façonné pour la licence, c'est-à-dire pour la servitude. A vingt ans, un Polonois ne doit pas être un autre homme; il doit être un Polonois. Je veux qu'en apprenant à lire il lise des choses de son pays; qu'à dix ans il en connoisse toutes les productions, à douze toutes les provinces, tous les chemins, toutes les villes; qu'à quinze il en sache toute l'histoire, à seize toutes les lois; qu'il n'y ait pas eu dans toute la Pologne une belle action ni un homme illustre dont il n'ait la mémoire et le cœur pleins, et dont il ne puisse rendre compte à l'instant. On peut juger par-là que ce ne sont pas les études ordinaires, dirigées par des étrangers et des prêtres, que je voudrois faire suivre aux enfants. La loi doit régler la matière, l'ordre et la forme de leurs études. Ils ne doivent avoir pour instituteurs que des Polonois, tous mariés, s'il est possible, tous distingués par leurs mœurs, par leur probité, par leur bon sens, par leurs lumières, et tous destinés à des emplois, non plus importants ni plus honorables, car cela n'est pas possible, mais moins pénibles et plus éclatants, lorsqu'au bout d'un certain nombre d'années ils auront bien rempli celui-là. Gardez-vous surtout de faire un métier de l'état de pédagogue. Tout homme public en Pologne ne doit avoir d'autre état permanent que celui de citoyen. Tous les postes qu'il remplit, et surtout ceux qui sont importants, comme celui-ci, ne doivent être considérés que comme des places d'épreuve et des degrés pour monter plus haut après l'avoir mérité. J'exhorte les Polonois à faire attention à cette maxime, sur laquelle j'insisterai souvent : je la crois la clef d'un grand ressort dans l'état. On verra ci-après comment on peut, à mon avis, la rendre praticable sans exception.

Je n'aime point ces distinctions de colléges et d'académies, qui font que la noblesse riche et la noblesse pauvre sont élevées différemment et séparément. Tous étant égaux par la constitution de l'état doivent être élevés ensemble et de la même manière ; et si l'on ne peut établir une éducation publique tout-à-fait gratuite, il faut du moins la mettre à un prix que les pauvres puissent payer. Ne pourroit-on pas fonder dans chaque collége un certain nombre de places purement gratuites, c'est-à-dire aux frais de l'état, et qu'on appelle en France des bourses ? Ces places, données aux en-

CHAPITRE IV.

fants des pauvres gentilshommes qui auroient bien mérité de la patrie, non comme une aumône, mais comme une récompense des bons services des pères, deviendroient à ce titre honorables, et pourroient produire un double avantage qui ne seroit pas à négliger. Il faudroit pour cela que la nomination n'en fût pas arbitraire, mais se fît par une espèce de jugement dont je parlerai ci-après. Ceux qui rempliroient ces places seroient appelés enfants de l'état, et distingués par quelque marque honorable qui donneroit la préséance sur les autres enfants de leur âge, sans excepter ceux des grands.

Dans tous les colléges il faut établir un gymnase ou lieu d'exercices corporels pour les enfants. Cet article si négligé est, selon moi, la partie la plus importante de l'éducation, non seulement pour former des tempéraments robustes et sains, mais encore plus pour l'objet moral, qu'on néglige ou qu'on ne remplit que par un tas de préceptes pédantesques et vains qui sont autant de paroles perdues. Je ne redirai jamais assez que la bonne éducation doit être négative. Empêchez les vices de naître, vous aurez assez fait pour la vertu. Le moyen en est de la dernière facilité dans la bonne éducation publique ; c'est de tenir toujours les enfants en haleine, non par d'ennuyeuses études où ils n'entendent rien et qu'ils prennent en haine par cela seul qu'ils sont forcés de rester en place, mais par des exercices qui leur plaisent, en satisfaisant au besoin qu'en croissant à leur corps de s'agiter, et dont l'agrément pour eux ne se bornera pas là.

On ne doit point permettre qu'ils jouent séparément à leur fantaisie, mais tous ensemble et en public, de manière qu'il y ait toujours un but commun auquel tous aspirent, et qui excite la concurrence et l'émulation. Les parents qui préféreront l'éducation domestique, et feront élever leurs enfants sous leurs yeux, doivent cependant les envoyer à ces exercices. Leur instruction peut être domestique et particulière, mais leurs jeux doivent toujours être publics et communs à tous; car il ne s'agit pas seulement ici de les occuper, de leur former une constitution robuste, de les rendre agiles et découplés, mais de les accoutumer de bonne heure à la règle, à l'égalité, à la fraternité, aux concurrences, à vivre sous les yeux de leurs concitoyens, et à désirer l'approbation publique. Pour cela, il ne faut pas que les prix et récompenses des vainqueurs soient distribués arbitrairement par les maîtres des exercices, ni par les chefs des colléges, mais par acclamation et au jugement des spectateurs; et l'on peut compter que ces jugements seront toujours justes, surtout si l'on a soin de rendre ces jeux attirants pour le public, en les ordonnant avec un peu d'appareil, et de façon qu'ils fassent spectacle. Alors il est à présumer que tous les honnêtes gens et tous les bons patriotes se feront un devoir et un plaisir d'y assister.

CHAPITRE IV.

A Berne il y a un exercice bien singulier pour les jeunes patriciens qui sortent du collége. C'est ce qu'on appelle l'*état extérieur*. C'est une copie en petit de tout ce qui compose le gouvernement de la république. Un sénat, des avoyers, des officiers, des huissiers, des orateurs, des causes, des jugements, des solennités. L'état extérieur a même un petit gouvernement et quelques rentes; et cette institution, autorisée et protégée par le souverain, est la pépinière des hommes d'état qui dirigeront un jour les affaires publiques dans les mêmes emplois qu'ils n'exercent d'abord que par jeu.

Quelque forme qu'on donne à l'éducation publique, dont je n'entreprends pas ici le détail, il convient d'établir un collége de magistrats du premier rang qui en ait la suprême administration, et qui nomme, révoque et change à sa volonté tant les principaux et chefs des colléges, lesquels seront eux-mêmes, comme je l'ai déjà dit, des candidats pour les hautes magistratures, que les maîtres des exercices, dont on aura soin d'exciter aussi le zèle et la vigilance par des places plus élevées, qui leur seront ouvertes ou fermées selon la manière dont ils auront rempli celles-là. Comme c'est de ces établissements que dépend l'espoir de la république, la gloire et le sort de la nation, je les trouve, je l'avoue, d'une importance que je suis bien surpris qu'on n'ait songé à leur donner nulle part. Je suis affligé pour l'humanité que tant d'idées qui me paroissent bonnes et utiles se trouvent toujours, quoique très-praticables, si loin de tout ce qui se fait.

Au reste, je ne fais ici qu'indiquer; mais c'est assez pour ceux à qui je m'adresse. Ces idées mal développées montrent de loin les routes inconnues aux modernes par lesquelles les anciens menoient les hommes à cette vigueur d'ame, à ce zèle patriotique, à cette estime pour les qualités vraiment personnelles, sans égard à ce qui n'est qu'étranger à l'homme, qui sont parmi nous sans exemple, mais dont les levains dans les cœurs de tous les hommes n'attendent pour fermenter que d'être mis en action par des institutions convenables. Dirigez dans cet esprit l'éducation, les usages, les coutumes, les mœurs des Polonois, vous développerez en eux ce levain qui n'est pas encore éventé par des maximes corrompues, par des institutions usées, par une philosophie égoïste qui prêche et qui tue. La nation datera sa seconde naissance de la crise terrible dont elle sort; et voyant ce qu'ont fait ses membres encore indisciplinés, elle attendra beaucoup et obtiendra davantage d'une institution bien pondérée : elle chérira, elle respectera des lois qui flatteront son noble orgueil, qui la rendront, qui la maintiendront heureuse et libre; arrachant de son sein les passions qui les éludent, elle y nourrira celles qui les font aimer; enfin se renouvelant pour ainsi dire elle-même, elle reprendra

CHAPITRE IV.

dans ce nouvel âge toute la vigueur d'une nation naissante. Mais sans ces précautions n'attendez rien de vos lois : quelque sages, quelque prévoyantes qu'elles puissent être, elles seront éludées et vaines ; et vous aurez corrigé quelques abus qui vous blessent, pour en introduire d'autres que vous n'aurez pas prévus. Voilà des préliminaires que j'ai crus indispensables. Jetons maintenant les yeux sur la constitution.

CHAPITRE V.

Vice radical.

Évitons, s'il se peut, de nous jeter dès les premiers pas dans des projets chimériques. Quelle entreprise, messieurs, vous occupe en ce moment ? celle de réformer le gouvernement de Pologne, c'est-à-dire, de donner à la constitution d'un grand royaume la consistance et la vigueur de celle d'une petite république. Avant de travailler à l'exécution de ce projet, il faudroit voir d'abord s'il est possible d'y réussir. Grandeur des nations, étendue des états ; première et principale source des malheurs du genre humain, et surtout des calamités sans nombre qui minent et détruisent les peuples policés. Presque tous les petits états, républiques et monarchies indifféremment, prospèrent par cela seul qu'ils sont petits, que tous les citoyens s'y connoissent mutuellement et s'entregardent, que les chefs peuvent voir par eux-mêmes le mal qui se fait, le bien qu'ils ont à faire, et que leurs ordres s'exécutent sous leurs yeux. Tous les grands peuples, écrasés par leurs propres masses, gémissent, ou comme vous dans l'anarchie, ou sous les oppresseurs subalternes qu'une gradation nécessaire force les rois de leur donner. Il n'y a que Dieu qui puisse gouverner le monde, et il faudroit des facultés plus qu'humaines pour gouverner de grandes nations. Il est étonnant, il est prodigieux que la vaste étendue de la Pologne n'ait pas déjà cent fois opéré la conversion du gouvernement en despotisme, abâtardi les ames des Polonois, et corrompu la masse de la nation. C'est un exemple unique dans l'histoire qu'après des siècles un pareil état n'en soit encore qu'à l'anarchie. La lenteur de ce progrès est due à des avantages inséparables des inconvénients dont vous voulez vous délivrer. Ah! je ne saurois trop le redire; pensez-y bien avant de toucher à vos lois, et surtout à celles qui vous firent ce que vous êtes. La première réforme dont vous auriez besoin seroit celle de votre étendue. Vos vastes provinces ne comporteront jamais la sévère administration des petites républiques. Commencez par resserrer vos limites si vous voulez réformer votre gouvernement. Peut-être vos voisins songent-ils à vous

CHAPITRE V. 259

rendre ce service. Ce seroit sans doute un grand mal pour les parties démembrées; mais ce seroit un grand bien pour le corps de la nation.

Que si ces retranchements n'ont pas lieu, je ne vois qu'un moyen qui pût y suppléer peut-être; et, ce qui est heureux, ce moyen est déjà dans l'esprit de votre institution. Que la séparation des deux Polognes soit aussi marquée que celle de la Lithuanie : ayez trois états réunis en un. Je voudrois, s'il étoit possible, que vous en eussiez autant que de palatinats. Formez dans chacun autant d'administrations particulières. Perfectionnez la forme des diétines, étendez leur autorité dans leurs palatinats respectifs; mais marquez-en soigneusement les bornes, et faites que rien ne puisse rompre entre elles le lien de la commune législation, et de la subordination au corps de la république. En un mot, appliquez-vous à étendre et perfectionner le système des gouvernements fédératifs, le seul qui réunisse les avantages des grands et des petits états, et par-là le seul qui puisse vous convenir. Si vous négligez ce conseil, je doute que jamais vous puissiez faire un bon ouvrage.

CHAPITRE VI.

Questions des trois ordres.

Je n'entends guère parler de gouvernement sans trouver qu'on remonte à des principes qui me paroissent faux ou louches. La république de Pologne, a-t-on souvent dit et répété, est composée de trois ordres; l'ordre équestre, le sénat, et le roi. J'aimerois mieux dire que la nation polonoise est composée de trois ordres : les nobles, qui sont tout; les bourgeois, qui ne sont rien; et les paysans, qui sont moins que rien. Si l'on compte le sénat pour un ordre dans l'état, pourquoi ne compte-t-on pas aussi pour tel la chambre des nonces, qui n'est pas moins distincte, et qui n'a pas moins d'autorité? Bien plus, cette division, dans le sens même qu'on la donne, est évidemment incomplète; car il y falloit ajouter les ministres qui ne sont ni rois, ni sénateurs, ni nonces, et qui, dans la plus grande indépendance, n'en sont pas moins dépositaires de tout le pouvoir exécutif. Comment me fera-t-on jamais comprendre que la partie, qui n'existe que par le tout, forme pourtant, par rapport au tout, un ordre indépendant de lui? La pairie, en Angleterre, attendu qu'elle est héréditaire, forme, je l'avoue, un ordre existant par lui-même. Mais en Pologne, ôtez l'ordre équestre, il n'y a plus de sénat, puisque nul ne peut être sénateur s'il n'est premièrement noble polonois. De même il n'y a plus de roi, puisque c'est l'ordre équestre qui le nomme, et que le roi ne peut rien sans lui : mais ôtez le sénat et le roi, l'ordre équestre et par lui l'état et le souverain demeurent en leur entier; et dès demain, s'il lui plaît, il aura un sénat et un roi comme auparavant.

Mais, pour n'être pas un ordre dans l'état, il ne s'ensuit pas que le sénat n'y soit rien; et quand il n'auroit pas en corps le dépôt des lois, ses membres, indépendamment de l'autorité du corps, ne le seroient pas moins de la puissance législative, et ce seroit leur ôter le droit qu'ils tiennent de leur naissance que de les empêcher d'y voter en pleine diète toutes les fois qu'il s'agit de faire ou de révoquer des lois; mais ce n'est plus alors comme sénateurs qu'ils votent, c'est simplement comme citoyens. Sitôt que la puissance législative parle, tout rentre dans l'égalité; toute autre autorité se tait devant elle; sa voix est la voix de Dieu sur la terre. Le roi même, qui préside à la diète, n'a pas alors, je le soutiens, le droit d'y voter s'il n'est noble polonois.

On me dira sans doute ici que je prouve trop, et que si les sénateurs n'ont pas voix comme tels à la diète, ils ne doivent pas non plus l'avoir comme citoyens, puisque les membres de l'ordre équestre n'y votent pas par eux-mêmes, mais seulement par leurs représentants, au nombre desquels les sénateurs ne sont pas. Et pourquoi voteroient-ils comme particuliers dans la diète, puisque aucun autre noble, s'il n'est nonce, n'y peut voter? Cette objection me paroît solide dans l'état présent des choses; mais quand les changements projetés seront faits, elle ne le sera plus, parce qu'alors les sénateurs eux-mêmes seront des représentants perpétuels de la nation, mais qui ne pourront agir en matière de législation qu'avec le concours de leurs collègues.

Qu'on ne dise donc pas que le concours du roi, du sénat et de l'ordre équestre est nécessaire pour former une loi. Ce droit n'appartient qu'au seul ordre équestre, dont les sénateurs sont membres comme les nonces, mais où le sénat en corps n'entre pour rien. Telle est ou doit être en Pologne la loi de l'état: mais la loi de la nature, cette loi sainte, imprescriptible, qui parle au cœur de l'homme et à sa raison, ne permet pas qu'on resserre ainsi l'autorité législative, et que les lois obligent quiconque n'y a pas voté personnellement comme les nonces, ou du moins par ses représentants comme le corps de la noblesse. On ne viole point impunément cette loi sacrée; et l'état de foiblesse où une si grande nation se trouve réduite, est l'ouvrage de cette barbarie féodale qui fait retrancher du corps de l'état sa partie la plus nombreuse, et quelquefois la plus saine.

CHAPITRE VI.

A Dieu ne plaise que je croie avoir besoin de prouver ici ce qu'un peu de bon sens et d'entrailles suffisent pour faire sentir à tout le monde! Et d'où la Pologne prétend-elle tirer la puissance et les forces qu'elle étouffe à plaisir dans son sein? Nobles polonois, soyez plus, soyez hommes: alors seulement vous serez heureux et libres; mais ne vous flattez jamais de l'être tant que vous tiendrez vos frères dans les fers.

Je sens la difficulté du projet d'affranchir vos peuples. Ce que je crains n'est pas seulement l'intérêt mal entendu, l'amour-propre et les préjugés des maîtres. Cet obstacle vaincu, je craindrois les vices et la lâcheté des serfs. La liberté est un aliment de bon suc, mais de forte digestion; il faut des estomacs bien sains pour le supporter. Je ris de ces peuples avilis qui, se laissant ameuter par des ligueurs, osent parler de liberté sans même en avoir l'idée, et, le cœur plein de tous les vices des esclaves, s'imaginent que, pour être libres, il suffit d'être des mutins. Fière et sainte liberté! si ces pauvres gens pouvoient te connoître, s'ils savoient à quel prix on t'acquiert et te conserve; s'ils sentoient combien tes lois sont plus austères que n'est dur le joug des tyrans, leurs foibles ames, esclaves de passions qu'il faudroit étouffer, te craindroient plus cent fois que la servitude; ils te fuiroient avec effroi comme un fardeau prêt à les écraser.

Affranchir les peuples de Pologne, est une

grande et belle opération, mais hardie, périlleuse, et qu'il ne faut pas tenter inconsidérément. Parmi les précautions à prendre, il en est une indispensable et qui demande du temps; c'est, avant toute chose, de rendre dignes de la liberté et capables de la supporter les serfs qu'on veut affranchir. J'exposerai ci-après un des moyens qu'on peut employer pour cela. Il seroit téméraire à moi d'en garantir le succès, quoique je n'en doute pas. S'il est quelque meilleur moyen, qu'on le prenne. Mais, quel qu'il soit, songez que vos serfs sont des hommes comme vous, qu'ils ont en eux l'étoffe pour devenir tout ce que vous êtes : travaillez d'abord à la mettre en œuvre, et n'affranchissez leurs corps qu'après avoir affranchi leurs ames. Sans ce préliminaire, comptez que votre opération réussira mal.

CHAPITRE VII.

Moyens de maintenir la constitution.

La législation de Pologne a été faite successivement de pièces et de morceaux, comme toutes celles de l'Europe. A mesure qu'on voyoit un abus, on faisoit une loi pour y remédier. De cette loi naissoient d'autres abus qu'il falloit corriger encore. Cette manière d'opérer n'a point de fin, et mène au plus terrible de tous les abus, qui est d'énerver toutes les lois à force de les multiplier.

L'affoiblissement de la législation s'est fait en Pologne d'une manière bien particulière, et peut-être unique : c'est qu'elle a perdu sa force sans avoir été subjuguée par la puissance exécutive. En ce moment encore la puissance législative conserve toute son autorité; elle est dans l'inaction, mais sans rien voir au-dessus d'elle. La diète est aussi souveraine qu'elle l'étoit lors de son établissement. Cependant elle est sans force; rien ne la domine; mais rien ne lui obéit. Cet état est remarquable et mérite réflexion.

Qu'est-ce qui a conservé jusqu'ici l'autorité législative? c'est la présence continuelle du législateur. C'est la fréquence des diètes, c'est le fréquent renouvellement des nonces, qui ont maintenu la république. L'Angleterre, qui jouit du premier de ces avantages, a perdu sa liberté pour avoir négligé l'autre. Le même parlement dure si long-temps, que la cour, qui s'épuiseroit à l'acheter tous les ans, trouve son compte à l'acheter pour sept, et n'y manque pas. Première leçon pour vous.

Un second moyen par lequel la puissance législative s'est conservée en Pologne, est premièrement le partage de la puissance exécutive, qui a empêché ses dépositaires d'agir de concert pour l'opprimer, et en second lieu le passage fréquent de cette même puissance exécutive par différentes mains, ce qui a empêché tout système suivi d'usurpation. Chaque roi faisoit, dans le cours de son règne, quelques pas vers la puissance arbitraire : mais l'élection de son successeur forçoit celui-ci de rétrograder au lieu de poursuivre ; et les rois, au commencement de chaque règne, étoient contraints, par les *pacta conventa,* de partir tous du même point. De sorte que, malgré la pente habituelle vers le despotisme, il n'y avoit aucun progrès réel.

Il en étoit de même des ministres et grands officiers. Tous, indépendants et du sénat et les uns des autres, avoient dans leurs départements respectifs une autorité sans bornes ; mais outre que ces places se balançoient mutuellement, en ne se perpétuant pas dans les mêmes familles, elles n'y portoient aucune force absolue ; et tout le pouvoir même usurpé, retournoit toujours à sa source. Il n'en eût pas été de même si toute la puissance exécutive eût été, soit dans un seul corps comme le sénat, soit dans une famille par l'hérédité de la couronne. Cette famille ou ce corps auroient probablement opprimé tôt ou tard la puissance législative, et par-là mis les Polonois sous le joug que portent toutes les nations, et dont eux seuls sont encore exempts ; car je ne compte déjà plus la Suède [1]. Deuxième leçon.

---

[1] * Rousseau fait allusion ici à la révolution du 19 août 1772, dans laquelle Gustave III réussit en un jour, et sans verser une

Voilà l'avantage; il est grand sans doute : mais voici l'inconvénient, qui n'est guère moindre. La puissance exécutive, partagée entre plusieurs individus, manque d'harmonie entre ses parties, et cause un tiraillement continuel incompatible avec le bon ordre. Chaque dépositaire d'une partie de cette puissance se met, en vertu de cette partie, à tous égards au-dessus des magistrats et des lois. Il reconnoît, à la vérité, l'autorité de la diète : mais ne reconnoissant que celle-là, quand la diète est dissoute il n'en reconnoît plus du tout; il méprise les tribunaux et brave leurs jugements. Ce sont autant de petits despotes qui, sans usurper précisément l'autorité souveraine, ne laissent pas d'opprimer en détail les citoyens, et donnent l'exemple funeste et trop suivi de violer sans scrupule et sans crainte les droits et la liberté des particuliers.

Je crois que voilà la première et principale cause de l'anarchie qui règne dans l'état. Pour ôter cette cause, je ne vois qu'un moyen : ce n'est pas d'armer les tribunaux particuliers de la force publique contre ces petits tyrans; car cette force, tantôt

---

goutte de sang, à détruire le pouvoir aristocratique du sénat, et fit adopter deux jours après, aux quatre ordres réunis, une constitution nouvelle, par l'effet de laquelle l'autorité royale reprit la force et la dignité dont elle avoit besoin, en conservant aux libertés nationales les garanties désirables. Voyez un précis très-bien fait de cet événement et de la constitution qui en fut la suite, dans le *Tableau des Révolutions de l'Europe*, de Kock, tome II, p. 410 et suivantes.

mal administrée, et tantôt surmontée par une force supérieure, pourroit exciter des troubles et des désordres capables d'aller par degrés jusqu'aux guerres civiles; mais c'est d'armer de toute la force exécutive un corps respectable et permanent, tel que le sénat, capable, par sa consistance et par son autorité, de contenir dans leur devoir les magistrats tentés de s'en écarter. Ce moyen me paroît efficace, et le seroit certainement; mais le danger en seroit terrible et très-difficile à éviter; car, comme on peut voir dans le *Contrat social,* tout corps dépositaire de la puissance exécutive tend fortement et continuellement à subjuguer la puissance législative, et y parvient tôt ou tard.

Pour parer à cet inconvénient, on vous propose de partager le sénat en plusieurs conseils ou départements, présidés chacun par le ministre chargé de ce département; lequel ministre, ainsi que les membres de chaque conseil, changeroit au bout d'un temps fixé, et rouleroit avec ceux des autres départements. Cette idée peut être bonne; c'étoit celle de l'abbé de Saint-Pierre, et il l'a bien développée dans sa *Polysynodie.* La puissance exécutive, ainsi divisée et passagère, sera plus subordonnée à la législative, et les diverses parties de l'administration seront plus approfondies et mieux traitées séparément. Ne comptez pourtant pas trop sur ce moyen : si elles sont toujours séparées, elles manqueront de concert, et bientôt, se contrecarrant mutuellement, elles useront presque toutes leurs forces les unes contre les autres, jusqu'à ce qu'une d'entre elles ait pris l'ascendant et les domine toutes : ou bien si elles s'accordent et se concertent, elles ne feront réellement qu'un même corps et n'auront qu'un même esprit, comme les chambres d'un parlement; et de toutes manières je tiens pour impossible que l'indépendance et l'équilibre se maintiennent si bien entre elles, qu'il n'en résulte pas toujours un centre ou foyer d'administration où toutes les forces particulières se réuniront toujours pour opprimer le souverain. Dans presque toutes nos républiques les conseils sont ainsi distribués en départements, qui, dans leur origine, étoient indépendants les uns des autres, et qui bientôt ont cessé de l'être.

L'invention de cette division par chambres ou départements est moderne. Les anciens, qui savoient mieux que nous comment se maintient la liberté, ne connurent point cet expédient. Le sénat de Rome gouvernoit la moitié du monde connu, et n'avoit pas même l'idée de ces partages. Ce sénat cependant ne parvint jamais à opprimer la puissance législative, quoique les sénateurs fussent à vie : mais les lois avoient des censeurs, le peuple avoit des tribuns, et le sénat n'élisoit pas les consuls.

Pour que l'administration soit forte, bonne, et marche bien à son but, toute la puissance exécutive doit être dans les mêmes mains : mais il ne suffit pas que ces mains changent, il faut qu'elles n'agissent, s'il est possible, que sous les yeux du législateur, et que ce soit lui qui les guide. Voilà le vrai secret pour qu'elles n'usurpent pas son autorité.

Tant que les états s'assembleront et que les nonces changeront fréquemment, il sera difficile que le sénat ou le roi oppriment ou usurpent l'autorité législative. Il est remarquable que jusqu'ici les rois n'aient pas tenté de rendre les diètes plus rares, quoiqu'ils ne fussent pas forcés, comme ceux d'Angleterre, à les assembler fréquemment sous peine de manquer d'argent. Il faut ou que les choses se soient toujours trouvées dans un état de crise qui ait rendu l'autorité royale insuffisante pour y pourvoir, ou que les rois se soient assurés, par leurs brigues dans les diétines, d'avoir toujours la pluralité des nonces à leur disposition, ou qu'à la faveur du *liberum veto* ils aient été sûrs d'arrêter toujours les délibérations qui pouvoient leur déplaire et de dissoudre les diètes à leur volonté. Quand tous ces motifs ne subsisteront plus, on doit s'attendre que le roi, ou le sénat, ou tous les deux ensemble, feront de grands efforts pour se délivrer des diètes et les rendre aussi rares qu'il se pourra. Voilà ce qu'il faut surtout prévenir et empêcher. Le moyen proposé est le seul ; il est simple et ne peut manquer d'être efficace. Il est bien singulier qu'avant le *Contrat social,* où je le donne [1], personne ne s'en fût avisé.

Un des plus grands inconvénients des grands états, celui de tous qui y rend la liberté le plus difficile à conserver, est que la puissance législative ne peut s'y montrer elle-même, et ne peut agir que par députation. Cela a son mal et son bien, mais le mal l'emporte. Le législateur en corps est impossible à corrompre, mais facile à tromper. Ses représentants sont difficilement trompés, mais aisément corrompus, et il arrive rarement qu'ils ne le soient pas. Vous avez sous les yeux l'exemple du parlement d'Angleterre, et par le *liberum veto* celui de votre propre nation. Or, on peut éclairer celui qui s'abuse; mais comment retenir celui qui se vend? Sans être instruit des affaires de Pologne, je parierois tout au monde qu'il y a plus de lumières dans la diète et plus de vertu dans les diétines.

Je vois deux moyens de prévenir ce mal terrible de la corruption, qui de l'organe de la liberté fait l'instrument de la servitude.

Le premier est, comme je l'ai dit, la fréquence des diètes, qui, changeant souvent les représentants, rend leur séduction plus coûteuse et plus difficile. Sur ce point votre constitution vaut mieux que celle de la Grande-Bretagne; et quand on aura ôté ou modifié le *liberum veto*, je n'y vois aucun autre changement à faire, si ce n'est

---

[1] * Liv. III, chap. xiii.

d'ajouter quelques difficultés à l'envoi des mêmes nonces aux diètes consécutives, et d'empêcher qu'ils ne soient élus un grand nombre de fois. Je reviendrai ci-après sur cet article.

Le second moyen est d'assujettir les représentants à suivre exactement leurs instructions, et à rendre un compte sévère à leurs constituants de leur conduite à la diète. Là-dessus je ne puis qu'admirer la négligence, l'incurie, et j'ose dire la stupidité de la nation anglaise, qui, après avoir armé ses députés de la suprême puissance, n'y ajoute aucun frein pour régler l'usage qu'ils en pourront faire pendant sept ans entiers que dure leur commission.

Je vois que les Polonois ne sentent pas assez l'importance de leurs diétines, ni tout ce qu'ils leur doivent, ni tout ce qu'ils peuvent en obtenir en étendant leur autorité et en leur donnant une forme plus régulière. Pour moi, je suis convaincu que si les confédérations ont sauvé la patrie, ce sont les diétines qui l'ont conservée; et que c'est là qu'est le vrai palladium de la liberté.

Les instructions des nonces doivent être dressées avec grand soin, tant sur les articles annoncés dans les universaux [1], que sur les autres besoins

---

[1] * On appeloit *universaux* les lettres de convocation pour la diète générale expédiées au nom du roi dans tous les palatinats ; elles faisoient toujours connoître l'objet de la convocation, et ce qui devoit être mis en délibération dans la diète.

présents de l'état ou de la province, et cela par une commission présidée, si l'on veut, par le maréchal de la diétine, mais composée au reste de membres choisis à la pluralité des voix; et la noblesse ne doit point se séparer que ces instructions n'aient été lues, discutées et consenties en pleine assemblée. Outre l'original de ces instructions, remis aux nonces avec leurs pouvoirs, il en doit rester un double signé d'eux dans les registres de la diétine. C'est sur ces instructions qu'ils doivent, à leur retour, rendre compte de leur conduite aux diétines de relation qu'il faut absolument rétablir, et c'est sur ce compte rendu qu'ils doivent être ou exclus de toute autre nonciature subséquente, ou déclarés de rechef admissibles, quand ils auront suivi leurs instructions à la satisfaction de leurs constituants. Cet examen est de la dernière importance; on n'y sauroit donner trop d'attention ni en marquer l'effet avec trop de soin. Il faut qu'à chaque mot que le nonce dit à la diète, à chaque démarche qu'il fait, il se voie d'avance sous les yeux de ses constituants, et qu'il sente l'influence qu'aura leur jugement, tant sur ses projets d'avancement que sur l'estime de ses compatriotes, indispensable pour leur exécution; car enfin ce n'est pas pour y dire leur sentiment particulier, mais pour y déclarer les volontés de la nation, qu'elle envoie des nonces à la diète. Ce frein est absolument nécessaire pour les contenir dans leur devoir et prévenir toute corruption, de quelque part qu'elle vienne. Quoi qu'on en puisse dire, je ne vois aucun inconvénient à cette gêne, puisque la chambre des nonces, n'ayant ou ne devant avoir aucune part au détail de l'administration, ne peut jamais avoir à traiter aucune matière imprévue : d'ailleurs, pourvu qu'un nonce ne fasse rien de contraire à l'expresse volonté de ses constituants, ils ne lui feroient pas un crime d'avoir opiné en bon citoyen sur une matière qu'ils n'auroient pas prévue, et sur laquelle ils n'auroient rien déterminé. J'ajoute enfin que, quand il y auroit en effet quelque inconvénient à tenir ainsi les nonces asservis à leurs instructions, il n'y auroit point encore à balancer vis-à-vis l'avantage immense que la loi ne soit jamais que l'expression réelle des volontés de la nation.

Mais aussi, ces précautions prises, il ne doit jamais y avoir conflit de juridiction entre la diète et les diétines ; et quand une loi a été portée en pleine diète, je n'accorde pas même à celles-ci droit de protestation. Qu'elles punissent leurs nonces, que, s'il le faut, elles leur fassent même couper la tête quand ils ont prévariqué : mais qu'elles obéissent pleinement, toujours, sans exception, sans protestation ; qu'elles portent, comme il est juste, la peine de leur mauvais choix ; sauf à faire à la prochaine diète, si elles le jugent à propos, des représentations aussi vives qu'il leur plaira.

Les diètes étant fréquentes, ont moins besoin d'être longues, et six semaines de durée me paroissent bien suffisantes pour les besoins ordinaires de l'état. Mais il est contradictoire que l'autorité souveraine se donne des entraves à elle-même, surtout quand elle est immédiatement entre les mains de la nation. Que cette durée des diètes ordinaires continue d'être fixée à six semaines, à la bonne heure : mais il dépendra toujours de l'assemblée de prolonger ce terme par une délibération expresse lorsque les affaires le demanderont. Car enfin, si la diète, qui, par sa nature, est au-dessus de la loi, dit, *Je veux rester,* qui est-ce qui lui dira, *Je ne veux pas que tu restes ?* Il n'y a que le seul cas qu'une diète voulût durer plus de deux ans, qu'elle ne le pourroit pas ; ses pouvoirs alors finiroient et ceux d'une autre diète commenceroient avec la troisième année. La diète, qui peut tout, peut sans contredit prescrire un plus long intervalle entre les diètes : mais cette nouvelle loi ne pourroit regarder que les diètes subséquentes, et celle qui la porte n'en peut profiter. Les principes dont ces règles se déduisent sont établis dans le *Contrat social.*

A l'égard des diètes extraordinaires, le bon ordre exige en effet qu'elles soient rares, et convoquées uniquement pour d'urgentes nécessités. Quand le roi les juge telles, il doit, je l'avoue, en être cru : mais ces nécessités pourroient exister et qu'il n'en convînt pas; faut-il alors que le sénat en juge? Dans un état libre on doit prévoir tout ce qui peut attaquer la liberté. Si les confédérations restent, elles peuvent en certains cas suppléer les diètes extraordinaires, mais si vous abolissez les confédérations, il faut un réglement pour ces diètes nécessairement.

Il me paroît impossible que la loi puisse fixer raisonnablement la durée des diètes extraordinaires, puisqu'elle dépend absolument de la nature des affaires qui les font convoquer. Pour l'ordinaire la célérité y est nécessaire; mais cette célérité étant relative aux matières à traiter qui ne sont pas dans l'ordre des affaires courantes, on ne peut rien statuer là-dessus d'avance, et l'on pourroit se trouver en tel état qu'il importeroit que la diète restât assemblée jusqu'à ce que cet état eût changé, ou que le temps des diètes ordinaires fît tomber les pouvoirs de celle-là.

Pour ménager le temps, si précieux dans les diètes, il faudroit tâcher d'ôter de ces assemblées les vaines discussions qui ne servent qu'à le faire perdre. Sans doute il y faut non seulement de la règle et de l'ordre, mais du cérémonial et de la majesté. Je voudrois même qu'on donnât un soin particulier à cet article, et qu'on sentît, par exemple, la barbarie et l'horrible indécence de voir l'appareil des armes profaner le sanctuaire des lois. Polonois, êtes-vous plus guerriers que n'étoient les Romains ? et jamais, dans les plus grands troubles de leur république, l'aspect d'un glaive ne souilla les comices ni le sénat. Mais je voudrois aussi qu'en s'attachant aux choses importantes et nécessaires on évitât tout ce qui peut se faire ailleurs également bien. Le *rugi*, par exemple, c'est-à-dire l'examen de la légitimité des nonces, est un temps perdu dans la diète, non que cet examen ne soit en lui-même une chose importante, mais parce qu'il peut se faire aussi bien et mieux dans le lieu même où ils ont été élus, où ils sont le plus connus, et où ils ont tous leurs concurrents. C'est dans leur palatinat même, c'est dans la diétine qui les députe, que la validité de leur élection peut être mieux constatée et en moins de temps, comme cela se pratique pour les commissaires de Radom et les députés au tribunal. Cela fait, la diète doit les admettre sans discussion sur le *laudum* dont ils sont porteurs, et cela non seulement pour prévenir les obstacles qui peuvent retarder l'élection du maréchal[1]; mais surtout les intrigues par lesquelles le sénat ou le roi pourroient gêner les élections et chicaner les sujets qui

---

[1] * Quoique le roi eût le droit de convoquer les diètes générales et en fût le président né, le premier acte de la diète étoit l'élection d'un fonctionnaire qui, sous le titre de *Maréchal des nonces*, exerçoit réellement cette présidence avec les attributions les plus étendues. Il étoit choisi alternativement entre les seigneurs les plus considérés de la grande Pologne, de la petite Pologne, et de la Lithuanie.

leur seroient désagréables. Ce qui vient de se passer à Londres est une leçon pour les Polonois. Je sais bien que ce Wilkes n'est qu'un brouillon ; mais par l'exemple de sa réjection la planche est faite, et désormais on n'admettra plus dans la chambre des communes que des sujets qui conviennent à la cour.

Il faudroit commencer par donner plus d'attention au choix des membres qui ont voix dans les diétines. On discerneroit par-là plus aisément ceux qui sont éligibles pour la nonciature. Le livre d'or de Venise est un modèle à suivre à cause des facilités qu'il donne. Il seroit commode et très-aisé de tenir dans chaque grod un registre exact de tous les nobles qui auroient, aux conditions requises, entrée et voix aux diétines ; on les inscriroit dans le registre de leur district à mesure qu'ils atteindroient l'âge requis par les lois ; et l'on rayeroit ceux qui devroient en être exclus dès qu'ils tomberoient dans ce cas, en marquant la raison de leur exclusion. Par ces registres, auxquels il faudroit donner une forme bien authentique, on distingueroit aisément, tant les membres légitimes des diétines, que les sujets éligibles pour la nonciature ; et la longueur des discussions seroit fort abrégée sur cet article.

Une meilleure police dans les diètes et diétines seroit assurément une chose fort utile ; mais, je ne le redirai jamais trop, il ne faut pas vouloir à la fois deux choses contradictoires. La police est bonne, mais la liberté vaut mieux ; et plus vous

CHAPITRE VII.

gênerez la liberté par des formes, plus ces formes fourniront de moyens à l'usurpation. Tous ceux dont vous userez pour empêcher la licence dans l'ordre législatif, quoique bons en eux-mêmes, seront tôt ou tard employés pour l'opprimer. C'est un grand mal que les longues et vaines harangues qui font perdre un temps si précieux, mais c'en est un bien plus grand qu'un bon citoyen n'ose parler quand il a des choses utiles à dire. Dès qu'il n'y aura dans les diètes que certaines bouches qui s'ouvrent, et qu'il leur sera défendu de tout dire, elles ne diront bientôt plus que ce qui peut plaire aux puissants.

Après les changements indispensables dans la nomination des emplois et dans la distribution des grâces, il y aura vraisemblablement et moins de vaines harangues, et moins de flagorneries adressées au roi sous cette forme. On pourroit cependant, pour élaguer un peu les tortillages et les amphigouris, obliger tout harangueur à énoncer au commencement de son discours la proposition qu'il veut faire, et, après avoir déduit ses raisons, de donner ses conclusions sommaires, comme font les gens du roi dans les tribunaux. Si cela n'abrégeoit pas les discours, cela contiendroit du moins ceux qui ne veulent parler que pour ne rien dire, et faire consumer le temps à ne rien faire.

Je ne sais pas bien quelle est la forme établie dans les diètes pour donner la sanction aux lois;

mais je sais que, pour des raisons dites ci-devant, cette forme ne doit pas être la même que dans le parlement de la Grande-Bretagne ; que le sénat de Pologne doit avoir l'autorité d'administration, non de législation ; que, dans toute cause législative, les sénateurs doivent voter seulement comme membres de la diète, non comme membres du sénat, et que les voix doivent être comptées par tête également dans les deux chambres. Peut-être l'usage du *liberum veto* a-t-il empêché de faire cette distinction, mais elle sera très-nécessaire quand le *liberum veto* sera ôté ; et cela, d'autant plus que ce sera un avantage immense de moins dans la chambre des nonces, car je ne suppose pas que les sénateurs, bien moins les ministres, aient jamais eu part à ce droit. Le *veto* des nonces polonois représente celui des tribuns du peuple à Rome : or ils n'exerçoient pas ce droit comme citoyens, mais comme représentants du peuple romain. La perte du *liberum veto* n'est donc que pour la chambre des nonces, et le corps du sénat, n'y perdant rien, y gagne par conséquent.

Ceci posé, je vois un défaut à corriger dans la diète ; c'est que le nombre des sénateurs égalant presque celui des nonces, le sénat a une trop grande influence dans les délibérations, et peut aisément, par son crédit dans l'ordre équestre, gagner le petit nombre de voix dont il a besoin pour être toujours prépondérant.

CHAPITRE VII.

Je dis que c'est un défaut, parce que le sénat, étant un corps particulier dans l'état, a nécessairement des intérêts de corps différents de ceux de la nation, et qui même, à certains égards, y peuvent être contraires. Or la loi, qui n'est que l'expression de la volonté générale, est bien le résultat de tous les intérêts particuliers combinés et balancés par leur multitude; mais les intérêts de corps, faisant un poids trop considérable, romproient l'équilibre, et ne doivent pas y entrer collectivement. Chaque individu doit avoir sa voix; nul corps, quel qu'il soit, n'en doit avoir une. Or si le sénat avoit trop de poids dans la diète, non seulement il y porteroit son intérêt, mais il le rendroit prépondérant.

Un remède naturel à ce défaut se présente de lui-même; c'est d'augmenter le nombre des nonces; mais je craindrois que cela ne fît trop de mouvement dans l'état et n'approchât trop du tumulte démocratique. S'il falloit absolument changer la proportion, au lieu d'augmenter le nombre des nonces, j'aimerois mieux diminuer le nombre des sénateurs. Et, dans le fond, je ne vois pas trop pourquoi, y ayant déjà un palatin à la tête de chaque province, il y faut encore de grands castellans. Mais ne perdons jamais de vue l'importante maxime de ne rien changer sans nécessité, ni pour retrancher ni pour ajouter.

Il vaut mieux, à mon avis, avoir un conseil

moins nombreux, et laisser plus de liberté à ceux qui le composent, que d'en augmenter le nombre et de gêner la liberté dans les délibérations, comme on est toujours forcé de faire quand ce nombre devient trop grand : à quoi j'ajouterai, s'il est permis de prévoir le bien ainsi que le mal, qu'il faut éviter de rendre la diète aussi nombreuse qu'elle peut l'être pour ne pas s'ôter le moyen d'y admettre un jour, sans confusion, de nouveaux députés, si jamais on en vient à l'ennoblissement des villes et à l'affranchissement des serfs, comme il est à désirer pour la force et le bonheur de la nation.

Cherchons donc un moyen de remédier à ce défaut, d'une autre manière et avec le moins de changement qu'il se pourra.

Tous les sénateurs sont nommés par le roi, et conséquemment sont ses créatures : de plus, ils sont à vie, et, à ce titre, ils forment un corps indépendant et du roi et de l'ordre équestre, qui, comme je l'ai dit, a son intérêt à part et doit tendre à l'usurpation. Et l'on ne doit pas ici m'accuser de contradiction parce que j'admets le sénat comme un corps distinct dans la république, quoique je ne l'admette pas comme un ordre composant de la république; car cela est fort différent.

Premièrement, il faut ôter au roi la nomination du sénat, non pas tant à cause du pouvoir qu'il conserve par-là sur les sénateurs, et qui peut n'être

CHAPITRE VII.

pas grand, que par celui qu'il a sur tous ceux qui aspirent à l'être, et par eux sur le corps entier de la nation. Outre l'effet de ce changement dans la constitution, il en résultera l'avantage inestimable d'amortir, parmi la noblesse, l'esprit courtisan, et d'y substituer l'esprit patriotique. Je ne vois aucun inconvénient que les sénateurs soient nommés par la diète, et j'y vois de grands biens, trop clairs pour avoir besoin d'être détaillés. Cette nomination peut se faire tout d'un coup dans la diète, ou premièrement dans les diétines, par la présentation d'un certain nombre de sujets pour chaque place vacante dans leurs palatinats respectifs. Entre ces élus la diète feroit son choix, ou bien elle en éliroit un moindre nombre, parmi lesquels on pourroit laisser encore au roi le droit de choisir. Mais, pour aller tout d'un coup au plus simple, pourquoi chaque palatin ne seroit-il pas élu définitivement dans la diétine de sa province? quel inconvénient a-t-on vu naître de cette élection pour les palatins de Poloczk, de Witepsk, et pour le staroste de Samogitie? et quel mal y auroit-il que le privilége de ces trois provinces devînt un droit commun pour toutes? Ne perdons pas de vue l'importance dont il est pour la Pologne de tourner sa constitution vers la forme fédérative, pour écarter, autant qu'il est possible, les maux attachés à la grandeur ou plutôt à l'étendue de l'état.

En second lieu, si vous faites que les sénateurs

ne soient plus à vie, vous affoiblirez considérablement l'intérêt de corps qui tend à l'usurpation. Mais cette opération a ses difficultés : premièrement, parce qu'il est dur à des hommes accoutumés à manier les affaires publiques de se voir réduits tout d'un coup à l'état privé sans avoir démérité; secondement, parce que les places de sénateurs sont unies à des titres de palatins et de castellans, et à l'autorité locale qui y est attachée, et qu'il résulteroit du désordre et des mécontentements du passage perpétuel de ces titres et de cette autorité d'un individu à un autre. Enfin cette amovibilité ne peut pas s'étendre aux évêques, et ne doit peut-être pas s'étendre aux ministres, dont les places, exigeant des talents particuliers, ne sont pas toujours faciles à bien remplir. Si les évêques seuls étoient à vie, l'autorité du clergé, déjà trop grande, augmenteroit considérablement; et il est important que cette autorité soit balancée par des sénateurs qui soient à vie, ainsi que les évêques, et qui ne craignent pas plus qu'eux d'être déplacés.

Voici ce que j'imaginerois pour remédier à ces divers inconvénients. Je voudrois que les places de sénateurs du premier rang continuassent d'être à vie. Cela feroit, en y comprenant, outre les évêques et les palatins, tous les castellans du premier rang, quatre-vingt-neuf sénateurs inamovibles.

Quant aux castellans du second rang, je les

voudrois tous à temps, soit pour deux ans, en faisant à chaque diète une nouvelle élection, soit pour plus long-temps s'il étoit jugé à propos; mais toujours sortant de place à chaque terme, sauf à élire de nouveau ceux que la diète voudroit continuer, ce que je permettrois un certain nombre de fois seulement, selon le projet qu'on trouvera ci-après.

L'obstacle des titres seroit foible, parce que ces titres, ne donnant presque d'autre fonction que de siéger au sénat, pourroient être supprimés sans inconvénient, et qu'au lieu du titre de castellans à bancs, ils pourroient porter simplement celui de sénateurs députés. Comme, par la réforme, le sénat, revêtu de la puissance exécutive, seroit perpétuellement assemblé dans un certain nombre de ses membres, un nombre proportionné de sénateurs députés seroient de même tenus d'y assister toujours à tour de rôle. Mais il ne s'agit pas ici de ces sortes de détails.

Par ce changement à peine sensible, ces castellans ou sénateurs députés deviendroient réellement autant de représentants de la diète, qui feroient contre-poids au corps du sénat, et renforceroient l'ordre équestre dans les assemblées de la nation; en sorte que les sénateurs à vie, quoique devenus plus puissants, tant par l'abolition du *veto* que par la diminution de la puissance royale et de celle des ministres fondue en partie dans leur corps, n'y pourroient pourtant faire dominer l'esprit de ce corps; et le sénat, ainsi mi-parti de membres à temps et de membres à vie, seroit aussi bien constitué qu'il est possible pour faire un pouvoir intermédiaire entre la chambre des nonces et le roi, ayant à la fois assez de consistance pour régler l'administration, et assez de dépendance pour être soumis aux lois. Cette opération me paroît bonne, parce qu'elle est simple, et cependant d'un grand effet.

On propose, pour modérer les abus du *veto*, de ne plus compter les voix par tête de nonce, mais de les compter par palatinats. On ne sauroit trop réfléchir sur ce changement avant que de l'adopter, quoiqu'il ait ses avantages et qu'il soit favorable à la forme fédérative. Les voix prises par masse et collectivement vont toujours moins directement à l'intérêt commun que prises ségrégativement par individu. Il arrivera très-souvent que parmi les nonces d'un palatinat un d'entre eux, dans leurs délibérations particulières, prendra l'ascendant sur les autres, et déterminera pour son avis la pluralité, qu'il n'auroit pas si chaque voix demeuroit indépendante. Ainsi les corrupteurs auront moins à faire et sauront mieux à qui s'adresser. De plus, il vaut mieux que chaque nonce ait à répondre pour lui seul à sa diétine, afin que nul ne s'excuse sur les autres, que l'innocent et le coupable ne soient pas confondus, et que la justice

CHAPITRE VII.

distributive soit mieux observée. Il se présente bien des raisons contre cette forme, qui relâcheroit beaucoup le lien commun, et pourroit, à chaque diète, exposer l'état à se diviser. En rendant les nonces plus dépendants de leurs instructions et de leurs constituants, on gagne à peu près le même avantage sans aucun inconvénient. Ceci suppose, il est vrai, que les suffrages ne se donnent point par scrutin, mais à haute voix, afin que la conduite et l'opinion de chaque nonce à la diète soient connues, et qu'il en réponde en son propre et privé nom. Mais cette matière des suffrages étant une de celles que j'ai discutées avec le plus de soin dans le *Contrat social*[1], il est superflu de me répéter ici.

Quant aux élections, on trouvera peut-être d'abord quelque embarras à nommer à la fois dans chaque diète tant de sénateurs députés, et en général aux élections d'un grand nombre sur un plus grand nombre qui reviendront quelquefois dans le projet que j'ai à proposer; mais, en recourant pour cet article au scrutin, l'on ôteroit aisément cet embarras au moyen de cartons imprimés et numérotés qu'on distribueroit aux électeurs la veille de l'élection, et qui contiendroient les noms de tous les candidats entre lesquels cette élection doit être faite. Le lendemain les électeurs viendroient à la file rapporter dans une corbeille tous leurs

[1] * Livre IV, chap. II et IV.

cartons, après avoir marqué, chacun dans le sien, ceux qu'il élit ou ceux qu'il exclut, selon l'avis qui seroit en tête des cartons. Le déchiffrement de ces mêmes cartons se feroit tout de suite, en présence de l'assemblée, par le secrétaire de la diète, assisté de deux autres secrétaires *ad actum,* nommés sur-le-champ par le maréchal dans le nombre des nonces présents. Par cette méthode, l'opération deviendroit si courte et si simple, que, sans dispute et sans bruit, tout le sénat se rempliroit aisément dans une séance. Il est vrai qu'il faudroit encore une règle pour déterminer la liste des candidats; mais cet article aura sa place et ne sera pas oublié.

Reste à parler du roi, qui préside à la diète, et qui doit être, par sa place, le suprême administrateur des lois.

CHAPITRE VIII.

Du roi.

C'est un grand mal que le chef d'une nation soit l'ennemi né de la liberté, dont il devroit être le défenseur. Ce mal, à mon avis, n'est pas tellement inhérent à cette place qu'on ne pût l'en détacher, ou du moins l'amoindrir considérablement. Il n'y a point de tentation sans espoir. Rendez l'usurpa-

CHAPITRE VIII.

tion impossible à vos rois, vous leur en ôterez la fantaisie; et ils mettront, à vous bien gouverner et à vous défendre, tous les efforts qu'ils font maintenant pour vous asservir. Les instituteurs de la Pologne, comme l'a remarqué M. le comte de Wielhorski, ont bien songé à ôter aux rois les moyens de nuire, mais non pas celui de corrompre; et les grâces dont ils sont les distributeurs leur donnent abondamment ce moyen. La difficulté est qu'en leur ôtant cette distribution l'on paroît leur tout ôter: c'est pourtant ce qu'il ne faut pas faire; car autant vaudroit n'avoir point de roi; et je crois impossible à un aussi grand état que la Pologne de s'en passer, c'est-à-dire d'un chef suprême qui soit à vie. Or, à moins que le chef d'une nation ne soit tout-à-fait nul, et par conséquent inutile, il faut bien qu'il puisse faire quelque chose; et si peu qu'il fasse, il faut nécessairement que ce soit du bien ou du mal.

Maintenant tout le sénat est à la nomination du roi : c'est trop. S'il n'a aucune part à cette nomination, ce n'est pas assez. Quoique la pairie en Angleterre soit aussi à la nomination du roi, elle en est bien moins dépendante, parce que cette pairie une fois donnée est héréditaire; au lieu que les évêchés, palatinats, et castellanies, n'étant qu'à vie, retournent, à la mort de chaque titulaire, à la nomination du roi.

J'ai dit comment il me paroît que cette nomination devroit se faire; savoir, les palatins et grands castellans, à vie et par leurs diétines respectives, les castellans du second rang, à temps et par la diète. A l'égard des évêques, il me paroît difficile, à moins qu'on ne les fasse élire par leurs chapitres, d'en ôter la nomination au roi : et je crois qu'on peut la lui laisser, excepté toutefois celle de l'archevêque de Gnesne [1], qui appartient naturellement à la diète ; à moins qu'on n'en sépare la primatie, dont elle seule doit disposer. Quant aux ministres, surtout les grands généraux et grands trésoriers, quoique leur puissance, qui fait contre-poids à celle du roi, doive être diminuée en proportion de la sienne, il ne me paroît pas prudent de laisser au roi le droit de remplir ces places par ses créatures, et je voudrois au moins qu'il n'eût que le choix sur un petit nombre de sujets présentés par la diète. Je conviens que, ne pouvant plus ôter ces places après les avoir données, il ne peut plus compter absolument sur ceux qui les remplissent : mais c'est assez du pouvoir qu'elles lui donnent sur les aspirants, sinon pour le mettre en état de changer la face du gouvernement, du moins pour lui en laisser l'espérance ; et surtout

---

[1] Gnesne étoit autrefois la capitale de la Pologne. Son archevêque, primat du royaume, et légat né du saint-siége, étoit chef de la république pendant l'interrègne, et c'étoit en son nom que s'expédioient les universaux pour la diète dite *d'élection ;* il couronnoit les rois et les reines.

CHAPITRE VIII.

cette espérance qu'il importe de lui ôter à tout prix.

Pour le grand-chancelier, il doit, ce me semble, être de nomination royale. Les rois sont les juges nés de leurs peuples; c'est pour cette fonction, quoiqu'ils l'aient tous abandonnée, qu'ils ont été établis : elle ne peut leur être ôtée; et quand ils ne veulent pas la remplir eux-mêmes, la nomination de leurs substituts en cette partie est de leur droit, parce que c'est toujours à eux de répondre des jugements qui se rendent en leur nom. La nation peut, il est vrai, leur donner des assesseurs, et le doit lorsqu'ils ne jugent pas eux-mêmes : ainsi le tribunal de la couronne, où préside, non le roi, mais le grand-chancelier, est sous l'inspection de la nation, et c'est avec raison que les diétines en nomment les autres membres. Si le roi jugeoit en personne, j'estime qu'il auroit le droit de juger seul. En tout état de cause son intérêt seroit toujours d'être juste, et jamais des jugements iniques ne furent une bonne voie pour parvenir à l'usurpation.

A l'égard des autres dignités, tant de la couronne que des palatinats, qui ne sont que des titres honorifiques et donnent plus d'éclat que de crédit, on ne peut mieux faire que de lui en laisser la pleine disposition : qu'il puisse honorer le mérite et flatter la vanité, mais qu'il ne puisse conférer la puissance.

La majesté du trône doit être entretenue avec splendeur; mais il importe que de toute la dépense nécessaire à cet effet on en laisse faire au roi le moins qu'il est possible. Il seroit à désirer que tous les officiers du roi fussent aux gages de la république, et non pas aux siens, et qu'on réduisît en même rapport tous les revenus royaux, afin de diminuer, autant qu'il se peut, le maniement des deniers par les mains du roi.

On a proposé de rendre la couronne héréditaire. Assurez-vous qu'au moment que cette loi sera portée, la Pologne peut dire adieu pour jamais à sa liberté. On pense y pourvoir suffisamment en bornant la puissance royale. On ne voit pas que ces bornes posées par les lois seront franchies à trait de temps par des usurpations graduelles, et qu'un système adopté et suivi sans interruption par une famille royale, doit l'emporter à la longue sur une législation qui, par sa nature, tend sans cesse au relâchement. Si le roi ne peut corrompre les grands par des grâces, il peut toujours les corrompre par des promesses dont ses successeurs sont garants; et comme les plans formés par la famille royale se perpétuent avec elle, on prendra bien plus de confiance en ses engagements, et l'on comptera bien plus sur leur accomplissement, que quand la couronne élective montre la fin des projets du monarque avec celle de sa vie. La Pologne est libre, parce que chaque règne est précédé d'un intervalle où la nation, rentrée dans tous ses droits et reprenant une vigueur nouvelle, coupe le progrès des abus et des usurpations, où la législation se remonte et reprend son premier ressort. Que deviendront les *pacta conventa*, l'égide de la Pologne, quand une famille établie sur le trône à perpétuité le remplira sans intervalle, et ne laissera à la nation, entre la mort du père et le couronnement du fils, qu'une vaine ombre de liberté sans effet, qu'anéantira bientôt la simagrée du serment fait par tous les rois à leur sacre, et par tous oublié pour jamais l'instant d'après? Vous avez vu le Danemarck, vous voyez l'Angleterre, et vous allez voir la Suède : profitez de ces exemples pour apprendre une fois pour toutes que, quelques précautions qu'on puisse entasser, hérédité dans le trône et liberté dans la nation seront à jamais des choses incompatibles.

Les Polonois ont toujours eu du penchant à transmettre la couronne du père au fils, ou au plus proche par voie d'héritage, quoique toujours par droit d'élection. Cette inclination, s'ils continuent à la suivre, les mènera tôt ou tard au malheur de rendre la couronne héréditaire; et il ne faut pas qu'ils espèrent lutter aussi long-temps de cette manière contre la puissance royale, que les membres de l'empire germanique ont lutté contre celle de l'empereur, parce que la Pologne n'a point en elle-même de contre-poids suffisant pour mainte-

nir un roi héréditaire dans la subordination légale.
Malgré la puissance de plusieurs membres de l'empire, sans l'élection accidentelle de Charles VII[1] les capitulations impériales ne seroient déjà plus qu'un vain formulaire, comme elles l'étoient au commencement de ce siècle ; et les *pacta conventa* deviendront bien plus vains encore quand la famille royale aura eu le temps de s'affermir et de mettre toutes les autres au-dessous d'elle. Pour dire en un mot mon sentiment sur cet article, je pense qu'une couronne élective, avec le plus absolu pouvoir, vaudroit encore mieux pour la Pologne qu'une couronne héréditaire avec un pouvoir presque nul.

Au lieu de cette fatale loi qui rendroit la couronne héréditaire, j'en proposerois une bien contraire, qui, si elle étoit admise, maintiendroit la liberté de la Pologne ; ce seroit d'ordonner, par une loi fondamentale, que jamais la couronne ne passeroit du père au fils, et que tout fils d'un roi de Pologne seroit pour toujours exclus du trône. Je dis que je proposerois cette loi si elle étoit nécessaire ; mais, occupé d'un projet qui feroit le même effet sans elle, je renvoie à sa place l'explication de ce projet ; et supposant que par son effet les fils seront exclus du trône de leur père, au

---

[1] * Électeur de Bavière, élu empereur en 1742, quinze mois après la mort de Charles VI, dernier mâle de la maison de Habsbourg-Autriche, mort qui donna lieu à la guerre dite *de la succession*.

moins immédiatement, je crois voir que la liberté bien assurée ne sera pas le seul avantage qui résultera de cette exclusion. Il en naîtra un autre encore très-considérable; c'est, en ôtant tout espoir aux rois d'usurper et transmettre à leurs enfants un pouvoir arbitraire, de porter toute leur activité vers la gloire et la prospérité de l'état; la seule voie qui reste ouverte à leur ambition. C'est ainsi que le chef de la nation en deviendra, non plus l'ennemi né, mais le premier citoyen; c'est ainsi qu'il fera sa grande affaire d'illustrer son règne par des établissements utiles qui le rendent cher à son peuple, respectable à ses voisins, qui fassent bénir après lui sa mémoire; et c'est ainsi que, hors les moyens de nuire et de séduire qu'il ne faut jamais lui laisser, il conviendra d'augmenter sa puissance en tout ce qui peut concourir au bien public. Il aura peu de force immédiate et directe pour agir par lui-même; mais il aura beaucoup d'autorité, de surveillance et d'inspection pour contenir chacun dans son devoir, et pour diriger le gouvernement à son véritable but. La présidence de la diète, du sénat et de tous les corps, un sévère examen de la conduite de tous les gens en place, un grand soin de maintenir la justice et l'intégrité dans tous les tribunaux, de conserver l'ordre et la tranquillité dans l'état, de lui donner une bonne assiette au dehors, le commandement des armées en temps de guerre, les établissements utiles en temps de paix, sont des devoirs qui tiennent particulièrement à son office de roi, et qui l'occuperont assez s'il veut les remplir par lui-même ; car les détails de l'administration étant confiés à des ministres établis pour cela, ce doit être un crime à un roi de Pologne de confier aucune partie de la sienne à des favoris. Qu'il fasse son métier en personne, ou qu'il y renonce : article important sur lequel la nation ne doit jamais se relâcher.

C'est sur de semblables principes qu'il faut établir l'équilibre et la pondération des pouvoirs qui composent la législation et l'administration. Ces pouvoirs, dans les mains de leurs dépositaires et dans la meilleure proportion possible, devroient être en raison directe de leur nombre et inverse du temps qu'ils restent en place. Les parties composantes de la diète suivront d'assez près ce meilleur rapport. La chambre des nonces, la plus nombreuse, sera aussi la plus puissante ; mais tous ses membres changeront fréquemment. Le sénat, moins nombreux, aura une moindre part à la législation, mais une plus grande à la puissance exécutive ; et ses membres, participant à la constitution des deux extrêmes, seront partie à temps et partie à vie, comme il convient à un corps intermédiaire. Le roi, qui préside à tout, continuera d'être à vie ; et son pouvoir, toujours très-grand pour l'inspection, sera borné par la chambre des nonces quant à la législation, et par le sénat quant à l'administration. Mais pour maintenir l'égalité, principe de la constitution, rien n'y doit être héréditaire que la noblesse. Si la couronne étoit héréditaire, il faudroit, pour conserver l'équilibre, que la pairie ou l'ordre sénatorial le fût aussi comme en Angleterre. Alors l'ordre équestre abaissé perdroit son pouvoir, la chambre des nonces n'ayant pas, comme celle des communes, celui d'ouvrir et fermer tous les ans le trésor public, et la constitution polonoise seroit renversée de fond en comble.

CHAPITRE IX.

Causes particulières de l'anarchie.

La diète, bien proportionnée et bien pondérée ainsi dans toutes ses parties, sera la source d'une bonne législation et d'un bon gouvernement : mais il faut pour cela que ses ordres soient respectés et suivis. Le mépris des lois, et l'anarchie où la Pologne a vécu jusqu'ici, ont des causes faciles à voir. J'en ai déjà ci-devant marqué la principale, et j'en ai indiqué le remède. Les autres causes concourantes sont, 1º le *liberum veto*, 2º les confédérations, 3º et l'abus qu'ont fait les particuliers du droit qu'on leur a laissé d'avoir des gens de guerre à leur service.

Ce dernier abus est tel, que, si l'on ne commence pas par l'ôter, toutes les autres réformes sont inutiles. Tant que les particuliers auront le pouvoir de résister à la force exécutive, ils croiront en avoir le droit; et tant qu'ils auront entre eux de petites guerres, comment veut-on que l'état soit en paix? J'avoue que les places fortes ont besoin de gardes; mais pourquoi faut-il des places qui sont fortes seulement contre les citoyens et foibles contre l'ennemi? J'ai peur que cette réforme ne souffre des difficultés; cependant je ne crois pas impossible de les vaincre; et, pour peu qu'un citoyen puissant soit raisonnable, il consentira sans peine à n'avoir plus à lui de gens de guerre quand aucun autre n'en aura.

J'ai dessein de parler ci-après des établissements militaires; ainsi je renvoie à cet article ce que j'aurois à dire dans celui-ci.

Le *liberum veto* n'est pas un droit vicieux en lui-même; mais, sitôt qu'il passe sa borne, il devient le plus dangereux des abus: il étoit le garant de la liberté publique; il n'est plus que l'instrument de l'oppression. Il ne reste, pour ôter cet abus funeste, que d'en détruire la cause tout-à-fait. Mais il est dans le cœur de l'homme de tenir aux priviléges individuels plus qu'à des avantages plus grands et plus généraux. Il n'y a qu'un patriotisme éclairé par l'expérience qui puisse apprendre à sacrifier à de plus grands biens un droit brillant devenu pernicieux par son abus, et dont cet abus est désormais inséparable. Tous les Polonois doivent sentir vivement les maux que leur a fait souffrir ce malheureux droit. S'ils aiment l'ordre et la paix, ils n'ont aucun moyen d'établir chez eux l'un et l'autre tant qu'ils y laisseront subsister ce droit, bon dans la formation du corps politique, ou quand il a toute sa perfection; mais absurde et funeste tant qu'il reste des changements à faire; et il est impossible qu'il n'en reste pas toujours, surtout dans un grand état entouré de voisins puissants et ambitieux.

Le *liberum veto* seroit moins déraisonnable s'il tomboit uniquement sur les points fondamentaux de la constitution ; mais qu'il ait lieu généralement dans toutes les délibérations des diètes, c'est ce qui ne peut s'admettre en aucune façon. C'est un vice dans la constitution polonoise que la législation et l'administration n'y soient pas assez distinguées, et que la diète exerçant le pouvoir législatif y mêle des parties d'administration, fasse indifféremment des actes de souveraineté et de gouvernement, souvent même des actes mixtes par lesquels ses membres sont magistrats et législateurs tout à la fois.

Les changements proposés tendent à mieux distinguer ces deux pouvoirs, et par-là même à mieux marquer les bornes du *liberum veto ;* car je ne crois pas qu'il soit jamais tombé dans l'esprit de personne de l'étendre aux matières de pure administration, ce qui seroit anéantir l'autorité civile et tout le gouvernement.

Par le droit naturel des sociétés, l'unanimité a été requise pour la formation du corps politique et pour les lois fondamentales qui tiennent à son existence, telles, par exemple, que la première corrigée, la cinquième, neuvième, et l'onzième, marquées dans la pseudo-diète de 1768. Or l'unanimité requise pour l'établissement de ces lois doit l'être de même pour leur abrogation. Ainsi voilà des points sur lesquels le *liberum veto* peut continuer de subsister; et puisqu'il ne s'agit pas de le détruire totalement, les Polonois, qui, sans beaucoup de murmure, ont vu resserrer ce droit par la diète de 1768, devront sans peine le voir réduire et limiter dans une diète plus libre et plus légitime.

Il faut bien peser et bien méditer les points capitaux qu'on établira comme lois fondamentales, et l'on fera porter sur ces points seulement la force du *liberum veto*. De cette manière on rendra la constitution solide et ces lois irrévocables autant qu'elles peuvent l'être; car il est contre la nature du corps politique de s'imposer des lois qu'il ne puisse révoquer; mais il n'est ni contre la nature ni contre la raison qu'il ne puisse révoquer ces lois qu'avec la même solennité qu'il mit à les établir. Voilà toute la chaîne qu'il peut se donner pour l'avenir. C'en est assez et pour affermir la constitution, et pour contenter l'amour des Polonois pour le *liberum veto*, sans s'exposer dans la suite aux abus qu'il a fait naître.

Quant à ces multitudes d'articles qu'on a mis ridiculement au nombre des lois fondamentales, et qui font seulement le corps de la législation, de même que tous ceux qu'on range sous le titre de matières d'état, ils sont sujets, par la vicissitude des choses, à des variations indispensables qui ne permettent pas d'y requérir l'unanimité. Il est encore absurde que, dans quelque cas que ce puisse être, un membre de la diète en puisse arrêter l'activité, et que la retraite ou la protestation d'un nonce ou de plusieurs puisse dissoudre l'assemblée, et casser ainsi l'autorité souveraine. Il faut abolir ce droit barbare, et décerner peine capitale contre quiconque seroit tenté de s'en prévaloir. S'il y avoit des cas de protestation contre la diète, ce qui ne peut être tant qu'elle sera libre et complète, ce seroit aux palatinats et diétines que ce droit pourroit être conféré, mais jamais à des nonces qui, comme membres de la diète, ne doivent avoir sur elle aucun degré d'autorité ni récuser ses décisions.

Entre le *veto*, qui est la plus grande force individuelle que puissent avoir les membres de la souveraine puissance, et qui ne doit avoir lieu que pour les lois véritablement fondamentales, et la pluralité, qui est la moindre et qui se rapporte aux matières de simple administration, il y a différentes proportions sur lesquelles on peut déterminer la prépondérance des avis en raison de l'importance des matières. Par exemple, quand il s'agira de législation, l'on peut exiger les trois quarts au moins des suffrages, les deux tiers dans les matières d'état, la pluralité seulement pour les élections et autres affaires courantes momentanées. Ceci n'est qu'un exemple pour expliquer mon idée, et non une proportion que je détermine.

Dans un état tel que la Pologne, où les ames ont encore un grand ressort, peut-être eût-on pu conserver dans son entier ce beau droit du *liberum veto* sans beaucoup de risque, et peut-être même avec avantage, pourvu qu'on eût rendu ce droit dangereux à exercer, et qu'on y eût attaché de grandes conséquences pour celui qui s'en seroit prévalu; car il est, j'ose le dire, extravagant que celui qui rompt ainsi l'activité de la diète, et laisse l'état sans ressource, s'en aille jouir chez lui tranquillement et impunément de la désolation publique qu'il a causée.

Si donc, dans une résolution presque unanime, un seul opposant conservoit le droit de l'annuler, je voudrois qu'il répondît de son opposition sur sa tête, non seulement à ses constituants dans la diétine post-comitiale, mais ensuite à toute la nation dont il a fait le malheur. Je voudrois qu'il fût ordonné par la loi que six mois après son opposition il seroit jugé solennellement par un tribunal extraordinaire établi pour cela seul, composé de tout ce que la nation a de plus sage, de plus illustre, et de plus respecté, et qui ne pourroit le renvoyer simplement absous, mais seroit obligé de le condamner à mort sans aucune grâce, ou de lui décerner une récompense et des honneurs publics pour toute sa vie, sans pouvoir jamais prendre aucun milieu entre ces deux alternatives.

Des établissements de cette espèce, si favorables à l'énergie du courage et à l'amour de la liberté, sont trop éloignés de l'esprit moderne pour qu'on puisse espérer qu'ils soient adoptés ni goûtés; mais ils n'étoient pas inconnus aux anciens; et c'est par-là que leurs instituteurs savoient élever les ames et les enflammer au besoin d'un zèle vraiment héroïque. On a vu, dans des républiques où régnoient des lois plus dures encore, de généreux citoyens se dévouer à la mort dans le péril de la patrie pour ouvrir un avis qui pût la sauver. Un *veto* suivi du même danger peut sauver l'état dans l'occasion, et n'y sera jamais fort à craindre.

Oserois-je parler ici des confédérations, et n'être pas de l'avis des savants? Ils ne voient que le mal qu'elles font; il faudroit voir aussi celui qu'elles empêchent. Sans contredit la confédération est un état violent dans la république; mais il est des maux extrêmes qui rendent les remèdes violents nécessaires, et dont il faut tâcher de guérir à tout prix. La confédération est en Pologne ce qu'étoit la dictature chez les Romains. L'une et l'autre font taire les lois dans un péril pressant, mais avec cette grande différence, que la dictature, directement contraire à la législation romaine et à l'esprit du gouvernement, a fini par le détruire, et que les confédérations, au contraire, n'étant qu'un moyen de raffermir et rétablir la constitution ébranlée par de grands efforts, peuvent tendre et renforcer le ressort relâché de l'état sans pouvoir jamais le briser. Cette forme fédérative, qui peut-être dans son origine eut une cause fortuite, me paroît être un chef-d'œuvre de politique. Partout où la liberté règne, elle est incessamment attaquée, et très-souvent en péril. Tout état libre où les grandes crises n'ont pas été prévues est à chaque orage en danger de périr. Il n'y a que les Polonois qui de ces crises mêmes aient su tirer un nouveau moyen de maintenir la constitution. Sans les confédérations, il y a long-temps que la république de Pologne ne seroit plus, et j'ai grand'peur qu'elle ne dure pas long-temps après elles si l'on prend le parti de les abolir. Jetez les yeux sur ce qui vient de se passer. Sans les confédérations l'état étoit subjugué, la liberté étoit pour jamais anéantie. Voulez-vous ôter à la république la ressource qui vient de la sauver?

Et qu'on ne pense pas que, quand le *liberum veto* sera aboli et la pluralité rétablie, les confédé-

CHAPITRE IX.

rations deviendront inutiles, comme si tout leur avantage consistoit dans cette pluralité. Ce n'est pas la même chose. La puissance exécutive attachée aux confédérations leur donnera toujours, dans les besoins extrêmes, une vigueur, une activité, une célérité que ne peut avoir la diète, forcée à marcher à pas plus lents, avec plus de formalités, et qui ne peut faire un seul mouvement irrégulier sans renverser la constitution.

Non, les confédérations sont le bouclier, l'asile, le sanctuaire de cette constitution. Tant qu'elles subsisteront, il me paroît impossible qu'elle se détruise. Il faut les laisser, mais il faut les régler. Si tous les abus étoient ôtés, les confédérations deviendroient presque inutiles. La réforme de votre gouvernement doit opérer cet effet. Il n'y aura plus que les entreprises violentes qui mettent dans la nécessité d'y recourir; mais ces entreprises sont dans l'ordre des choses qu'il faut prévoir. Au lieu donc d'abolir les confédérations, déterminez les cas où elles peuvent légitimement avoir lieu, et puis réglez-en bien la forme et l'effet, pour leur donner une sanction légale autant qu'il est possible, sans gêner leur formation ni leur activité. Il y a même de ces cas où, par le seul fait, toute la Pologne doit être à l'instant confédérée, comme, par exemple, au moment où, sous quelque prétexte que ce soit et hors le cas d'une guerre ouverte, des troupes étrangères mettent le pied dans l'état;

parce qu'enfin, quel que soit le sujet de cette entrée, et le gouvernement même y eût-il consenti, confédération chez soi, n'est pas hostilité chez les autres. Lorsque, par quelque obstacle que ce puisse être, la diète est empêchée de s'assembler au temps marqué par la loi, lorsqu'à l'instigation de qui que ce soit on fait trouver des gens de guerre au temps et au lieu de son assemblée, ou que sa forme est altérée, ou que son activité est suspendue, ou que sa liberté est gênée en quelque façon que ce soit, dans tous ces cas la confédération générale doit exister par le seul fait; les assemblées et signatures particulières n'en sont que des branches; et tous les maréchaux en doivent être subordonnés à celui qui aura été nommé le premier.

CHAPITRE X.

Administration.

Sans entrer dans des détails d'administration pour lesquels les connoissances et les vues me manquent également, je risquerai seulement sur les deux parties des finances et de la guerre quelques idées que je dois dire, puisque je les crois bonnes, quoique presque assuré qu'elles ne seront pas goûtées : mais avant tout je ferai sur l'administration de la justice une remarque qui s'éloigne

CHAPITRE X.

un peu moins de l'esprit du gouvernement polonois.

Les deux états d'homme d'épée et d'homme de robe étoient inconnus des anciens. Les citoyens n'étoient par métier ni soldats, ni juges, ni prêtres, ils étoient tout par devoir. Voilà le vrai secret de faire que tout marche au but commun, d'empêcher que l'esprit d'état ne s'enracine dans les corps aux dépens du patriotisme, et que l'hydre de la chicane ne dévore une nation. La fonction de juge, tant dans les tribunaux suprêmes que dans les justices terrestres, doit être un état passager d'épreuves sur lequel la nation puisse apprécier le mérite et la probité d'un citoyen pour l'élever ensuite aux postes plus éminents dont il est trouvé capable. Cette manière de s'envisager eux-mêmes ne peut que rendre les juges très-attentifs à se mettre à l'abri de tout reproche, et leur donner généralement toute l'attention et toute l'intégrité que leur place exige. C'est ainsi que dans les beaux temps de Rome on passoit par la préture pour arriver au consulat. Voilà le moyen qu'avec peu de lois claires et simples, même avec peu de juges, la justice soit bien administrée, en laissant aux juges le pouvoir de les interpréter et d'y suppléer au besoin par les lumières naturelles de la droiture et du bon sens. Rien de plus puéril que les précautions prises sur ce point par les Anglois. Pour ôter les jugements arbitraires ils se sont soumis à mille jugements iniques et même extravagants : des nuées de gens de loi les dévorent, d'éternels procès les consument; et avec la folle idée de vouloir tout prévoir, ils ont fait de leurs lois un dédale immense où la mémoire et la raison se perdent également.

Il faut faire trois codes : l'un politique, l'autre civil, et l'autre criminel; tous trois clairs, courts et précis autant qu'il sera possible. Ces codes seront enseignés non seulement dans les universités, mais dans tous les colléges, et l'on n'a pas besoin d'autre corps de droit. Toutes les règles du droit naturel sont mieux gravées dans les cœurs des hommes que dans tout le fatras de Justinien : rendez-les seulement honnêtes et vertueux, et je vous réponds qu'ils sauront assez de droit. Mais il faut que tous les citoyens, et surtout les hommes publics, soient instruits des lois positives de leur pays et des règles particulières sur lesquelles ils sont gouvernés. Ils les trouveront dans ces codes qu'ils doivent étudier; et tous les nobles, avant d'être inscrits dans le livre d'or qui doit leur ouvrir l'entrée d'une diétine, doivent soutenir sur ces codes, et en particulier sur le premier, un examen qui ne soit pas une simple formalité, et sur lequel, s'ils ne sont pas suffisamment instruits, ils seront renvoyés jusqu'à ce qu'ils le soient mieux. A l'égard du droit romain et des coutumes, tout cela, s'il existe, doit être ôté des écoles et des tribunaux.

On n'y doit connoître d'autre autorité que les lois de l'état; elles doivent être uniformes dans toutes les provinces, pour tarir une source de procès; et les questions qui n'y seront pas décidées doivent l'être par le bon sens et l'intégrité des juges. Comptez que quand la magistrature ne sera pour ceux qui l'exercent qu'un état d'épreuve pour monter plus haut, cette autorité n'aura pas en eux l'abus qu'on en pourroit craindre, ou que, si cet abus a lieu, il sera toujours moindre que celui de ces foules de lois qui souvent se contredisent, dont le nombre rend les procès éternels, et dont le conflit rend également les jugements arbitraires.

Ce que je dis ici des juges doit s'entendre à plus forte raison des avocats. Cet état si respectable en lui-même se dégrade et s'avilit sitôt qu'il devient un métier. L'avocat doit être le premier juge de son client et le plus sévère : son emploi doit être, comme il étoit à Rome, et comme il est encore à Genève, le premier pas pour arriver aux magistratures; et en effet les avocats sont fort considérés à Genève, et méritent de l'être. Ce sont des postulants pour le conseil, très-attentifs à ne rien faire qui leur attire l'improbation publique. Je voudrois que toutes les fonctions publiques menassent ainsi de l'une à l'autre, afin que nul, ne s'arrangeant pour rester dans la sienne, ne s'en fît un métier lucratif et ne se mît au-dessus du jugement des hommes. Ce moyen rempliroit parfaitement le vœu de faire passer les enfants des citoyens opulents par l'état d'avocat, ainsi rendu honorable et passager. Je développerai mieux cette idée dans un moment.

Je dois dire ici en passant, puisque cela me vient à l'esprit, qu'il est contre le système d'égalité dans l'ordre équestre d'y établir des substitutions et des majorats. Il faut que la législation tende toujours à diminuer la grande inégalité de fortune et de pouvoir qui met trop de distance entre les seigneurs et les simples nobles, et qu'un progrès naturel tend toujours à augmenter. A l'égard du cens par lequel on fixeroit la quantité de terre qu'un noble doit posséder pour être admis aux diétines, voyant à cela du bien et du mal, et ne connoissant pas assez le pays pour comparer les effets, je n'ose absolument décider cette question. Sans contredit il seroit à désirer qu'un citoyen ayant voix dans un palatinat y possédât quelques terres, mais je n'aimerois pas trop qu'on en fixât la quantité : en comptant les possessions pour beaucoup de choses, faut-il donc tout-à-fait compter les hommes pour rien ? Eh quoi ! parce qu'un gentilhomme aura peu ou point de terres, cesse-t-il pour cela d'être libre et noble ? et sa pauvreté seule est-elle un crime assez grave pour lui faire perdre son droit de citoyen ?

Au reste, il ne faut jamais souffrir qu'aucune loi tombe en désuétude. Fût-elle indifférente, fût-elle mauvaise, il faut l'abroger formellement, ou la maintenir en vigueur. Cette maxime, qui est fondamentale, obligera de passer en revue toutes les anciennes lois, d'en abroger beaucoup, et de donner la sanction la plus sévère à celles qu'on voudra conserver. On regarde en France comme une maxime d'état de fermer les yeux sur beaucoup de choses : c'est à quoi le despotisme oblige toujours; mais, dans un gouvernement libre, c'est le moyen d'énerver la législation et d'ébranler la constitution. Peu de lois, mais bien digérées, et surtout bien observées. Tous les abus qui ne sont pas défendus sont encore sans conséquence : mais qui dit une loi dans un état libre dit une chose devant laquelle tout citoyen tremble, et le roi tout le premier. En un mot, souffrez tout plutôt que d'user le ressort des lois; car, quand une fois ce ressort est usé, l'état est perdu sans ressource.

CHAPITRE XI.

Système économique.

Le choix du système économique que doit adopter la Pologne dépend de l'objet qu'elle se propose en corrigeant sa constitution. Si vous ne voulez que devenir bruyants, brillants, redoutables, et influer sur les autres peuples de l'Europe, vous avez leur exemple, appliquez-vous à l'imiter.

Cultivez les sciences, les arts, le commerce, l'industrie, ayez des troupes réglées, des places fortes, des académies, surtout un bon système de finances qui fasse bien circuler l'argent, qui par-là le multiplie, qui vous en procure beaucoup; travaillez à le rendre très-nécessaire, afin de tenir le peuple dans une grande dépendance, et pour cela, fomentez le luxe matériel, et le luxe de l'esprit, qui en est inséparable. De cette manière vous formerez un peuple intrigant, ardent, avide, ambitieux, servile et fripon comme les autres, toujours sans aucun milieu à l'un des deux extrêmes de la misère ou de l'opulence, de la licence ou de l'esclavage : mais on vous comptera parmi les grandes puissances de l'Europe ; vous entrerez dans tous les systèmes politiques; dans toutes les négociations on recherchera votre alliance, on vous liera par des traités; il n'y aura pas une guerre en Europe où vous n'ayez l'honneur d'être fourrés: si le bonheur vous en veut, vous pourrez rentrer dans vos anciennes possessions, peut-être en conquérir de nouvelles, et puis dire comme Pyrrhus ou comme les Russes, c'est-à-dire comme les enfants : « Quand tout le monde sera à moi je man- « gerai bien du sucre. »

Mais si par hasard vous aimiez mieux former une nation libre, paisible et sage, qui n'a ni peur ni besoin de personne, qui se suffit à elle-même et qui est heureuse; alors il faut prendre une mé-

CHAPITRE XI.

thode toute différente, maintenir, rétablir chez vous des mœurs simples, des goûts sains, un esprit martial sans ambition; former des ames courageuses et désintéressées; appliquer vos peuples à l'agriculture et aux arts nécessaires à la vie; rendre l'argent méprisable, et s'il se peut inutile, chercher, trouver, pour opérer de grandes choses, des ressorts plus puissants et plus sûrs. Je conviens qu'en suivant cette route vous ne remplirez pas les gazettes du bruit de vos fêtes, de vos négociations, de vos exploits; que les philosophes ne vous encenseront pas, que les poètes ne vous chanteront pas, qu'en Europe on parlera peu de vous; peut-être même affectera-t-on de vous dédaigner; mais vous vivrez dans la véritable abondance, dans la justice, et dans la liberté; mais on ne vous cherchera pas querelle, on vous craindra sans en faire semblant, et je vous réponds que les Russes ni d'autres ne viendront plus faire les maîtres chez vous, ou que, si pour leur malheur ils y viennent, ils seront beaucoup plus pressés d'en sortir. Ne tentez pas surtout d'allier ces deux projets, ils sont trop contradictoires; et vouloir aller aux deux par une marche composée, c'est vouloir les manquer tous deux. Choisissez donc, et si vous préférez le premier parti, cessez ici de me lire; car, de tout ce qui me reste à proposer, rien ne se rapporte plus qu'au second.

Il y a sans contredit d'excellentes vues économiques dans les papiers qui m'ont été communiqués. Le défaut que j'y vois est d'être plus favorables à la richesse qu'à la prospérité. En fait de nouveaux établissements, il ne faut pas se contenter d'en voir l'effet immédiat; il faut encore en bien prévoir les conséquences éloignées, mais nécessaires. Le projet, par exemple, pour la vente des staroties[1] et pour la manière d'en employer le produit me paroît bien entendu et d'une exécution facile dans le système établi dans toute l'Europe de tout faire avec de l'argent. Mais ce système est-il bon en lui-même, et va-t-il bien à son but? Est-il sûr que l'argent soit le nerf de la guerre? Les peuples riches ont toujours été battus et conquis par les peuples pauvres. Est-il sûr que l'argent soit le ressort d'un bon gouvernement? Les systèmes de finances sont modernes. Je n'en vois rien sortir de bon ni de grand. Les gouvernements anciens ne connoissoient pas même ce mot de *finance,* et ce qu'ils faisoient avec des hommes est prodigieux. L'argent est tout au plus le supplément des hommes, et le supplément ne vaudra jamais la chose. Polonois, laissez-moi tout cet argent aux autres, ou contentez-vous de ce qu'il faudra bien qu'ils vous donnent, puisqu'ils ont plus besoin de vos

---

[1] Voyez la *Notice préliminaire.* On comptoit, tant en Pologne que dans le duché de Lithuanie, près de cinq cents domaines de cette espèce, et il y en avoit dont le revenu s'élevoit jusqu'à 60,000 fr.

blés que vous de leur or. Il vaut mieux, croyez-moi, vivre dans l'abondance que dans l'opulence; soyez mieux que pécunieux, soyez riches: cultivez bien vos champs, sans vous soucier du reste; bientôt vous moissonnerez de l'or, et plus qu'il n'en faut pour vous procurer l'huile et le vin qui vous manquent, puisqu'à cela près la Pologne abonde ou peut abonder de tout. Pour vous maintenir heureux et libres, ce sont des têtes, des cœurs et des bras qu'il vous faut; c'est là ce qui fait la force d'un état et la prospérité d'un peuple. Les systèmes de finances font des ames vénales; et dès qu'on ne veut que gagner, on gagne toujours plus à être fripon qu'honnête homme. L'emploi de l'argent se dévoie et se cache; il est destiné à une chose et employé à une autre. Ceux qui le manient apprennent bientôt à le détourner; et que sont tous les surveillants qu'on leur donne, sinon d'autres fripons qu'on envoie partager avec eux? S'il n'y avoit que des richesses publiques et manifestes, si la marche de l'or laissoit une marque ostensible et ne pouvoit se cacher, il n'y auroit point d'expédient plus commode pour acheter des services, du courage, de la fidélité, des vertus; mais vu sa circulation secrète, il est plus commode encore pour faire des pillards et des traîtres, pour mettre à l'enchère le bien public et la liberté. En un mot, l'argent est à la fois le ressort le plus foible et le plus vain que je connoisse pour faire marcher à son but la machine politique, le plus fort et le plus sûr pour l'en détourner.

On ne peut faire agir les hommes que par leur intérêt, je le sais; mais l'intérêt pécuniaire est le plus mauvais de tous, le plus vil, le plus propre à la corruption, et même, je le répète avec confiance et le soutiendrai toujours, le moindre et le plus foible aux yeux de qui connoît bien le cœur humain. Il est naturellement dans tous les cœurs de grandes passions en réserve; quand il n'y reste plus que celle de l'argent, c'est qu'on a énervé, étouffé toutes les autres qu'il falloit exciter et développer. L'avare n'a point proprement de passion qui le domine; il n'aspire à l'argent que par prévoyance, pour contenter celles qui pourront lui venir. Sachez les fomenter et les contenter directement sans cette ressource, bientôt elle perdra tout son prix.

Les dépenses publiques sont inévitables, j'en conviens encore; faites-les avec toute autre chose qu'avec de l'argent. De nos jours encore on voit en Suisse les officiers, magistrats et autres stipendiaires publics, payés avec des denrées. Ils ont des dîmes, du vin, du bois, des droits utiles, honorifiques. Tout le service public se fait par corvées, l'état ne paie presque rien en argent. Il en faut, dira-t-on, pour le paiement des troupes. Cet article aura sa place dans un moment. Cette manière de paiement n'est pas sans inconvénient; il y a de la perte, du gaspillage : l'administration de ces sortes de biens est plus embarrassante; elle déplaît surtout à ceux qui en sont chargés, parce qu'ils y trouvent moins à faire leur compte. Tout cela est vrai; mais que le mal est petit en comparaison de la foule de maux qu'il sauve! Un homme voudroit malverser qu'il ne le pourroit pas, du moins sans qu'il y parût. On m'objectera les baillis de quelques cantons suisses; mais d'où viennent leurs vexations? des amendes pécuniaires qu'ils imposent. Ces amendes arbitraires sont un grand mal déjà par elles-mêmes; cependant s'ils ne les pouvoient exiger qu'en denrées, ce ne seroit presque rien. L'argent extorqué se cache aisément, des magasins ne se cacheroient pas de même. Cherchez en tout pays, en tout gouvernement et par toute terre, vous n'y trouverez pas un grand mal en morale et en politique où l'argent ne soit mêlé.

On me dira que l'égalité des fortunes qui règne en Suisse rend la parcimonie aisée dans l'administration; au lieu que tant de puissantes maisons et de grands seigneurs qui sont en Pologne demandent pour leur entretien de grandes dépenses et des finances pour y pourvoir. Point du tout. Ces grands seigneurs sont riches par leurs patrimoines, et leurs dépenses seront moindres quand le luxe cessera d'être en honneur dans l'état, sans qu'elles les distinguent moins des fortunes inférieures qui suivront la même proportion. Payez leurs services par de l'autorité, des honneurs, de grandes places. L'inégalité des rangs est compensée en Pologne par l'avantage de la noblesse qui rend ceux qui les remplissent plus jaloux des honneurs que du profit. La république, en graduant et distribuant à propos ces récompenses purement honorifiques, se ménage un trésor qui ne la ruinera pas, et qui lui donnera des héros pour citoyens. Ce trésor des honneurs est une ressource inépuisable chez un peuple qui a de l'honneur; et plût à Dieu que la Pologne eût l'espoir d'épuiser cette ressource! O heureuse la nation qui ne trouvera plus dans son sein de distinctions possibles pour la vertu!

Au défaut de n'être pas dignes d'elle, les récompenses pécuniaires joignent celui de n'être pas assez publiques, de ne parler pas sans cesse aux yeux et aux cœurs, de disparoître aussitôt qu'elles sont accordées, et de ne laisser aucune trace visible qui excite l'émulation en perpétuant l'honneur qui doit les accompagner. Je voudrois que tous les grades, tous les emplois, toutes les récompenses honorifiques, se marquassent par des signes extérieurs; qu'il ne fût jamais permis à un homme en place de marcher *incognito;* que les marques de son rang ou de sa dignité le suivissent partout, afin que le peuple le respectât toujours, et qu'il se respectât toujours lui-même; qu'il pût ainsi toujours dominer l'opulence, qu'un riche qui n'est pas riche, sans cesse offusqué par des citoyens titrés

CHAPITRE XI.

et pauvres, ne trouvât ni considération ni agrément dans sa patrie ; qu'il fût forcé de la servir pour y briller, d'être intègre par ambition, et d'aspirer malgré sa richesse à des rangs où la seule approbation publique mène, et d'où le blâme peut toujours faire déchoir. Voilà comment on énerve la force des richesses, et comment on fait des hommes qui ne sont point à vendre. J'insiste beaucoup sur ce point, bien persuadé que vos voisins, et surtout les Russes, n'épargneront rien pour corrompre vos gens en place, et que la grande affaire de votre gouvernement est de travailler à les rendre incorruptibles.

Si l'on me dit que je veux faire de la Pologne un peuple de capucins, je réponds d'abord que ce n'est là qu'un argument à la françoise, et que plaisanter n'est pas raisonner. Je réponds encore qu'il ne faut pas outrer mes maximes au-delà de mes intentions et de la raison ; que mon dessein n'est pas de supprimer la circulation des espèces, mais seulement de la ralentir, et de prouver surtout combien il importe qu'un bon système économique ne soit pas un système de finance et d'argent. Lycurgue, pour déraciner la cupidité dans Sparte, n'anéantit pas la monnoie, mais il en fit une de fer. Pour moi, je n'entends proscrire ni l'argent ni l'or, mais les rendre moins nécessaires, et faire que celui qui n'en a pas soit pauvre sans être gueux. Au fond, l'argent n'est pas la richesse, il n'en est que le signe ; ce n'est pas le signe qu'il faut multiplier, mais la chose représentée. J'ai vu, malgré les fables des voyageurs, que les Anglois, au milieu de tout leur or, n'étoient pas en détail moins nécessiteux que les autres peuples. Et que m'importe, après tout, d'avoir cent guinées au lieu de dix, si ces cent guinées ne me rapportent pas une subsistance plus aisée ? La richesse pécuniaire n'est que relative : et, selon des rapports qui peuvent changer par mille causes, on peut se trouver successivement riche et pauvre avec la même somme, mais non pas avec des biens en nature ; car, comme immédiatement utiles à l'homme, ils ont toujours leur valeur absolue qui ne dépend point d'une opération de commerce. J'accorderai que le peuple anglois est plus riche que les autres peuples : mais il ne s'ensuit pas qu'un bourgeois de Londres vive plus à son aise qu'un bourgeois de Paris. De peuple à peuple, celui qui a plus d'argent a de l'avantage ; mais cela ne fait rien au sort des particuliers, et ce n'est pas là que gît la prospérité d'une nation.

Favorisez l'agriculture et les arts utiles, non pas en enrichissant les cultivateurs, ce qui ne seroit que les exciter à quitter leur état, mais en le leur rendant honorable et agréable. Etablissez les manufactures de première nécessité ; multipliez sans cesse vos blés et vos hommes, sans vous mettre en souci du reste. Le superflu du produit de vos terres, qui, par les monopoles multipliés, va manquer aureste de l'Europe, vous apportera nécessairement plus d'argent que vous n'en aurez besoin. Au-delà de ce produit nécessaire et sûr, vous serez pauvres tant que vous voudrez en avoir; sitôt que vous saurez vous en passer, vous serez riches. Voilà l'esprit que je voudrois faire régner dans votre système économique : peu songer à l'étranger, peu vous soucier du commerce, mais multiplier chez vous autant qu'il est possible et la denrée et les consommateurs. L'effet infaillible et naturel d'un gouvernement libre et juste est la population. Plus donc vous perfectionnerez votre gouvernement, plus vous multiplierez votre peuple sans même y songer. Vous n'aurez ainsi ni mendiants ni millionnaires. Le luxe et l'indigence disparaîtront ensemble insensiblement; et les citoyens, guéris des goûts frivoles que donne l'opulence, et des vices attachés à la misère, mettront leurs soins et leur gloire à bien servir la patrie, et trouveront leur bonheur dans leurs devoirs.

Je voudrois qu'on imposât toujours les bras des hommes plus que leurs bourses; que les chemins, les ponts, les édifices publics, le service du prince et de l'état, se fissent par des corvées et non point à prix d'argent. Cette sorte d'impôt est au fond la moins onéreuse, et surtout celle dont on peut le moins abuser; car l'argent disparoît en sortant des mains qui le paient; mais chacun voit à quoi les hommes sont employés, et l'on ne peut les surcharger à pure perte. Je sais que cette méthode est impraticable où règnent le luxe, le commerce et les arts : mais rien n'est si facile chez un peuple simple et de bonnes mœurs, et rien n'est plus utile pour les conserver telles : c'est une raison de plus pour la préférer.

Je reviens donc aux starosties, et je conviens derechef que le projet de les vendre pour en faire valoir le produit au profit du trésor public est bon et bien entendu, quant à son objet économique : mais quant à l'objet politique et moral, ce projet est si peu de mon goût, que, si les starosties étoient vendues, je voudrois qu'on les rachetât pour en faire le fonds des salaires et récompenses de ceux qui serviroient la patrie ou qui auroient bien mérité d'elle. En un mot, je voudrois, s'il étoit possible, qu'il n'y eût point de trésor public, et que le fisc ne connût pas même les paiements en argent. Je sens que la chose à la rigueur n'est pas possible; mais l'esprit du gouvernement doit toujours tendre à la rendre telle, et rien n'est plus contraire à cet esprit que la vente dont il s'agit. La république en seroit plus riche, il est vrai ; mais le ressort du gouvernement en seroit plus foible en proportion.

J'avoue que la régie des biens publics en deviendroit plus difficile, et surtout moins agréable aux régisseurs, quand tous ces biens seront en nature et point en argent : mais il faut faire alors de cette régie et de son inspection autant d'épreuves de bon sens, de vigilance, et surtout d'intégrité, pour parvenir à des places plus éminentes. On ne fera qu'imiter à cet égard l'administration municipale établie à Lyon, où il faut commencer par être administrateur de l'Hôtel-Dieu pour parvenir aux charges de la ville, et c'est sur la manière dont on s'acquitte de celle-là qu'on fait juger si l'on est digne des autres. Il n'y avoit rien de plus intègre que les questeurs des armées romaines, parce que la questure étoit le premier pas pour arriver aux charges curules. Dans les places qui peuvent tenter la cupidité, il faut faire en sorte que l'ambition la réprime. Le plus grand bien qui résulte de là n'est pas l'épargne des friponneries; mais c'est de mettre en honneur le désintéressement, et de rendre la pauvreté respectable quand elle est le fruit de l'intégrité.

Les revenus de la république n'égalent pas sa dépense; je le crois bien : les citoyens ne veulent rien payer du tout. Mais des hommes qui veulent être libres ne doivent pas être esclaves de leur bourse, et où est l'état où la liberté ne s'achète pas et même très-cher? On me citera la Suisse; mais, comme je l'ai déjà dit, dans la Suisse les citoyens remplissent eux-mêmes les fonctions que partout ailleurs ils aiment mieux payer pour les faire remplir par d'autres. Ils sont soldats, officiers, magistrats, ouvriers : ils sont tout pour le service de l'état; et, toujours prêts à payer de leur personne, ils n'ont pas besoin de payer encore de leur bourse.

Quand les Polonois voudront en faire autant, ils n'auront pas plus besoin d'argent que les Suisses; mais si un grand état refuse de se conduire sur les maximes des petites républiques, il ne faut pas qu'il en recherche les avantages, ni qu'il veuille l'effet en rejetant les moyens de l'obtenir. Si la Pologne étoit, selon mon désir, une confédération de trente-trois petits états, elle réuniroit la force des grandes monarchies et la liberté des petites républiques; mais il faudroit pour cela renoncer à l'ostentation, et j'ai peur que cet article ne soit le plus difficile.

De toutes les manières d'asseoir un impôt, la plus commode et celle qui coûte le moins de frais est sans contredit la capitation; mais c'est aussi la plus forcée, la plus arbitraire, et c'est sans doute pour cela que Montesquieu la trouve servile, quoi-qu'elle ait été la seule pratiquée par les Romains, et qu'elle existe encore en ce moment en plusieurs républiques, sous d'autres noms à la vérité, comme à Genève, où l'on appelle cela *payer les gardes*, et où les seuls citoyens et bourgeois paient cette taxe, tandis que les habitants et natifs en paient d'autres; ce qui est exactement le contraire de l'idée de Montesquieu.

Mais comme il est injuste et déraisonnable d'imposer les gens qui n'ont rien, les impositions réelles valent toujours mieux que les personnelles : seulement il faut éviter celles dont la perception est difficile et coûteuse, et celles surtout qu'on élude par la contrebande, qui fait des non-valeurs, remplit l'état de fraudeurs et de brigands, corrompt la fidélité des citoyens. Il faut que l'imposition soit si bien proportionnée, que l'embarras de la fraude en surpasse le profit. Ainsi jamais d'impôt sur ce qui se cache aisément, comme la dentelle et les bijoux; il vaut mieux défendre de les porter que de les entrer. En France on excite à plaisir la tentation de la contrebande, et cela me fait croire que la ferme trouve son compte à ce qu'il y ait des contrebandiers. Ce système est abominable et contraire à tout bon sens. L'expérience apprend que le papier timbré est un impôt singulièrement onéreux aux pauvres, gênant pour le commerce, qui multiplie extrêmement les chicanes, et fait beaucoup crier le peuple partout où il est établi : je ne conseillerois pas d'y penser. Celui sur les bestiaux me paroît beaucoup meilleur, pourvu qu'on évite la fraude, car toute fraude possible est toujours une source de maux. Mais il peut être onéreux aux contribuables en ce qu'il faut le payer en argent, et le produit des contributions de cette espèce est trop sujet à être dévoyé de sa destination.

L'impôt le meilleur, à mon avis, le plus naturel, et qui n'est point sujet à la fraude, est une taxe proportionnelle sur les terres, et sur toutes les terres sans exception, comme l'ont proposée le maréchal de Vauban et l'abbé de Saint-Pierre; car enfin c'est ce qui produit qui doit payer. Tous les biens royaux, terrestres, ecclésiastiques et en roture doivent payer également, c'est-à-dire proportionnellement à leur étendue et à leur produit, quel qu'en soit le propriétaire. Cette imposition paroîtroit demander une opération préliminaire qui seroit longue et coûteuse, savoir un cadastre général. Mais cette dépense peut très-bien s'éviter, et même avec avantage, en asseyant l'impôt non sur la terre directement, mais sur son produit, ce qui seroit encore plus juste ; c'est-à-dire en établissant dans la proportion qui seroit jugée convenable une dîme qui se lèveroit en nature sur la récolte, comme la dîme ecclésiastique ; et, pour éviter l'embarras des détails et des magasins, on affermeroit ces dîmes à l'enchère, comme font les curés ; en sorte que les particuliers ne seroient tenus de payer la dîme que sur leur récolte, et ne la paieroient de leur bourse que lorsqu'ils l'aimeroient mieux ainsi, sur un tarif réglé par le gouvernement. Ces fermes réunies pourroient être un objet de commerce, par le débit des denrées qu'elles produiroient, et qui pourroient passer à l'étranger par la voie de Dantzick ou de Riga. On éviteroit encore par-là tous les frais de perception et de régie, toutes ces nuées de commis et d'employés si odieux au peuple, si incommodes au public ; et, ce qui est le plus grand point, la république auroit de l'argent sans que les citoyens fussent obligés d'en donner ; car je ne répéterai jamais assez que ce qui rend la taille et tous les impôts onéreux au cultivateur, est qu'ils sont pécuniaires, et qu'il est premièrement obligé de vendre pour parvenir à payer.

CHAPITRE XII.

Système militaire.

De toutes les dépenses de la république, l'entretien de l'armée de la couronne est la plus considérable, et certainement les services que rend cette armée ne sont pas proportionnés à ce qu'elle coûte. Il faut pourtant, va-t-on dire aussitôt, des troupes pour garder l'état. J'en conviendrois si ces troupes le gardoient en effet; mais je ne vois pas que cette armée l'ait jamais garanti d'aucune invasion, et j'ai grand'peur qu'elle ne l'en garantisse pas plus dans la suite.

La Pologne est environnée de puissances belliqueuses qui ont continuellement sur pied de nombreuses troupes parfaitement disciplinées, auxquelles, avec les plus grands efforts, elle n'en pourra jamais opposer de pareilles sans s'épuiser en très-peu de temps, surtout dans l'état déplorable où celles qui la désolent vont la laisser. D'ailleurs on ne la laisseroit pas faire; et si, avec les ressources de la plus vigoureuse administration, elle vouloit mettre son armée sur un pied respectable, ses voisins, attentifs à la prévenir, l'écraseroient bien vite avant qu'elle pût exécuter son projet. Non, si elle ne veut que les imiter, elle ne leur résistera jamais.

La nation polonoise est différente de naturel, de gouvernement, de mœurs, de langage, non seulement de celles qui l'avoisinent, mais de tout le reste de l'Europe. Je voudrois qu'elle en différât encore dans sa constitution militaire, dans sa tactique, dans sa discipline, qu'elle fût toujours elle et non pas une autre. C'est alors seulement qu'elle sera tout ce qu'elle peut être, et qu'elle tirera de son sein toutes les ressources qu'elle peut avoir. La plus inviolable loi de la nature est la loi du plus fort. Il n'y a point de législation, point de constitution qui puisse exempter de cette loi. Chercher les moyens de vous garantir des invasions d'un voisin plus fort que vous, c'est chercher une chimère. C'en seroit une encore plus grande de vouloir faire des conquêtes et vous donner une force offensive; elle est incompatible avec la forme de votre gouvernement. Quiconque veut être libre ne doit pas vouloir être conquérant. Les Romains le furent par nécessité, et, pour ainsi dire, malgré eux-mêmes. La guerre étoit un remède nécessaire au vice de leur constitution. Toujours attaqués et toujours vainqueurs, ils étoient le seul peuple discipliné parmi des barbares, et devinrent les maîtres du monde en se défendant toujours. Votre position est si différente, que vous ne sauriez même

CHAPITRE XII.

vous défendre contre qui vous attaquera. Vous n'aurez jamais la force offensive ; de long-temps vous n'aurez la défensive ; mais vous aurez bientôt, ou, pour mieux dire, vous avez déjà la force conservatrice, qui, même subjugués, vous garantira de la destruction, et conservera votre gouvernement et votre liberté dans son seul et vrai sanctuaire, qui est le cœur des Polonois.

Les troupes réglées, peste et dépopulation de l'Europe, ne sont bonnes qu'à deux fins ; ou pour attaquer et conquérir les voisins, ou pour enchaîner et asservir les citoyens. Ces deux fins vous sont également étrangères : renoncez donc au moyen par lequel on y parvient. L'état ne doit pas rester sans défenseurs, je le sais ; mais ses vrais défenseurs sont ses membres. Tout citoyen doit être soldat par devoir, nul ne doit l'être par métier. Tel fut le système militaire des Romains ; tel est aujourd'hui celui des Suisses ; tel doit être celui de tout état libre, et surtout de la Pologne. Hors d'état de solder une armée suffisante pour la défendre, il faut qu'elle trouve au besoin cette armée dans ses habitants. Une bonne milice, une véritable milice bien exercée, est seule capable de remplir cet objet. Cette milice coûtera peu de chose à la république, sera toujours prête à la servir, et la servira bien, parce qu'enfin l'on défend toujours mieux son propre bien que celui d'autrui.

Monsieur le comte de Wielhorski propose de

lever un régiment par palatinat, et de l'entretenir toujours sur pied. Ceci suppose qu'on licencieroit l'armée de la couronne, ou du moins l'infanterie; car je crois que l'entretien de ces trente-trois régiments surchargeroit trop la république si elle avoit outre cela l'armée de la couronne à payer. Ce changement auroit son utilité, et me paroît facile à faire, mais il peut devenir onéreux encore, et l'on préviendra difficilement les abus. Je ne serois pas d'avis d'éparpiller les soldats pour maintenir l'ordre dans les bourgs et villages; cela seroit pour eux une mauvaise discipline. Les soldats, surtout ceux qui sont tels par métier, ne doivent jamais être livrés seuls à leur propre conduite, et bien moins chargés de quelque inspection sur les citoyens. Ils doivent toujours marcher et séjourner en corps : toujours subordonnés et surveillés, ils ne doivent être que des instruments aveugles dans les mains de leurs officiers. De quelque petite inspection qu'on les chargeât, il en résulteroit des violences, des vexations, des abus sans nombre; les soldats et les habitants deviendroient ennemis les uns des autres : c'est un malheur attaché partout aux troupes réglées : ces régiments toujours subsistants en prendroient l'esprit, et jamais cet esprit n'est favorable à la liberté. La république romaine fut détruite par ses légions, quand l'éloignement de ses conquêtes la força d'en avoir toujours sur pied. Encore une fois, les Polonois ne

CHAPITRE XII.

doivent point jeter les yeux autour d'eux pour imiter ce qui s'y fait, même de bien. Ce bien, relatif à des constitutions toutes différentes, seroit un mal dans la leur. Ils doivent rechercher uniquement ce qui leur est convenable, et non pas ce que d'autres font.

Pourquoi donc, au lieu de troupes réglées, cent fois plus onéreuses qu'utiles à tout peuple qui n'a pas l'esprit de conquêtes, n'établiroit-on pas en Pologne une véritable milice exactement comme elle est établie en Suisse, où tout habitant est soldat, mais seulement quand il faut l'être? La servitude établie en Pologne ne permet pas, je l'avoue, qu'on arme sitôt les paysans : les armes dans des mains serviles seront toujours plus dangereuses qu'utiles à l'état; mais, en attendant que l'heureux moment de les affranchir soit venu, la Pologne fourmille de villes, et leurs habitants enrégimentés pourroient fournir au besoin des troupes nombreuses dont, hors le temps de ce même besoin, l'entretien ne coûteroit rien à l'état. La plupart de ces habitants, n'ayant point de terres, paieroient ainsi leur contingent en service, et ce service pourroit aisément être distribué de manière à ne leur être point onéreux, quoiqu'ils fussent suffisamment exercés.

En Suisse, tout particulier qui se marie est obligé d'être fourni d'un uniforme, qui devient son habit de fête, d'un fusil de calibre, et de tout l'équipage d'un fantassin; et il est inscrit dans la compagnie de son quartier. Durant l'été, les dimanches et les jours de fêtes, on exerce ces milices selon l'ordre de leurs rôles, d'abord par petites escouades, ensuite par compagnies, puis par régiments, jusqu'à ce que, leur tour étant venu, ils se rassemblent en campagne, et forment successivement de petits camps, dans lesquels on les exerce à toutes les manœuvres qui conviennent à l'infanterie. Tant qu'ils ne sortent pas du lieu de leur demeure, peu ou point détournés de leurs travaux, ils n'ont aucune paie; mais sitôt qu'ils marchent en campagne, ils ont le pain de munition et sont à la solde de l'état; et il n'est permis à personne d'envoyer un autre homme à sa place, afin que chacun soit exercé lui-même et que tous fassent le service. Dans un état tel que la Pologne, on peut tirer de ses vastes provinces de quoi remplacer aisément l'armée de la couronne par un nombre suffisant de milice toujours sur pied, mais qui, changeant au moins tous les ans, et prise par petits détachements sur tous les corps, seroit peu onéreuse aux particuliers, dont le tour viendroit à peine de douze à quinze ans une fois. De cette manière, toute la nation seroit exercée, on auroit une belle et nombreuse armée toujours prête au besoin, et qui coûteroit beaucoup moins, surtout en temps de paix, que ne coûte aujourd'hui l'armée de la couronne.

CHAPITRE XII.

Mais, pour bien réussir dans cette opération, il faudroit commencer par changer sur ce point l'opinion publique sur un état qui change en effet du tout au tout, et faire qu'on ne regardât plus en Pologne un soldat comme un bandit qui, pour vivre, se vend à cinq sous par jour, mais comme un citoyen qui sert la patrie et qui est à son devoir. Il faut remettre cet état dans le même honneur où il étoit jadis, et où il est encore en Suisse et à Genève, où les meilleurs bourgeois sont aussi fiers à leur corps et sous les armes, qu'à l'hôtel-de-ville et au conseil souverain. Pour cela, il importe que dans le choix des officiers on n'ait aucun égard au rang, au crédit et à la fortune, mais uniquement à l'expérience et aux talents. Rien n'est plus aisé que de jeter sur le bon maniement des armes un point d'honneur qui fait que chacun s'exerce avec zèle pour le service de la patrie aux yeux de sa famille et des siens; zèle qui ne peut s'allumer de même chez de la canaille enrôlée au hasard, et qui ne sent que la peine de s'exercer. J'ai vu le temps qu'à Genève les bourgeois manœuvroient beaucoup mieux que des troupes réglées; mais les magistrats, trouvant que cela jetoit dans la bourgeoisie un esprit militaire qui n'alloit pas à leurs vues, ont pris peine à étouffer cette émulation, et n'ont que trop bien réussi.

Dans l'exécution de ce projet on pourroit, sans aucun danger, rendre au roi l'autorité militaire naturellement attachée à sa place, car il n'est pas concevable que la nation puisse être employée à s'opprimer elle-même, du moins quand tous ceux qui la composent auront part à la liberté. Ce n'est jamais qu'avec des troupes réglées et toujours subsistantes que la puissance exécutive peut asservir l'état. Les grandes armées romaines furent sans abus tant qu'elles changèrent à chaque consul; et, jusqu'à Marius, il ne vint pas même à l'esprit d'aucun d'eux qu'ils en pussent tirer aucun moyen d'asservir la république. Ce ne fut que quand le grand éloignement des conquêtes força les Romains de tenir long-temps sur pied les mêmes armées, de les recruter de gens sans aveu, et d'en perpétuer le commandement à des proconsuls, que ceux-ci commencèrent à sentir leur indépendance et à vouloir s'en servir pour établir leur pouvoir. Les armées de Sylla, de Pompée et de César devinrent de véritables troupes réglées, qui substituèrent l'esprit du gouvernement militaire à celui du républicain; et cela est si vrai que les soldats de César se tinrent très-offensés quand, dans un mécontentement réciproque, il les traita de citoyens, *quirites*[1]. Dans le plan que j'imagine et que j'achè-

---

[1] * Ce trait est rapporté par Suétone (*in Jul. Cæs.*, *cap.* 70) et par Tacite (*Annal.* I, 42); mais Rousseau n'a pas fait attention que *quirites* n'est rien moins que synonyme de *cives*, et Tacite en cet endroit même le fait bien sentir. Suivant la remarque de Dotteville, *quirites* étoit le nom qu'on donnoit au peuple romain

CHAPITRE XII.

verai bientôt de tracer, toute la Pologne deviendra guerrière autant pour la défense de sa liberté contre les entreprises du prince que contre celles de ses voisins; et j'oserai dire que, ce projet une fois bien exécuté, l'on pourroit supprimer la charge de grand général et la réunir à la couronne, sans qu'il en résultât le moindre danger pour la liberté, à moins que la nation ne se laissât leurrer par des projets de conquêtes, auquel cas je ne répondrois plus de rien. Quiconque veut ôter aux autres leur liberté finit presque toujours par perdre la sienne : cela est vrai même pour les rois, et bien plus vrai surtout pour les peuples.

Pourquoi l'ordre équestre, en qui réside véritablement la république, ne suivroit-il pas lui-même un plan pareil à celui que je propose pour l'infanterie? Établissez dans tous les palatinats des corps de cavalerie où toute la noblesse soit inscrite, et qui ait ses officiers, son état-major, ses étendards, ses quartiers assignés en cas d'alarmes, ses temps marqués pour s'y rassembler tous les ans; que cette brave noblesse s'exerce à escadronner, à faire toutes sortes de mouvements, d'évolutions, à mettre de l'ordre et de la précision dans ses ma-

---

assemblé, dans Rome en temps de paix. Si donc les soldats de César s'offensèrent de cette qualification, c'est par un motif étranger à celui que Rousseau leur suppose. Au reste, si l'exemple cité pèche ici dans son application, la proposition générale n'en reste pas moins vraie.

nœuvres, à connoître la subordination militaire. Je ne voudrois point qu'elle imitât servilement la tactique des autres nations. Je voudrois qu'elle s'en fît une qui lui fût propre, qui développât et perfectionnât ses dispositions naturelles et nationales; qu'elle s'exerçât surtout à la vitesse et à la légèreté, à se rompre, s'éparpiller, et se rassembler sans peine et sans confusion; qu'elle excellât dans ce qu'on appelle la petite guerre, dans toutes les manœuvres qui conviennent à des troupes légères, dans l'art d'inonder un pays comme un torrent, d'atteindre partout, et de n'être jamais atteinte, d'agir toujours de concert quoique séparée, de couper les communications, d'intercepter des convois, de charger des arrière-gardes, d'enlever des gardes avancées, de surprendre des détachements, de harceler de grands corps qui marchent et campent réunis; qu'elle prît la manière des anciens Parthes comme elle en a la valeur, et qu'elle apprît comme eux à vaincre et détruire les armées les mieux disciplinées sans jamais livrer de bataille et sans leur laisser le moment de respirer; en un mot ayez de l'infanterie puisqu'il en faut, mais ne comptez que sur votre cavalerie, et n'oubliez rien pour inventer un système qui mette tout le sort de la guerre entre ses mains.

C'est un mauvais conseil pour un peuple libre que celui d'avoir des places fortes; elles ne conviennent point au génie polonois, et partout elles

CHAPITRE XII.

deviennent tôt ou tard des nids à tyrans[1]. Les places que vous croirez fortifier contre les Russes, vous les fortifierez infailliblement pour eux; elles deviendront pour vous des entraves dont vous ne vous délivrerez plus. Négligez même les avantages de postes, et ne vous ruinez pas en artillerie : ce n'est pas tout cela qu'il vous faut. Une invasion brusque est un grand malheur, sans doute; mais des chaînes permanentes en sont un beaucoup plus grand. Vous ne ferez jamais en sorte qu'il soit difficile à vos voisins d'entrer chez vous; mais vous pouvez faire en sorte qu'il leur soit difficile d'en sortir impunément, et c'est à quoi vous devez mettre tous vos soins. Antoine et Crassus entrèrent aisément, mais pour leur malheur, chez les Parthes. Un pays aussi vaste que le vôtre offre toujours à ses habitants des refuges et de grandes ressources pour échapper à ses agresseurs. Tout l'art humain ne sauroit empêcher l'action brusque du fort contre le foible; mais il peut se ménager des ressorts pour la réaction; et quand l'expérience apprendra que la sortie de chez vous est si difficile, on deviendra moins pressé d'y entrer. Laissez donc votre pays tout ouvert comme Sparte, mais bâtissez-vous comme elle de bonnes citadelles dans les cœurs des citoyens; et comme Thémistocle emmenoit

---

[1] * Cette opinion avoit été de tout temps celle des nobles polonois; ils ne pouvoient souffrir les villes fortifiées. *Fortalitia*, répétoient-ils proverbialement, *sunt frena libertatis*.

Athènes sur sa flotte, emportez au besoin vos villes sur vos chevaux. L'esprit d'imitation produit peu de bonnes choses et ne produit jamais rien de grand. Chaque pays a des avantages qui lui sont propres, et que l'institution doit étendre et favoriser. Ménagez, cultivez ceux de la Pologne, elle aura peu d'autres nations à envier.

Une seule chose suffit pour la rendre impossible à subjuguer; l'amour de la patrie et de la liberté animé par les vertus qui en sont inséparables. Vous venez d'en donner un exemple mémorable à jamais. Tant que cet amour brûlera dans les cœurs, il ne vous garantira pas peut-être d'un joug passager; mais tôt ou tard il fera son explosion, secouera le joug et vous rendra libres. Travaillez donc sans relâche, sans cesse, à porter le patriotisme au plus haut degré dans tous les cœurs polonois. J'ai ci-devant indiqué quelques uns des moyens propres à cet effet : il me reste à développer ici celui que je crois être le plus fort, le plus puissant, et même infaillible dans son succès, s'il est bien exécuté : c'est de faire en sorte que tous les citoyens se sentent incessamment sous les yeux du public; que nul n'avance et ne parvienne que par la faveur publique; qu'aucun poste, aucun emploi ne soit rempli que par le vœu de la nation; et qu'enfin depuis le dernier noble, depuis même le dernier manant, jusqu'au roi, s'il est possible, tous dépendent tellement de l'estime publique, qu'on ne puisse rien faire, rien acquérir, parvenir à rien sans elle. De l'effervescence excitée par cette commune émulation naîtra cette ivresse patriotique qui seule sait élever les hommes au-dessus d'eux-mêmes, et sans laquelle la liberté n'est qu'un vain nom et la législation qu'une chimère.

Dans l'ordre équestre, ce système est facile à établir, si l'on a soin d'y suivre partout une marche graduelle, et de n'admettre personne aux honneurs et dignités de l'état qu'il n'ait préalablement passé par les grades inférieurs, lesquels serviront d'entrée et d'épreuve pour arriver à une plus grande élévation. Puisque l'égalité parmi la noblesse est une loi fondamentale de la Pologne, la carrière des affaires publiques y doit toujours commencer par les emplois subalternes; c'est l'esprit de la constitution. Ils doivent être ouverts à tout citoyen que son zèle porte à s'y présenter, et qui croit se sentir en état de les remplir avec succès : mais ils doivent être le premier pas indispensable à quiconque, grand ou petit, veut avancer dans cette carrière. Chacun est libre de ne s'y pas présenter ; mais sitôt que quelqu'un y entre, il faut, à moins d'une retraite volontaire, qu'il avance, ou qu'il soit rebuté avec improbation. Il faut que, dans toute sa conduite, vu et jugé par ses concitoyens, il sache que tous ses pas sont suivis, que toutes ses actions sont pesées, et qu'on tient du bien et du mal un compte fidèle dont l'influence s'étendra sur tout le reste de sa vie.

CHAPITRE XIII.

Projet pour assujettir à une marche graduelle tous les membres du gouvernement.

Voici, pour graduer cette marche, un projet que j'ai tâché d'adapter aussi bien qu'il étoit possible à la forme du gouvernement établi, réformé seulement quant à la nomination des sénateurs, de la manière et par les raisons ci-devant déduites.

Tous les membres actifs de la république, j'entends ceux qui auront part à l'administration, seront partagés en trois classes, marquées par autant de signes distinctifs que ceux qui composeront ces classes porteront sur leurs personnes. Les ordres de chevalerie, qui jadis étoient des preuves de vertu, ne sont maintenant que des signes de la faveur des rois. Les rubans et bijoux qui en sont la marque ont un air de colifichet et de parure féminine qu'il faut éviter dans notre institution. Je voudrois que les marques des trois ordres que je propose fussent des plaques de divers métaux, dont le prix matériel seroit en raison inverse du grade de ceux qui les porteroient.

Le premier pas dans les affaires publiques sera

précédé d'une épreuve pour la jeunesse dans les places d'avocats, d'assesseurs, de juges même dans les tribunaux subalternes, de régisseurs de quelque portion des deniers publics, et en général dans tous les postes inférieurs qui donnent à ceux qui les remplissent occasion de montrer leur mérite, leur capacité, leur exactitude, et surtout leur intégrité. Cet état d'épreuve doit durer au moins trois ans, au bout desquels, munis de certificats de leurs supérieurs, et du témoignage de la voix publique, ils se présenteront à la diétine de leur province, où, après un examen sévère de leur conduite, on honorera ceux qui en seront jugés dignes d'une plaque d'or, portant leur nom, celui de leur province, la date de leur réception, et au-dessous cette inscription en plus gros caractères : *Spes patriæ.* Ceux qui auront reçu cette plaque la porteront toujours attachée à leur bras droit ou sur leur cœur; ils prendront le titre de *servants d'état;* et jamais dans l'ordre équestre il n'y aura que des servants d'état qui puissent être élus nonces à la diète, députés au tribunal, commissaires à la chambre des comptes, ni chargés d'aucune fonction publique qui appartienne à la souveraineté.

Pour arriver au second grade il sera nécessaire d'avoir été trois fois nonce à la diète, et d'avoir obtenu chaque fois aux diétines de relation l'approbation de ses constituants; et nul ne pourra être élu nonce une seconde ou troisième fois s'il n'est muni de cet acte pour sa précédente nonciature. Le service au tribunal ou à Radom en qualité de commissaire ou de député équivaudra à une nonciature¹ ; et il suffira d'avoir siégé trois fois dans ces assemblées indifféremment, mais toujours avec approbation, pour arriver de droit au second grade. En sorte que, sur les trois certificats présentés à la diète, le servant d'état qui les aura obtenus sera honoré de la seconde plaque et du titre dont elle est la marque.

Cette plaque sera d'argent, de même forme et grandeur que la précédente; elle portera les mêmes inscriptions, excepté qu'au lieu des deux mots *Spes patriæ*, on y gravera ces deux-ci, *Civis electus*. Ceux qui porteront ces plaques seront appelés *citoyens de choix*, ou simplement *élus*, et ne pourront plus être simples nonces, députés au tribunal, ni commissaires à la chambre; mais ils seront autant de candidats pour les places de sé-

---

¹ * C'est à Radom dans la Petite-Pologne que siégeoit la *Commission du trésor*, composée de membres choisis par la diète dans l'ordre équestre, et qui étoient élus pour deux ans. Les fonctions de ce tribunal étoient d'examiner les comptes du grand-trésorier, ceux des préposés à la régie des domaines et des douanes, et généralement de juger toutes les affaires concernant les finances.

Il y avoit de plus deux *Grands-Tribunaux*, l'un pour la Pologne, l'autre pour la Lithuanie, chargés de juger en dernière instance toutes les causes civiles et criminelles. Chacun d'eux se composoit de huit députés ecclésiastiques nommés par les chapitres, et de dix-neuf députés laïques nommés par les diétines. Leurs fonctions duroient deux ans.

nateurs. Nul ne pourra entrer au sénat qu'il n'ait passé par ce second grade, qu'il n'en ait porté la marque; et tous les sénateurs députés, qui, selon le projet, en seront immédiatement tirés, continueront de la porter jusqu'à ce qu'ils parviennent au troisième grade.

C'est parmi ceux qui auront atteint le second que je voudrois choisir les principaux des colléges et inspecteurs de l'éducation des enfants. Ils pourroient être obligés de remplir un certain temps cet emploi avant que d'être admis au sénat, et seroient tenus de présenter à la diète l'approbation du collége des administrateurs de l'éducation : sans oublier que cette approbation, comme toutes les autres, doit toujours être visée par la voix publique, qu'on a mille moyens de consulter.

L'élection des sénateurs députés se fera dans la chambre des nonces à chaque diète ordinaire, en sorte qu'ils ne resteront que deux ans en place; mais ils pourront être continués ou élus derechef deux autres fois; pourvu que chaque fois, en sortant de place, ils aient préalablement obtenu de la même chambre un acte d'approbation semblable à celui qu'il est nécessaire d'obtenir des diétines pour être élu nonce une seconde et troisième fois : car, sans un acte pareil obtenu à chaque gestion, l'on ne parviendra plus à rien; et l'on n'aura, pour n'être pas exclus du gouvernement, que la ressource de recommencer par les grades inférieurs, ce qui doit être permis pour ne pas ôter à un citoyen zélé, quelque faute qu'il puisse avoir commise, tout espoir de l'effacer et de parvenir. Au reste, on ne doit jamais charger aucun comité particulier d'expédier ou refuser ces certificats ou approbations ; il faut toujours que ces jugements soient portés par toute la chambre, ce qui se fera sans embarras ni perte de temps si l'on suit, pour le jugement des sénateurs députés sortant de place, la même méthode des cartons que j'ai proposée pour leur élection.

On dira peut-être ici que tous ces actes d'approbation donnés d'abord par des corps particuliers, ensuite par les diétines, et enfin par la diète, seront moins accordés au mérite, à la justice et à la vérité, qu'extorqués par la brigue et le crédit. A cela je n'ai qu'une chose à répondre. J'ai cru parler à un peuple qui, sans être exempt de vices, avoit encore du ressort et des vertus ; et, cela supposé, mon projet est bon. Mais si déjà la Pologne en est à ce point que tout y soit vénal et corrompu jusqu'à la racine, c'est en vain qu'elle cherche à réformer ses lois et à conserver sa liberté ; il faut qu'elle y renonce et qu'elle plie sa tête au joug. Mais revenons.

Tout sénateur député qui l'aura été trois fois avec approbation, passera de droit au troisième grade le plus élevé dans l'état, et la marque lui en sera conférée par le roi sur la nomination de la

CHAPITRE XIII. 345

diète. Cette marque sera une plaque d'acier bleu semblable aux précédentes, et portera cette inscription, *Custos legum*. Ceux qui l'auront reçue la porteront tout le reste de leur vie, à quelque poste éminent qu'ils parviennent, et même sur le trône quand il leur arrivera d'y monter.

Les palatins et grands castellans ne pourront être tirés que du corps des gardiens des lois, de la même manière que ceux-ci l'ont été des citoyens élus, c'est-à-dire par le choix de la diète ; et comme ces palatins occupent les postes les plus éminents de la république, et qu'ils les occupent à vie, afin que leur émulation ne s'endorme pas dans les places où ils ne voient plus que le trône au-dessus d'eux, l'accès leur en sera ouvert, mais de manière à n'y pouvoir arriver encore que par la voix publique et à force de vertu.

Remarquons, avant que d'aller plus loin, que la carrière que je donne à parcourir aux citoyens pour arriver graduellement à la tête de la république, paroît assez bien proportionnée aux mesures de la vie humaine pour que ceux qui tiennent les rênes du gouvernement, ayant passé la fougue de la jeunesse, puissent néanmoins être encore dans la vigueur de l'âge, et qu'après quinze ou vingt ans d'épreuve continuellement sous les yeux du public, il leur reste encore un assez grand nombre d'années à faire jouir la patrie de leurs talents, de leur expérience et de leurs vertus, et à jouir eux-mêmes, dans les premières places de l'état, du respect et des honneurs qu'ils auront si bien mérités. En supposant qu'un homme commence à vingt ans d'entrer dans les affaires, il est possible qu'à trente-cinq il soit déjà palatin; mais comme il est bien difficile et qu'il n'est pas même à propos que cette marche graduelle se fasse si rapidement, on n'arrivera guère à ce poste éminent avant la quarantaine; et c'est l'âge, à mon avis, le plus convenable pour réunir toutes les qualités qu'on doit rechercher dans un homme d'état. Ajoutons ici que cette marche paroît appropriée, autant qu'il est possible, aux besoins du gouvernement. Dans le calcul des probabilités, j'estime qu'on aura tous les deux ans au moins cinquante nouveaux citoyens élus et vingt gardiens des lois; nombres plus que suffisants pour recruter les deux parties du sénat auxquelles mènent respectivement ces deux grades. Car on voit aisément que, quoique le premier rang du sénat soit le plus nombreux, étant à vie, il aura moins souvent des places à remplir que le second, qui, dans mon projet, se renouvelle à chaque diète ordinaire.

On a déjà vu, et l'on verra bientôt encore, que je ne laisse pas oisifs les *élus* surnuméraires en attendant qu'ils entrent au sénat comme députés; pour ne pas laisser oisifs non plus les gardiens des lois, en attendant qu'ils y rentrent comme palatins

CHAPITRE XIII.

ou castellans, c'est de leur corps que je formerois le collége des administrateurs de l'éducation dont j'ai parlé ci-devant. On pourroit donner pour président à ce collége le primat ou un autre évêque, en statuant au surplus qu'aucun autre ecclésiastique, fût-il évêque et sénateur, ne pourroit y être admis.

Voilà, ce me semble, une marche assez bien graduée pour la partie essentielle et intermédiaire du tout, savoir la noblesse et les magistrats; mais il nous manque encore les deux extrêmes, savoir le peuple et le roi. Commençons par le premier, jusqu'ici compté pour rien, mais qu'il importe enfin de compter pour quelque chose, si l'on veut donner une certaine force, une certaine consistance à la Pologne. Rien de plus délicat que l'opération dont il s'agit; car enfin, bien que chacun sente quel grand mal c'est pour la république que la nation soit en quelque façon renfermée dans l'ordre équestre, et que tout le reste, paysans et bourgeois, soit nul, tant dans le gouvernement que dans la législation, telle est l'antique constitution. Il ne seroit en ce moment ni prudent ni possible de la changer tout d'un coup; mais il peut l'être d'amener par degrés ce changement, de faire, sans révolution sensible, que la partie la plus nombreuse de la nation s'attache d'affection à la patrie et même au gouvernement. Cela s'obtiendra par deux moyens : le premier, une exacte observation de la justice, en sorte que le serf et le roturier, n'ayant jamais à craindre d'être injustement vexés par le noble, se guérissent de l'aversion qu'ils doivent naturellement avoir pour lui. Ceci demande une grande réforme dans les tribunaux, et un soin particulier pour la formation du corps des avocats.

Le second moyen, sans lequel le premier n'est rien, est d'ouvrir une porte aux serfs pour acquérir la liberté, et aux bourgeois pour acquérir la noblesse. Quand la chose dans le fait ne seroit pas praticable, il faudroit au moins qu'on la vît telle en possibilité; mais on peut faire plus, ce me semble, et cela sans courir aucun risque. Voici, par exemple, un moyen qui me paroît mener de cette manière au but proposé.

Tous les deux ans, dans l'intervalle d'une diète à l'autre, on choisiroit dans chaque province un temps et un lieu convenables, où les *élus* de la même province qui ne seroient pas encore sénateurs députés s'assembleroient, sous la présidence d'un *custos legum* qui ne seroit pas encore sénateur à vie, dans un comité censorial ou de bienfaisance, auquel on inviteroit, non tous les curés, mais seulement ceux qu'on jugeroit les plus dignes de cet honneur. Je crois même que cette préférence, formant un jugement tacite aux yeux du peuple, pourroit jeter aussi quelque émulation parmi les curés de village, et en garantir un grand nombre des mœurs crapuleuses auxquelles ils ne sont que trop sujets.

Dans cette assemblée, où l'on pourroit encore appeler des vieillards et notables de tous les états, on s'occuperoit à l'examen des projets d'établissements utiles pour la province; on entendroit les rapports des curés sur l'état de leurs paroisses et des paroisses voisines, celui des notables sur l'état de la culture, sur celui des familles de leur canton; on vérifieroit soigneusement ces rapports; chaque membre du comité y ajouteroit ses propres observations, et l'on tiendroit de tout cela un fidèle registre, dont on tireroit des mémoires succincts pour les diétines.

On examineroit en détail les besoins des familles surchargées, des infirmes, des veuves, des orphelins, et l'on y pourvoiroit proportionnellement sur un fonds formé par les contributions gratuites des aisés de la province. Ces contributions seroient d'autant moins onéreuses qu'elles deviendroient le seul tribut de charité, attendu qu'on ne doit souffrir dans toute la Pologne ni mendiants ni hôpitaux. Les prêtres, sans doute, crieront beaucoup pour la conservation des hôpitaux, et ces cris ne sont qu'une raison de plus pour les détruire.

Dans ce même comité, qui ne s'occuperoit jamais de punitions ni de réprimandes, mais seulement de bienfaits, de louanges, et d'encouragements, on feroit, sur de bonnes informations, des listes exactes des particuliers de tous états dont la conduite seroit digne d'honneur et de récompense [1]. Ces listes seroient envoyées au sénat et au roi pour y avoir égard dans l'occasion, et placer toujours bien leurs choix et leurs préférences; et c'est sur les indications des mêmes assemblées que seroient données, dans les colléges, par les administrateurs de l'éducation, les places gratuites dont j'ai parlé ci-devant.

Mais la principale et la plus importante occupation de ce comité seroit de dresser sur de fidèles mémoires, et sur le rapport de la voix publique bien vérifié, un rôle des paysans qui se distingueroient par une bonne conduite, une bonne culture, de bonnes mœurs, par le soin de leur famille, par tous les devoirs de leur état bien remplis. Ce rôle seroit ensuite présenté à la diétine, qui y choisiroit un nombre fixé par la loi pour être affranchi,

[1] Il faut, dans ces estimations, avoir beaucoup plus d'égard aux personnes qu'à quelques actions isolées. Le vrai bien se fait avec peu d'éclat. C'est par une conduite uniforme et soutenue, par des vertus privées et domestiques, par tous les devoirs de son état bien remplis, par des actions enfin qui découlent de son caractère et de ses principes, qu'un homme peut mériter des honneurs, plutôt que par quelques grands coups de théâtre qui trouvent déjà leur récompense dans l'admiration publique. L'ostentation philosophique aime beaucoup les actions d'éclat; mais tel, avec cinq ou six actions de cette espèce, bien brillantes, bien bruyantes et bien prônées, n'a pour but que de donner le change sur son compte, et d'être toute sa vie injuste et dur impunément. *Donnez-nous la monnoie des grandes actions.* Ce mot de femme est un mot très-judicieux.

et qui pourvoiroit, par des moyens convenus, au dédommagement des patrons, en les faisant jouir d'exemptions, de prérogatives, d'avantages enfin proportionnés au nombre de leurs paysans qui auroient été trouvés dignes de la liberté : car il faudroit absolument faire en sorte qu'au lieu d'être onéreux au maître, l'affranchissement du serf lui devînt honorable et avantageux; bien entendu que, pour éviter l'abus, ces affranchissements ne se feroient point par les maîtres, mais dans les diétines, par jugement, et seulement jusqu'au nombre fixé par la loi.

Quand on auroit affranchi successivement un certain nombre de familles dans un canton, l'on pourroit affranchir des villages entiers, y former peu à peu des communes, leur assigner quelques biens-fonds, quelques terres communales comme en Suisse, y établir des officiers communaux; et lorsqu'on auroit amené par degrés les choses jusqu'à pouvoir, sans révolution sensible, achever l'opération en grand, leur rendre enfin le droit que leur donna la nature de participer à l'administration de leur pays en envoyant des députés aux diétines.

Tout cela fait, on armeroit tous ces paysans devenus hommes libres et citoyens, on les enrégimenteroit, on les exerceroit, et l'on finiroit par avoir une milice vraiment excellente, plus que suffisante pour la défense de l'état.

On pourroit suivre une méthode semblable pour l'anoblissement d'un certain nombre de bourgeois, et même, sans les anoblir, leur destiner certains postes brillants qu'ils rempliroient seuls à l'exclusion des nobles, et cela à l'imitation des Vénitiens si jaloux de leur noblesse, qui néanmoins, outre d'autres emplois subalternes, donnent toujours à un citadin la seconde place de l'état, savoir celle de grand-chancelier, sans qu'aucun patricien puisse jamais y prétendre. De cette manière, ouvrant à la bourgeoisie la porte de la noblesse et des honneurs, on l'attacheroit d'affection à la patrie et au maintien de la constitution. On pourroit encore, sans anoblir les individus, anoblir collectivement certaines villes, en préférant celles où fleuriroient davantage le commerce, l'industrie et les arts, et où par conséquent l'administration municipale seroit la meilleure. Ces villes anoblies pourroient, à l'instar des villes impériales, envoyer des nonces à la diète; et leur exemple ne manqueroit pas d'exciter dans toutes les autres un vif désir d'obtenir le même honneur.

Les comités censoriaux chargés de ce département de bienfaisance, qui jamais, à la honte des rois et des peuples, n'a encore existé nulle part, seroient, quoique sans élection, composés de la manière la plus propre à remplir leurs fonctions avec zèle et intégrité, attendu que leurs membres, aspirant aux places sénatoriales où mènent leurs grades respectifs, porteroient une grande attention à mériter par l'approbation publique les suffrages de la diète ; et ce seroit une occupation suffisante pour tenir ces aspirants en haleine et sous les yeux du public dans les intervalles qui pourroient séparer leurs élections successives. Remarquez que cela se feroit cependant sans les tirer, pour ces intervalles, de l'état de simples citoyens gradués, puisque cette espèce de tribunal, si utile et si respectable, n'ayant jamais que du bien à faire, ne seroit revêtu d'aucune puissance coactive : ainsi je ne multiplie point ici les magistratures, mais je me sers, chemin faisant, du passage de l'une à l'autre pour tirer parti de ceux qui les doivent remplir.

Sur ce plan gradué dans son exécution par une marche successive, qu'on pourroit précipiter, ralentir, ou même arrêter, selon son bon ou mauvais succès, on n'avanceroit qu'à volonté, guidé par l'expérience ; on allumeroit dans tous les états inférieurs un zèle ardent pour contribuer au bien public ; on parviendroit enfin à vivifier toutes les parties de la Pologne, et à les lier de manière à ne faire plus qu'un même corps, dont la vigueur et les forces seroient au moins décuplées de ce qu'elles peuvent être aujourd'hui, et cela avec l'avantage inestimable d'avoir évité tout changement vif et brusque, et le danger des révolutions.

Vous avez une belle occasion de commencer

cette opération d'une manière éclatante et noble, qui doit faire le plus grand effet. Il n'est pas possible que, dans les malheurs que vient d'essuyer la Pologne, les confédérés n'aient reçu des assistances et des marques d'attachement de quelques bourgeois, et même de quelques paysans. Imitez la magnanimité des Romains, si soigneux, après les grandes calamités de leur république, de combler des témoignages de leur gratitude les étrangers, les sujets, les esclaves, et même jusqu'aux animaux qui durant leurs disgrâces leur avoient rendu quelques services signalés. O le beau début, à mon gré, que de donner solennellement la noblesse à ces bourgeois et la franchise à ces paysans, et cela avec toute la pompe et tout l'appareil qui peuvent rendre cette cérémonie auguste, touchante, et mémorable! Et ne vous en tenez pas à ce début. Ces hommes ainsi distingués doivent demeurer toujours les enfants de choix de la patrie. Il faut veiller sur eux, les protéger, les aider, les soutenir, fussent-ils même de mauvais sujets. Il faut à tout prix les faire prospérer toute leur vie, afin que, par cet exemple mis sous les yeux du public, la Pologne montre à l'Europe entière ce que doit attendre d'elle dans ses succès quiconque osa l'assister dans sa détresse.

Voilà quelque idée grossière et seulement par forme d'exemple de la manière dont on peut procéder, pour que chacun voie devant lui la route libre pour arriver à tout, que tout tende graduellement, en bien servant la patrie, aux rangs les plus honorables, et que la vertu puisse ouvrir toutes les portes que la fortune se plaît à fermer.

Mais tout n'est pas fait encore, et la partie de ce projet qui me reste à exposer est sans contredit la plus embarrassante et la plus difficile; elle offre à surmonter des obstacles contre lesquels la prudence et l'expérience des politiques les plus consommés ont toujours échoué. Cependant il me semble qu'en supposant mon projet adopté, avec le moyen très-simple que j'ai à proposer, toutes les difficultés sont levées, tous les abus sont prévenus, et ce qui sembloit faire un nouvel obstacle se tourne en avantage dans l'exécution.

CHAPITRE XIV.

Élection des rois.

Toutes ces difficultés se réduisent à celle de donner à l'état un chef dont le choix ne cause pas des troubles, et qui n'attente pas à la liberté. Ce qui augmente la même difficulté est que ce chef doit être doué des grandes qualités nécessaires à quiconque ose gouverner des hommes libres. L'hérédité de la couronne prévient les troubles, mais elle amène la servitude; l'élection maintient la liberté, mais à chaque règne elle ébranle l'état. Cette alternative est fâcheuse; mais avant de parler des moyens de l'éviter, qu'on me permette un moment de réflexion sur la manière dont les Polonois disposent ordinairement de leur couronne.

D'abord, je le demande, pourquoi faut-il qu'ils se donnent des rois étrangers? Par quel singulier aveuglement ont-ils pris ainsi le moyen le plus sûr d'asservir leur nation, d'abolir leurs usages, de se rendre le jouet des autres cours, et d'augmenter à plaisir l'orage des interrègnes? Quelle injustice envers eux-mêmes! quel affront fait à leur patrie! comme si, désespérant de trouver dans son sein un homme digne de les commander, ils étoient forcés de l'aller chercher au loin! Comment n'ont-ils pas senti, comment n'ont-ils pas vu que c'étoit tout le contraire? Ouvrez les annales de votre nation, vous ne la verrez jamais illustre et triomphante que sous des rois polonois; vous la verrez presque toujours opprimée et avilie sous les étrangers. Que l'expérience vienne enfin à l'appui de la raison; voyez quels maux vous vous faites et quels bien vous vous ôtez.

Car, je le demande encore, comment la nation polonoise, ayant tant fait que de rendre sa couronne élective, n'a-t-elle point songé à tirer parti de cette loi pour jeter parmi les membres de l'administration une émulation de zèle et de gloire, qui seule eût plus fait pour le bien de la patrie que

CHAPITRE XIV.

toutes les autres lois ensemble? Quel ressort puissant sur des ames grandes et ambitieuses que cette couronne destinée au plus digne, et mise en perspective devant les yeux de tout citoyen qui saura mériter l'estime publique! Que de vertus, que de nobles efforts l'espoir d'en acquérir le plus haut prix ne doit-il pas exciter dans la nation! quel ferment de patriotisme dans tous les cœurs, quand on sauroit bien que ce n'est que par-là qu'on peut obtenir cette place devenue l'objet secret des vœux de tous les particuliers, sitôt qu'à force de mérite et de services il dépendra d'eux de s'en approcher toujours davantage, et, si la fortune les seconde, d'y parvenir enfin tout-à-fait! Cherchons le meilleur moyen de mettre en jeu ce grand ressort si puissant dans la république, et si négligé jusqu'ici. L'on me dira qu'il ne suffit pas de ne donner la couronne qu'à des Polonois pour lever les difficultés dont il s'agit : c'est ce que nous verrons tout à l'heure après que j'aurai proposé mon expédient. Cet expédient est simple; mais il paroîtra d'abord manquer le but que je viens de marquer moi-même, quand j'aurai dit qu'il consiste à faire entrer le sort dans l'élection des rois. Je demande en grâce qu'on me laisse le temps de m'expliquer, ou seulement qu'on me relise avec attention.

Car si l'on dit : Comment s'assurer qu'un roi tiré au sort ait les qualités requises pour remplir dignement sa place? on fait une objection que j'ai déjà résolue, puisqu'il suffit pour cet effet que le roi ne puisse être tiré que des sénateurs à vie, car puisqu'ils seront tirés eux-mêmes de l'ordre des *gardiens des lois*, et qu'ils auront passé avec honneur par tous les grades de la république, l'épreuve de toute leur vie et l'approbation publique dans tous les postes qu'ils auront remplis seront des garants suffisants du mérite et des vertus de chacun d'eux.

Je n'entends pas néanmoins que même entre les sénateurs à vie le sort décide seul de la préférence : ce seroit toujours manquer en partie le grand but qu'on doit se proposer. Il faut que le sort fasse quelque chose, et que le choix fasse beaucoup, afin, d'un côté, d'amortir les brigues et les menées des puissances étrangères, et d'engager de l'autre tous les palatins par un si grand intérêt à ne point se relâcher dans leur conduite, mais à continuer de servir la patrie avec zèle pour mériter la préférence sur leurs concurrents.

J'avoue que la classe de ces concurrents me paroît bien nombreuse, si l'on y fait entrer les grands castellans, presque égaux en rang aux palatins par la constitution présente; mais je ne vois pas quel inconvénient il y auroit à donner aux seuls palatins l'accès immédiat au trône. Cela feroit dans le même ordre un nouveau grade que les grands castellans auroient encore à passer pour devenir palatins, et par conséquent un moyen de plus pour tenir le sénat dépendant du légisalteur. On a déjà vu que ces grands castellans me paroissent superflus dans la constitution. Que néanmoins, pour éviter tout grand changement, on leur laisse leur place et leur rang au sénat, je l'approuve. Mais dans la graduation que je propose, rien n'oblige de les mettre au niveau des palatins; et comme rien n'en empêche non plus, on pourra sans inconvénient se décider pour le parti qu'on jugera le meilleur. Je suppose ici que ce parti préféré sera d'ouvrir aux seuls palatins l'accès immédiat au trône.

Aussitôt donc après la mort du roi, c'est-à-dire dans le moindre intervalle qu'il sera possible, et qui sera fixé par la loi, la diète d'élection sera solennellement convoquée; les noms de tous les palatins seront mis en concurrence, et il en sera tiré trois au sort avec toutes les précautions possibles pour qu'aucune fraude n'altère cette opération. Ces trois noms seront à haute voix déclarés à l'assemblée, qui, dans la même séance et à la pluralité des voix, choisira celui qu'elle préfère, et il sera proclamé roi dès le même jour.

On trouvera dans cette forme d'élection un grand inconvénient, je l'avoue, c'est que la nation ne puisse choisir librement dans le nombre des palatins celui qu'elle honore et chérit davantage, et qu'elle juge le plus digne de la royauté. Mais cet inconvénient n'est pas nouveau en Pologne, où l'on a vu, dans plusieurs élections, que, sans égard pour ceux que la nation favorisoit, on l'a forcée de choisir celui qu'elle auroit rebuté : mais pour cet avantage qu'elle n'a plus et qu'elle sacrifie, combien d'autres plus importants elle gagne par cette forme d'élection!

Premièrement, l'action du sort amortit tout d'un coup les factions et brigues des nations étrangères, qui ne peuvent influer sur cette élection, trop incertaines du succès pour y mettre beaucoup d'efforts, vu que la fraude même seroit insuffisante en faveur d'un sujet que la nation peut toujours rejeter. La grandeur seule de cet avantage est telle, qu'il assure le repos de la Pologne, étouffe la vénalité dans la république, et laisse à l'élection presque toute la tranquillité de l'hérédité.

Le même avantage a lieu contre les brigues mêmes des candidats; car, qui d'entre eux voudra se mettre en frais pour s'assurer une préférence qui ne dépend point des hommes, et sacrifier sa fortune à un événement qui tient à tant de chances contraires pour une favorable? Ajoutons que ceux que le sort a favorisés ne sont plus à temps d'acheter des électeurs, puisque l'élection doit se faire dans la même séance.

Le choix libre de la nation entre trois candidats la préserve des inconvénients du sort, qui, par supposition, tomberoit sur un sujet indigne; car, dans cette supposition, la nation se gardera de le choisir; et il n'est pas possible qu'entre trente-trois

CHAPITRE XIV.

hommes illustres, l'élite de la nation, où l'on ne comprend pas même comment il peut se trouver un seul sujet indigne, ceux que favorisa le sort le soient tous les trois.

Ainsi, et cette observation est d'un grand poids, nous réunissons par cette forme tous les avantages de l'élection à ceux de l'hérédité.

Car, premièrement, la couronne ne passant point du père au fils, il n'y aura jamais continuité de système pour l'asservissement de la république. En second lieu, le sort même dans cette forme est l'instrument d'une élection éclairée et volontaire. Dans le corps respectable des gardiens des lois et des palatins qui en sont tirés, il ne peut faire un choix, quel qu'il puisse être, qui n'ait été déjà fait par la nation.

Mais voyez quelle émulation cette perspective doit porter dans le corps des palatins et grands castellans, qui, dans des places à vie, pourroient se relâcher par la certitude qu'on ne peut plus les leur ôter. Ils ne peuvent plus être contenus par la crainte; mais l'espoir de remplir un trône que chacun d'eux voit si près de lui, est un nouvel aiguillon qui les tient sans cesse attentifs sur eux-mêmes. Ils savent que le sort les favoriseroit en vain s'ils sont rejetés à l'élection, et que le seul moyen d'être choisis est de le mériter. Cet avantage est trop grand, trop évident, pour qu'il soit nécessaire d'y insister.

Supposons un moment, pour aller au pis, qu'on ne peut éviter la fraude dans l'opération du sort, et qu'un des concurrents vînt à tromper la vigilance de tous les autres, si intéressés à cette opération. Cette fraude seroit un malheur pour les candidats exclus, mais l'effet pour la république seroit le même que si la décision du sort eût été fidèle ; car on n'en auroit pas moins l'avantage de l'élection, on n'en préviendroit pas moins les troubles des interrègnes et les dangers de l'hérédité ; le candidat que son ambition séduiroit jusqu'à recourir à cette fraude, n'en seroit pas moins au surplus un homme de mérite, capable, au jugement de la nation, de porter la couronne avec honneur ; et enfin, même après cette fraude, il n'en dépendroit pas moins, pour en profiter, du choix subséquent et formel de la république.

Par ce projet adopté dans toute son étendue, tout est lié dans l'état ; et depuis le dernier particulier jusqu'au premier palatin, nul ne voit aucun moyen d'avancer que par la route du devoir et de l'approbation publique. Le roi seul, une fois élu, ne voyant plus que les lois au-dessus de lui, n'a nul autre frein qui le contienne ; et n'ayant plus besoin de l'approbation publique, il peut s'en passer sans risque si ses projets le demandent. Je ne vois guère à cela qu'un remède auquel même il ne faut pas songer ; ce seroit que la couronne fût en quelque manière amovible, et qu'au bout

CHAPITRE XIV. 363

de certaines périodes les rois eussent besoin d'être confirmés. Mais, encore une fois, cet expédient n'est pas proposable : tenant le trône et l'état dans une agitation continuelle, il ne laisseroit jamais l'administration dans une assiette assez solide pour pouvoir s'appliquer uniquement et utilement au bien public.

Il fut un usage antique qui n'a jamais été pratiqué que chez un seul peuple, mais dont il est étonnant que le succès n'ait tenté aucun autre de l'imiter. Il est vrai qu'il n'est guère propre qu'à un royaume électif, quoique inventé et pratiqué dans un royaume héréditaire. Je parle du jugement des rois d'Égypte après leur mort, et de l'arrêt par lequel la sépulture et les honneurs royaux leur étoient accordés ou refusés, selon qu'ils avoient bien ou mal gouverné l'état durant leur vie. L'indifférence des modernes sur tous les objets moraux et sur tout ce qui peut donner du ressort aux ames, leur fera sans doute regarder l'idée de rétablir cet usage pour les rois de Pologne comme une folie, et ce n'est pas à des François, surtout à des philosophes, que je voudrois tenter de la faire adopter; mais je crois qu'on peut la proposer à des Polonois. J'ose même avancer que cet établissement auroit chez eux de grands avantages auxquels il est impossible de suppléer d'aucune autre manière, et pas un seul inconvénient. Dans l'objet présent, on voit qu'à moins d'une ame vile, et insensible à l'honneur de sa mémoire, il n'est pas possible que l'intégrité d'un jugement inévitable n'en impose au roi, et ne mette à ses passions un frein plus ou moins fort, je l'avoue, mais toujours capable de les contenir jusqu'à certain point, surtout quand on y joindra l'intérêt de ses enfants, dont le sort sera décidé par l'arrêt porté sur la mémoire du père.

Je voudrois donc qu'après la mort de chaque roi son corps fût déposé dans un lieu sortable, jusqu'à ce qu'il eût été prononcé sur sa mémoire; que le tribunal qui doit en décider et décerner sa sépulture fût assemblé le plus tôt qu'il seroit possible; que là sa vie et son règne fussent examinés sévèrement; et qu'après des informations dans lesquelles tout citoyen seroit admis à l'accuser et à le défendre, le procès, bien instruit, fût suivi d'un arrêt porté avec toute la solennité possible.

En conséquence de cet arrêt, s'il étoit favorable, le feu roi seroit déclaré bon et juste prince, son nom inscrit avec honneur dans la liste des rois de Pologne, son corps mis avec pompe dans leur sépulture, l'épithète de *glorieuse mémoire* ajoutée à son nom dans tous les actes et discours publics, un douaire assigné à sa veuve; et ses enfants, déclarés princes royaux, seroient honorés leur vie durant de tous les avantages attachés à ce titre.

Que si, au contraire, il étoit trouvé coupable d'injustice, de violence, de malversation; et surtout d'avoir attenté à la liberté publique, sa mémoire seroit condamnée et flétrie; son corps privé de la sépulture royale seroit enterré sans honneur comme celui d'un particulier, son nom effacé du registre public des rois; et ses enfants, privés du titre de princes royaux et des prérogatives qui y sont attachées, rentreroient dans la classe des simples citoyens, sans aucune distinction honorable ni flétrissante.

Je voudrois que ce jugement se fît avec le plus grand appareil, mais qu'il précédât, s'il étoit possible, l'élection de son successeur, afin que le crédit de celui-ci ne pût influer sur la sentence dont il auroit pour lui-même intérêt d'adoucir la sévérité. Je sais qu'il seroit à désirer qu'on eût plus de temps pour dévoiler bien des vérités cachées, et mieux instruire le procès. Mais si l'on tardoit après l'élection, j'aurois peur que cet acte important ne devînt bientôt qu'une vaine cérémonie, et, comme il arriveroit infailliblement dans un royaume héréditaire, plutôt une oraison funèbre du roi défunt qu'un jugement juste et sévère sur sa conduite. Il vaut mieux en cette occasion donner davantage à la voix publique, et perdre quelques lumières de détail, pour conserver l'intégrité et l'austérité d'un jugement, qui sans cela deviendroit inutile.

A l'égard du tribunal qui prononceroit cette sentence, je voudrois que ce ne fût ni le sénat, ni la diète, ni aucun corps revêtu de quelque autorité dans le gouvernement, mais un ordre entier de citoyens, qui ne peut être aisément ni trompé ni corrompu. Il me paroît que les *cives electi*, plus instruits, plus expérimentés que *les servants d'état*, et moins intéressés que *les gardiens des lois,* déjà trop voisins du trône, seroient précisément le corps intermédiaire où l'on trouveroit à la fois le plus de lumières et d'intégrité, le plus propre à ne porter que des jugements sûrs et par-là préférable aux deux autres en cette occasion. Si même il arrivoit que ce corps ne fût pas assez nombreux pour un jugement de cette importance, j'aimerois mieux qu'on lui donnât des adjoints tirés des servants d'état que des gardiens des lois. Enfin, je voudrois que ce tribunal ne fût présidé par aucun homme en place, mais par un maréchal tiré de son corps, et qu'il éliroit lui-même comme ceux des diètes et des confédérations : tant il faudroit éviter qu'aucun intérêt particulier n'influât dans cet acte, qui peut devenir très-auguste ou très-ridicule, selon la manière dont il y sera procédé.

En finissant cet article de l'élection et du jugement des rois, je dois dire ici qu'une chose dans vos usages m'a paru bien choquante et bien contraire à l'esprit de votre constitution; c'est de la voir presque renversée et anéantie à la mort du roi, jusqu'à suspendre et fermer tous les tribunaux, comme si cette constitution tenoit tellement à ce prince, que la mort de l'un fût la destruction de l'autre. Eh, mon dieu! ce devroit être exactement le contraire. Le roi mort, tout devroit aller comme s'il vivoit encore ; on devroit s'apercevoir à peine qu'il manque une pièce à la machine, tant cette pièce étoit peu essentielle à sa solidité. Heureusement cette inconséquence ne tient à rien. Il n'y a qu'à dire qu'elle n'existera plus, et rien au surplus ne doit être changé : mais il ne faut pas laisser subsister cette étrange contradiction; car, si c'en est une déjà dans la présente constitution, c'en seroit une bien plus grande encore après la réforme.

CHAPITRE XV.

Conclusion.

Voilà mon plan suffisamment esquissé : je m'arrête. Quel que soit celui qu'on adoptera, l'on ne doit pas oublier ce que j'ai dit dans le *Contrat social*[1] de l'état de foiblesse et d'anarchie où se trouve une nation tandis qu'elle établit ou réforme sa constitution. Dans ce moment de désordre et d'effervescence elle est hors d'état de faire aucune résistance, et le moindre choc est capable de tout renverser. Il importe donc de se ménager à tout prix un intervalle de tranquillité durant lequel on

[1] * Livre II, chap. x.

puisse sans risque agir sur soi-même et rajeunir sa constitution. Quoique les changements à faire dans la vôtre ne soient pas fondamentaux et ne paroissent pas fort grands, ils sont suffisants pour exiger cette précaution; et il faut nécessairement un certain temps pour sentir l'effet de la meilleure réforme et prendre la consistance qui doit en être le fruit. Ce n'est qu'en supposant que le succès réponde au courage des confédérés et à la justice de leur cause, qu'on peut songer à l'entreprise dont il s'agit. Vous ne serez jamais libres tant qu'il restera un seul soldat russe en Pologne, et vous serez toujours menacés de cesser de l'être tant que la Russie se mêlera de vos affaires. Mais si vous parvenez à la forcer de traiter avec vous comme de puissance à puissance, et non plus comme de protecteur à protégé, profitez alors de l'épuisement où l'aura jetée la guerre de Turquie pour faire votre œuvre avant qu'elle puisse la troubler. Quoique je ne fasse aucun cas de la sûreté qu'on se procure au dehors par des traités, cette circonstance unique vous forcera peut-être de vous étayer, autant qu'il se peut, de cet appui; ne fût-ce que pour connoître la disposition présente de ceux qui traiteront avec vous. Mais ce cas excepté, et peut-être en d'autres temps quelques traités de commerce, ne vous fatiguez pas à de vaines négociations, ne vous ruinez pas en ambassadeurs et ministres dans d'autres cours, et ne comptez pas les alliances et traités pour quelque chose. Tout cela ne sert de rien avec les puissances chrétiennes : elles ne connoissent d'autres liens que ceux de leur intérêt : quand elles le trouveront à remplir leurs engagements, elles les rempliront; quand elles le trouveront à les rompre, elles les rompront : autant vaudroit n'en point prendre. Encore si cet intérêt étoit toujours vrai, la connoissance de ce qu'il leur convient de faire pourroit faire prévoir ce qu'elles feront. Mais ce n'est presque jamais la raison d'état qui les guide, c'est l'intérêt momentané d'un ministre, d'une fille, d'un favori; c'est le motif qu'aucune sagesse humaine n'a pu prévoir, qui les détermine tantôt pour, tantôt contre leurs vrais intérêts. De quoi peut-on s'assurer avec des gens qui n'ont aucun système fixe, et qui ne se conduisent que par des impulsions fortuites? Rien n'est plus frivole que la science politique des cours : comme elle n'a nul principe assuré, l'on n'en peut tirer aucune conséquence certaine; et toute cette belle doctrine des intérêts des princes est un jeu d'enfant qui fait rire les hommes sensés.

Ne vous appuyez donc avec confiance ni sur vos alliés ni sur vos voisins. Vous n'en avez qu'un sur lequel vous puissiez un peu compter, c'est le grand-seigneur, et vous ne devez rien épargner pour vous en faire un appui : non que ses maximes d'état soient beaucoup plus certaines que celles des autres puissances; tout y dépend également d'un visir, d'une favorite, d'une intrigue de sérail : mais l'intérêt de la Porte est clair, simple; il s'agit de tout pour elle; et généralement il y règne, avec bien moins de lumières et de finesse, plus de droiture et de bon sens. On a du moins avec elle cet avantage de plus qu'avec les puissances chrétiennes, qu'elle aime à remplir ses engagements et respecte ordinairement les traités. Il faut tâcher d'en faire avec elle un pour vingt ans, aussi fort, aussi clair qu'il sera possible. Ce traité, tant qu'une autre puissance cachera ses projets, sera le meilleur, peut-être le seul garant que vous puissiez avoir; et, dans l'état où la présente guerre laissera vraisemblablement la Russie, j'estime qu'il peut vous suffire pour entreprendre avec sûreté votre ouvrage; d'autant plus que l'intérêt commun des puissances de l'Europe, et surtout de vos autres voisins, est de vous laisser toujours pour barrière entre eux et les Russes, et qu'à force de changer de folies il faut bien qu'ils soient sages au moins quelquefois.

Une chose me fait croire que généralement on vous verra sans jalousie travailler à la réforme de votre constitution; c'est que cet ouvrage ne tend qu'à l'affermissement de la législation, par conséquent de la liberté, et que cette liberté passe dans toutes les cours pour une manie de visionnaires qui tend plus à affoiblir qu'à renforcer un état.

C'est pour cela que la France a toujours favorisé la liberté du corps germanique et de la Hollande, et c'est pour cela qu'aujourd'hui la Russie favorise le gouvernement présent de Suède, et contrecarre de toutes ses forces les projets du roi. Tous ces grands ministres qui, jugeant les hommes en général sur eux-mêmes et ceux qui les entourent, croient les connoître, sont bien loin d'imaginer quel ressort l'amour de la patrie et l'élan de la vertu peuvent donner à des ames libres. Ils ont beau être les dupes de la basse opinion qu'ils ont des républiques, et y trouver dans toutes leurs entreprises une résistance qu'ils n'attendoient pas, ils ne reviendront jamais d'un préjugé fondé sur le mépris dont ils se sentent dignes, et sur lequel ils apprécient le genre humain. Malgré l'expérience assez frappante que les Russes viennent de faire en Pologne, rien ne les fera changer d'opinion. Ils regarderont toujours les hommes libres comme il faut les regarder eux-mêmes, c'est-à-dire comme des hommes nuls, sur lesquels deux seuls instruments ont prise, savoir l'argent et le knout. S'ils voient donc que la république de Pologne, au lieu de s'appliquer à remplir ses coffres, à grossir ses finances, à lever bien des troupes réglées, songe au contraire à licencier son armée et à se passer d'argent, ils croiront qu'elle travaille à s'affoiblir; et, persuadés qu'ils n'auront pour en faire la conquête qu'à s'y présenter quand ils voudront, ils la laisseront se régler tout à son aise, en se moquant en eux-mêmes de son travail. Et il faut convenir que l'état de liberté ôte à un peuple la force offensive, et qu'en suivant le plan que je propose on doit renoncer à tout espoir de conquête. Mais que, votre œuvre faite, dans vingt ans les Russes tentent de vous envahir, et ils connoîtront quels soldats sont pour la défense de leurs foyers ces hommes de paix qui ne savent pas attaquer ceux des autres, et qui ont oublié le prix de l'argent.

[1] Au reste, quand vous serez délivrés de ces cruels hôtes, gardez-vous de prendre envers le roi qu'ils ont voulu vous donner aucun parti mitigé. Il faut ou lui faire couper la tête, comme il l'a mérité, ou, sans avoir égard à sa première élection, qui est de toute nullité, l'élire de nouveau avec d'autres *pacta conventa,* par lesquels vous le ferez renoncer à la nomination des grandes places. Le second parti n'est pas seulement le plus humain, mais le plus sage; j'y trouve même une certaine fierté généreuse qui peut-être mortifiera bien autant la cour de Pétersbourg que si vous faisiez une autre élection. Poniatowski fut très-criminel sans doute; peut-être aujourd'hui n'est-il plus que malheureux : du moins, dans la situation présente, il

---

[1] * Cet alinéa et les deux suivants manquent à l'édition de Genève. Ils ont été imprimés, pour la première fois, dans l'édition de 1801. L'éditeur dit avoir pris ce morceau dans un manuscrit de Mirabeau.

me paroît se conduire assez comme il doit le faire en ne se mêlant de rien du tout. Naturellement il doit au fond de son cœur désirer ardemment l'expulsion de ses durs maîtres. Il y auroit peut-être un héroïsme patriotique à se joindre, pour les chasser, aux confédérés, mais on sait bien que Poniatowski n'est pas un héros : d'ailleurs, outre qu'on ne le laisseroit pas faire, et qu'il est gardé à vue infailliblement, devant tout au Russe, je déclare franchement que, si j'étois à sa place, je ne voudrois pour rien au monde être capable de cet héroïsme-là.

Je sais bien que ce n'est pas là le roi qu'il vous faut quand votre réforme sera faite; mais c'est peut-être celui qu'il vous faut pour la faire tranquillement. Qu'il vive seulement encore huit ou dix ans, votre machine alors ayant commencé d'aller, et plusieurs palatinats étant déjà remplis par des gardiens des lois, vous n'aurez pas peur de lui donner un successeur qui lui ressemble : mais j'ai peur, moi, qu'en le destituant simplement, vous ne sachiez qu'en faire, et que vous ne vous exposiez à de nouveaux troubles.

De quelque embarras néanmoins que vous puissiez délivrer sa libre élection, il n'y faut songer qu'après s'être bien assuré de ses véritables dispositions, et dans la supposition qu'on lui trouvera encore quelque bon sens, quelque sentiment d'honneur, quelque amour pour son pays, quelque connoissance de ses vrais intérêts, et quelque désir de les suivre; car en tout temps, et surtout dans la triste situation où les malheurs de la Pologne vont la laisser, il n'y auroit rien pour elle de plus funeste que d'avoir un traître à la tête du gouvernement.

Quant à la manière d'entamer l'œuvre dont il s'agit, je ne puis goûter toutes les subtilités qu'on vous propose pour surprendre et tromper en quelque sorte la nation sur les changements à faire à ses lois. Je serois d'avis seulement, en montrant votre plan dans toute son étendue, de n'en point commencer brusquement l'exécution par remplir la république de mécontents, de laisser en place la plupart de ceux qui y sont, de ne conférer les emplois selon la nouvelle réforme qu'à mesure qu'ils viendroient à vaquer. N'ébranlez jamais trop brusquement la machine. Je ne doute point qu'un bon plan une fois adopté ne change même l'esprit de ceux qui auront eu part au gouvernement sous un autre. Ne pouvant créer tout d'un coup de nouveaux citoyens, il faut commencer par tirer parti de ceux qui existent; et offrir une route nouvelle à leur ambition, c'est le moyen de les disposer à la suivre.

Que si, malgré le courage et la constance des confédérés, et malgré la justice de leur cause, la fortune et toutes les puissances les abandonnent, et livrent la patrie à ses oppresseurs..... Mais je

CHAPITRE XV.

n'ai pas l'honneur d'être Polonois, et, dans une situation pareille à celle où vous êtes, il n'est permis de donner son avis que par son exemple.

Je viens de remplir, selon la mesure de mes forces, et plût à Dieu que ce fût avec autant de succès que d'ardeur, la tâche que M. le comte Wielhorski m'a imposée. Peut-être tout ceci n'est-il qu'un tas de chimères; mais voilà mes idées. Ce n'est pas ma faute si elles ressemblent si peu à celles des autres hommes, et il n'a pas dépendu de moi d'organiser ma tête d'une autre façon. J'avoue même que, quelque singularité qu'on leur trouve, je n'y vois rien, quant à moi, que de bien adapté au cœur humain, de bon, de praticable, surtout en Pologne, m'étant appliqué dans mes vues à suivre l'esprit de cette république, et à n'y proposer que le moins de changements que j'ai pu pour en corriger les défauts. Il me semble qu'un gouvernement monté sur de pareils ressorts doit marcher à son vrai but aussi directement, aussi sûrement, aussi long-temps qu'il est possible; n'ignorant pas au surplus que tous les ouvrages des hommes sont imparfaits, passagers, et périssables comme eux.

J'ai omis à dessein beaucoup d'articles très-importants sur lesquels je ne me sentois pas les lumières suffisantes pour en bien juger. Je laisse ce soin à des hommes plus éclairés et plus sages que moi; et je mets fin à ce long fatras en faisant à

M. le comte Wielhorski mes excuses de l'en avoir occupé si long-temps. Quoique je pense autrement que les autres hommes, je ne me flatte pas d'être plus sage qu'eux, ni qu'il trouve dans mes rêveries rien qui puisse être réellement utile à sa patrie; mais mes vœux pour sa prospérité sont trop vrais, trop purs, trop désintéressés, pour que l'orgueil d'y contribuer puisse ajouter à mon zèle. Puisse-t-elle triompher de ses ennemis, devenir, demeurer paisible, heureuse et libre, donner un grand exemple à l'univers, et, profitant des travaux patriotiques de M. le comte Wielhorski, trouver et former dans son sein beaucoup de citoyens qui lui ressemblent!

LETTRES

A M. BUTTA-FOCO

SUR

LA LÉGISLATION DE LA CORSE.

LETTRE I.

Motiers-Travers, le 22 septembre 1764.

Il est superflu, monsieur, de chercher à exciter mon zèle pour l'entreprise que vous me proposez[1]. La seule idée m'élève l'ame et me transporte. Je croirois le reste de mes jours bien noblement, bien vertueusement, bien heureusement employé, je croirois même avoir bien racheté l'inutilité des autres, si je pouvois rendre ce triste reste bon en quelque chose à vos braves compatriotes, si je pou-

---

[1] Un plan de législation pour les Corses, qui avoient secoué le joug des Génois. Dans son *Contrat social* (liv. II, chap. x) Rousseau avoit fait l'éloge de cette nation, et souhaité que *quelque homme sage* lui apprît à conserver sa liberté. Ce passage donna l'idée à M. Butta-Foco, capitaine au service de France, d'inviter Rousseau à se charger de cette noble tâche, en cela d'accord avec le célèbre Paoli, chef civil et militaire de la Corse, et qui y avoit établi une forme provisoire de gouvernement.

vois concourir par quelque conseil utile aux vues de leur digne chef et aux vôtres : de ce côté-là donc soyez sûr de moi ; ma vie et mon cœur sont à vous.

Mais, monsieur, le zèle ne donne pas les moyens, et le désir n'est pas le pouvoir. Je ne veux pas faire ici sottement le modeste : je sens bien ce que j'ai, mais je sens encore mieux ce qui me manque. Premièrement, par rapport à la chose, il me manque une multitude de connoissances relatives à la nation et au pays; connoissances indispensables, et qui, pour les acquérir, demanderont de votre part beaucoup d'instructions, d'éclaircissements, de mémoires, etc.; de la mienne beaucoup d'étude et de réflexions. Par rapport à moi il me manque plus de jeunesse, un esprit plus tranquille, un cœur moins épuisé d'ennuis, une certaine vigueur de génie, qui, même quand on l'a, n'est pas à l'épreuve des années et des chagrins ; il me manque la santé, le temps; il me manque, accablé d'une maladie incurable et cruelle, l'espoir de voir la fin d'un long travail, que la seule attente du succès peut donner le courage de suivre; il me manque enfin l'expérience dans les affaires, qui seule éclaire plus sur l'art de conduire les hommes que toutes les méditations.

Si je me portois passablement, je me dirois : J'irai en Corse ; six mois passés sur les lieux m'instruiront plus que cent volumes. Mais comment entreprendre un voyage aussi pénible, aussi long, dans l'état où je suis? le soutiendrois-je? me laisseroit-on passer? Mille obstacles m'arrêteroient en allant, l'air de la mer achèveroit de me détruire avant le retour. Je vous avoue que je désire mourir parmi les miens.

Vous pouvez être pressé; un travail de cette importance ne peut être qu'une affaire de très-longue haleine, même pour un homme qui se porteroit bien. Avant de soumettre mon ouvrage à l'examen de la nation et de ses chefs, je veux commencer par en être content moi-même : je ne veux rien donner par morceaux; l'ouvrage doit être un; l'on n'en sauroit juger séparément. Ce n'est déjà pas peu de chose que de me mettre en état de commencer : pour achever, cela va loin.

Il se présente aussi des réflexions sur l'état précaire où se trouve encore votre île. Je sais que, sous un chef tel qu'ils l'ont aujourd'hui, les Corses n'ont rien à craindre de Gênes : je crois qu'ils n'ont rien à craindre non-plus des troupes qu'on dit que la France y envoie, et ce qui me confirme dans ce sentiment est de voir un aussi bon patriote que vous me paroissez l'être rester, malgré l'envoi de ces troupes, au service de la puissance qui les donne. Mais, monsieur, l'indépendance de votre pays n'est point assurée tant qu'aucune puissance ne la reconnoît; et vous m'avouerez qu'il n'est pas encourageant pour un aussi grand travail de l'entreprendre sans savoir s'il peut avoir son usage, même en le supposant bon.

Ce n'est point pour me refuser à vos invitations, monsieur, que je vous fais ces objections, mais pour les soumettre à votre examen et à celui de M. Paoli. Je vous crois trop gens de bien l'un et l'autre pour vouloir que mon affection pour votre patrie me fasse consumer le peu de temps qui me reste à des soins qui ne seroient bons à rien.

Examinez donc, messieurs, jugez vous-mêmes, et soyez sûrs que l'entreprise dont vous m'avez trouvé digne ne manquera point par ma volonté.

Recevez, je vous prie, mes très-humbles salutations.

P. S. En relisant votre lettre, je vois, monsieur, qu'à la première lecture j'ai pris le change sur votre objet. J'ai cru que vous demandiez un corps complet de législation, et je vois que vous demandez seulement une institution politique, ce qui me fait juger que vous avez déjà un corps de lois civiles autres que le droit écrit, sur lequel il s'agit de calquer une forme de gouvernement qui s'y rapporte. La tâche est moins grande, sans être petite, et il n'est pas sûr qu'il en résulte un tout aussi parfait; on n'en peut juger que sur le recueil complet de vos lois.

LETTRE II.

AU MÊME.

Motiers, le 15 octobre 1764.

Je ne sais, monsieur, pourquoi votre lettre du 3 ne m'est parvenue qu'hier. Ce retard me force, pour profiter du courrier, de vous répondre à la hâte, sans quoi ma lettre n'arriveroit pas à Aix assez tôt pour vous y trouver.

Je ne puis guère espérer d'être en état d'aller en Corse. Quand je pourrois entreprendre ce voyage, ce ne seroit que dans la belle saison : d'ici là le temps est précieux, il faut l'épargner tant qu'il est possible, et il sera perdu jusqu'à ce que j'aie reçu vos instructions. Je joins ici une note rapide des premières dont j'ai besoin; les vôtres me seront toujours nécessaires dans cette entreprise. Il ne faut point là-dessus me parler, monsieur, de votre insuffisance : à juger de vous par vos lettres, je dois plus me fier à vos yeux qu'aux miens; et à juger par vous de votre peuple, il a tort de chercher ses guides hors de chez lui.

Il s'agit d'un si grand objet, que ma témérité me fait trembler : n'y joignons pas du moins l'étourderie. J'ai l'esprit très-lent; l'âge et les maux le ralentissent encore. Un gouvernement provisionnel a ses inconvénients : quelque attention qu'on ait à ne faire que les changements nécessaires, un établissement tel que celui que nous cherchons ne se fait point sans un peu de commotion, et l'on doit tâcher au moins de n'en avoir qu'une. On pourroit d'abord jeter les fondements, puis élever plus à loisir l'édifice. Mais cela suppose un plan déjà fait, et c'est pour tracer ce plan même qu'il faut le plus méditer. D'ailleurs il est à craindre qu'un établissement imparfait ne fasse plus sentir ses embarras que ses avantages, et que cela ne dégoûte le peuple de l'achever. Voyons toutefois ce qui se peut faire. Les mémoires dont j'ai besoin reçus, il me faut bien six mois pour m'instruire, et autant au moins pour digérer mes instructions; de sorte que, du printemps prochain en un an, je pourrois proposer mes premières idées sur une forme provisionnelle, et au bout de trois autres années mon plan complet d'institution. Comme on ne doit promettre que ce qui dépend de soi, je ne suis pas sûr de mettre en état mon travail en si peu de temps; mais je suis sûr de ne pouvoir l'abréger; que s'il faut rapprocher un de ces deux termes, il vaut mieux que je n'entreprenne rien.

Je suis charmé du voyage que vous faites en Corse dans ces circonstances; il ne peut que vous être très-utile. Si, comme je n'en doute pas, vous vous y occupez de notre objet, vous verrez mieux ce qu'il faut me dire que je ne puis voir ce que je dois vous demander. Mais permettez-moi une curiosité que m'inspirent l'estime et l'admiration. Je voudrois savoir tout ce qui regarde M. Paoli; quel âge a-t-il? est-il marié? a-t-il des enfants? où a-t-il appris l'art militaire? comment le bonheur de sa nation l'a-t-il mis à la tête de ses troupes? quelles fonctions exerce-t-il dans l'administration politique et civile? ce grand homme se résoudroit-il à n'être que citoyen dans sa patrie après en avoir été le sauveur? Surtout parlez-moi sans déguisement à tous égards; la gloire, le repos, le bonheur de votre peuple dépendent ici plus de vous que de moi. Je vous salue, monsieur, de tout mon cœur.

MÉMOIRE JOINT À CETTE RÉPONSE.

Une bonne carte de la Corse, où les divers districts soient marqués et distingués par leurs noms, même, s'il se peut, par des couleurs.

Une exacte description de l'île; son histoire naturelle, ses productions, sa culture, sa division par districts; le nombre, la grandeur, la situation des villes, bourgs, paroisses; le dénombrement du peuple aussi exact qu'il sera possible; l'état des forteresses, des ports; l'industrie, les arts, la marine; le commerce qu'on fait; celui qu'on pourroit faire, etc.

Quel est le nombre, le crédit du clergé? quelles sont ses maximes? quelle est sa conduite relativement à la patrie? Y a-t-il des maisons anciennes, des corps privilégiés, de la noblesse? Les villes ont-elles des droits municipaux? en sont-elles fort jalouses?

Quelles sont les mœurs du peuple, ses goûts, ses occupations, ses amusements, l'ordre et les divisions militaires, la discipline, la manière de faire la guerre, etc.

L'histoire de la nation jusqu'à ce moment, les lois, les statuts; tout ce qui regarde l'administration actuelle, les inconvénients qu'on y trouve, l'exercice de la justice, les revenus publics, l'ordre économique, la manière de poser et de lever les taxes, ce que paie à peu près le peuple, et ce qu'il peut payer annuellement et l'un portant l'autre.

Ceci contient en général les instructions nécessaires: mais les unes veulent être détaillées; il suffit de dire les autres sommairement. En général tout ce qui fait le mieux connoître le génie national ne sauroit être trop expliqué. Souvent un trait, un mot, une action dit plus que tout un livre; mais il vaut mieux trop que pas assez.

LETTRE III.

AU MÊME.

Motiers-Travers, le 24 mars 1765.

Je vois, monsieur, que vous ignorez dans quel gouffre de nouveaux malheurs je me trouve englouti. Depuis votre pénultième lettre on ne m'a pas laissé reprendre haleine un instant. J'ai reçu votre premier envoi sans pouvoir presque y jeter les yeux. Quant à celui de Perpignan, je n'en ai pas ouï parler. Cent fois j'ai voulu vous écrire; mais l'agitation continuelle, toutes les souffrances du corps et de l'esprit, l'accablement de mes propres affaires, ne m'ont pas permis de songer aux vôtres. J'attendois un moment d'intervalle; il ne vient point, il ne viendra point; et, dans l'instant même où je vous réponds, je suis, malgré mon état, dans le risque de ne pouvoir finir ma lettre ici.

Il est inutile, monsieur, que vous comptiez sur le travail que j'avois entrepris : il m'eût été trop doux de m'occuper d'une si glorieuse tâche, cette consolation m'est ôtée. Mon ame épuisée d'ennuis n'est plus en état de penser; mon cœur est le même encore, mais je n'ai plus de tête; ma faculté intelligente est éteinte; je ne suis plus capable de suivre un objet avec quelque attention; et d'ailleurs que voudriez-vous que fît un malheureux fugitif qui, malgré la protection du roi de Prusse, souverain du pays, malgré la protection de milord Maréchal, qui en est gouverneur, mais malheureusement trop éloignés l'un de l'autre, y boit les affronts comme l'eau, et, ne pouvant plus vivre avec honneur dans cet asile, est forcé d'aller errant en chercher un autre sans savoir plus où le trouver?...

Si fait pourtant, monsieur, j'en sais un digne de moi et dont je ne me crois pas indigne; c'est parmi vous, braves Corses, qui savez être libres, qui savez être justes, et qui fûtes trop malheureux pour n'être pas compatissants. Voyez, monsieur, ce qui se peut faire : parlez-en à M. Paoli. Je demande à pouvoir louer dans quelque canton solitaire une petite maison pour y finir mes jours en paix. J'ai ma gouvernante qui depuis vingt ans me soigne dans mes infirmités continuelles; c'est une fille de quarante-cinq ans, Françoise, catholique, honnête et sage, et qui se résout de venir, s'il le faut, au bout de l'univers partager mes misères et me fermer les yeux. Je tiendrai mon petit ménage avec elle, et je tâcherai de ne point rendre les soins de l'hospitalité incommodes à mes voisins.

Mais, monsieur, je dois tout vous dire; il faut que cette hospitalité soit gratuite, non quant à la subsistance, je ne serai là-dessus à charge à personne, mais quant au droit d'asile, qu'il faut qu'on m'accorde sans intérêt : car, sitôt que je serai parmi vous, n'attendez rien de moi sur le projet qui vous occupe. Je le répète, je suis désormais hors d'état d'y songer; et quand je ne le serois pas, je m'en abstiendrois par cela même que je vivrois au milieu de vous; car j'eus et j'aurai toujours pour maxime inviolable de porter le plus profond respect au gouvernement sous lequel je vis, sans me mêler de vouloir jamais le censurer et critiquer, ou réformer en aucune manière. J'ai même ici une raison de plus, et pour moi d'une très-grande force. Sur le peu que j'ai parcouru de vos mémoires, je vois que mes idées diffèrent prodigieusement de celles de votre nation. Il ne seroit pas possible que le plan que je proposerois ne fît beaucoup de mécontents, et peut-être vous-même tout le premier. Or, monsieur, je suis rassasié de disputes et de querelles. Je ne veux plus voir ni faire de mécontents autour de moi, à quelque prix que ce puisse être. Je soupire après la tranquillité la plus profonde; et mes derniers vœux sont d'être aimé de tout ce qui m'entoure, et de mourir en paix. Ma résolution là-dessus est inébranlable. D'ailleurs mes maux continuels m'absorbent, et augmentent mon indolence. Mes propres affaires exigent de mon temps plus que je n'y en peux donner. Mon esprit usé n'est plus capable d'aucune autre application. Que si peut-être la douceur d'une vie calme prolonge mes jours assez pour me ménager des loisirs, et que vous me jugiez capable d'écrire votre histoire, j'entreprendrai volontiers ce travail honorable, qui satisfera mon cœur sans trop fatiguer ma tête; et je serois fort flatté de laisser à la postérité ce monument de mon séjour parmi vous. Mais ne me demandez rien de plus : comme je ne veux pas vous tromper, je me reprocherois d'acheter votre protection au prix d'une vaine attente.

Dans cette idée qui m'est venue j'ai plus consulté mon cœur que mes forces; car, dans l'état où je suis, il est peu apparent que je soutienne un si long voyage, d'ailleurs très-embarrassant, surtout avec ma gouvernante et mon petit bagage. Cependant, pour peu que vous m'encouragiez, je le tenterai, cela est certain, dussé-je rester et périr en route : mais il me faut au moins une assurance morale d'être en repos pour le reste de ma vie, car c'en est fait, monsieur, je ne peux plus courir. Malgré mon état critique et précaire, j'attendrai dans ce pays votre réponse avant de prendre aucun parti; mais je vous prie de différer le moins possible, car, malgré toute ma patience, je puis n'être pas le maître des événements. Je vous embrasse et vous salue, monsieur, de tout mon cœur.

P. S. J'oubliois de vous dire, quant à vos prêtres, qu'ils seront bien difficiles s'ils ne sont contents de moi. Je ne dispute jamais sur rien, je ne parle jamais de religion ; j'aime naturellement même autant votre clergé que je hais le nôtre. J'ai beaucoup d'amis parmi le clergé de France, et j'ai toujours très-bien vécu avec eux. Mais, quoi qu'il arrive, je ne veux point changer de religion, et je souhaite qu'on ne m'en parle jamais, d'autant plus que cela seroit inutile.

Pour ne pas perdre de temps, en cas d'affirmation, il faudroit m'indiquer quelqu'un à Livourne à qui je pusse demander des instructions pour le passage.

LETTRE IV.

AU MÊME.

Motiers, le 26 mai 1765.

La crise orageuse que je viens d'essuyer, monsieur, et l'incertitude du parti qu'elle me feroit prendre, m'ont fait différer de vous répondre et de vous remercier jusqu'à ce que je fusse déterminé. Je le suis maintenant par une suite d'événements qui, m'offrant en ce pays, sinon la tranquillité, du moins la sûreté, me font prendre le parti d'y rester sous la protection déclarée et confirmée du roi et du gouvernement. Ce n'est pas que j'aie perdu le plus vrai désir de vivre dans le vôtre ; mais l'épuisement total de mes forces, les soins qu'il faudroit prendre, les fatigues qu'il faudroit essuyer, d'autres obstacles encore qui naissent de ma situation, me font, du moins pour le moment, abandonner mon entreprise, à laquelle, malgré ces difficultés, mon cœur ne peut se résoudre à renoncer tout-à-fait encore. Mais, mon cher monsieur, je vieillis, je dépéris, les forces me quittent, le désir s'irrite et l'espoir s'éteint. Quoi qu'il en soit, recevez et faites agréer à M. Paoli mes plus vifs, mes plus tendres remerciements de l'asile qu'il a bien voulu m'accorder. Peuple brave et hospitalier.... non, je n'oublierai jamais un moment de ma vie que vos cœurs, vos bras, vos foyers, m'ont été ouverts à l'instant qu'il ne me restoit presque aucun autre asile en Europe. Si je n'ai point le bonheur de laisser mes cendres dans votre île, je tâcherai d'y laisser du moins quelque monument de ma reconnoissance, et je m'honorerai aux yeux de toute la terre de vous appeler mes hôtes et mes protecteurs.

Je reçus bien par M. le chevalier R.... la lettre de M. Paoli : mais, pour vous faire entendre pourquoi j'y répondis en si peu de mots et d'un ton si vague, il faut vous dire, monsieur, que le bruit de la proposition que vous m'aviez faite s'étant répandu sans que je sache comment, M. de Voltaire fit entendre à tout le monde que cette proposition étoit une invention de sa façon : il prétendoit m'avoir écrit au nom des Corses une lettre contrefaite dont j'avois été la dupe. Comme j'étois très-sûr de vous, je le laissai dire, j'allai mon train, et je ne vous en parlai pas même. Mais il fit plus, il se vanta l'hiver dernier que, malgré milord Maréchal et le roi même, il me feroit chasser du pays. Il avoit des émissaires, les uns connus, les autres secrets. Dans le fort de la fermentation à laquelle mon dernier écrit servit de prétexte, arrive ici M. de R.... il vient me voir de la part de M. Paoli sans m'apporter aucune lettre ni de la sienne, ni de la vôtre, ni de personne : il refuse de se nommer; il venoit de Genève, il avoit vu mes plus ardents ennemis, on me l'écrivoit. Son long séjour en ce pays, sans y avoir aucune affaire, avoit l'air du monde le plus mystérieux. Ce séjour fut précisément le temps où l'orage fut excité contre moi. Ajoutez qu'il avoit fait tous ses efforts pour savoir quelles relations je pouvois avoir en Corse. Comme il ne vous avoit point nommé, je ne voulus point vous nommer non plus. Enfin il m'apporte la lettre de M. Paoli, dont je ne connoissois point l'écriture. Jugez si tout cela devoit m'être suspect. Qu'avois-je à faire en pareil cas? lui remettre une réponse dont à tout événement on ne pût tirer d'éclaircissement; c'est ce que je fis.

Je voudrois à présent vous parler de nos affaires et de nos projets; mais ce n'en est guère le moment. Accablé de soins, d'embarras, forcé d'aller me chercher une autre habitation à cinq ou six lieues d'ici, les seuls soucis d'un déménagement très-incommode m'absorberoient quand je n'en aurois point d'autres; et ce sont les moindres des miens. A vue de pays, quand ma tête se remettroit, ce que je regarde comme impossible de plus d'un an d'ici, il ne seroit pas en moi de m'occuper d'autre chose que de moi-même. Ce que je vous promets, et sur quoi vous pouvez compter dès à présent, est que, pour le reste de ma vie, je ne serai plus occupé que de moi ou de la Corse; toute autre affaire est entièrement bannie de mon esprit. En attendant, ne négligez pas de rassembler des matériaux, soit pour l'histoire, soit pour l'institution; ils sont les mêmes. Votre gouvernement me paroît être sur un pied à pouvoir attendre. J'ai parmi vos papiers un mémoire daté de Vescovado, 1764, que je présume être de votre façon, et que je trouve excellent. L'ame et la tête du vertueux Paoli feront plus que tout le reste. Avec tout cela pouvez-vous manquer d'un bon gouvernement provisionnel? aussi bien, tant que des puissances étrangères se mêleront de vous, ne pourrez-vous guère établir autre chose.

Je voudrois bien, monsieur, que nous pussions nous voir : deux ou trois jours de conférence éclairciroient bien des choses. Je ne puis guère être assez tranquille cette année pour vous rien proposer; mais vous seroit-il possible, l'année prochaine, de vous ménager un passage par ce pays? J'ai dans la tête que nous nous verrions avec plaisir, et que nous nous quitterions contents l'un de l'autre. Voyez, puisque voilà l'hospitalité établie entre nous, venez user de votre droit. Je vous embrasse.

EXTRAIT

DU PROJET

DE PAIX PERPÉTUELLE

DE M. L'ABBÉ DE SAINT-PIERRE.

> Tunc genus humanum positis sibi consulat armis,
> Inque vicem gens omnis amet.
> LUCAN., lib. I, v. 60.

PROJET

DE

PAIX PERPÉTUELLE.

Comme jamais projet plus grand, plus beau, ni plus utile n'occupa l'esprit humain, que celui d'une paix perpétuelle et universelle entre tous les peuples de l'Euorpe, jamais auteur ne mérita mieux l'attention du public que celui qui propose des moyens pour mettre ce projet en exécution. Il est même bien difficile qu'une pareille matière laisse un homme sensible et vertueux exempt d'un peu d'enthousiasme; et je ne sais si l'illusion d'un cœur véritablement humain, à qui son zèle rend tout facile, n'est pas en cela préférable à cette âpre et repoussante raison, qui trouve toujours dans son indifférence pour le bien public le premier obstacle à tout ce qui peut le favoriser.

Je ne doute pas que beaucoup de lecteurs ne s'arment d'avance d'incrédulité pour résister au plaisir de la persuasion, et je les plains de prendre si tristement l'entêtement pour la sagesse. Mais j'espère que quelque ame honnête partagera l'émotion délicieuse avec laquelle je prends la plume sur un sujet si intéressant pour l'humanité. Je vais voir, du moins en idée, les hommes s'unir et s'aimer; je vais penser à une douce et paisible société de frères, vivant dans une concorde éternelle, tous conduits par les mêmes maximes, tous heureux du bonheur commun; et, réalisant en moi-même un tableau si touchant, l'image d'une félicité qui n'est point m'en fera goûter quelques instants une véritable.

Je n'ai pu refuser ces premières lignes au sentiment dont j'étois plein. Tâchons maintenant de raisonner de sang-froid. Bien résolu de ne rien avancer que je ne le prouve, je crois pouvoir prier le lecteur à son tour de ne rien nier qu'il ne le réfute; car ce ne sont pas tant les raisonneurs que je crains que ceux qui, sans se rendre aux preuves, n'y veulent rien objecter.

Il ne faut pas avoir long-temps médité sur les moyens de perfectionner un gouvernement quelconque pour apercevoir des embarras et des obstacles, qui naissent moins de sa constitution que de ses relations externes; de sorte que la plupart des soins qu'il faudroit consacrer à sa police, on est contraint de les donner à sa sûreté, et de songer plus à le mettre en état de résister aux autres qu'à le rendre parfait en lui-même. Si l'ordre social étoit, comme on le prétend, l'ouvrage de la raison plutôt que des passions, eût-on tardé si long-temps à voir qu'on en a fait trop ou trop peu pour notre bonheur; que chacun de nous étant dans l'état civil avec ses concitoyens, et dans l'état de nature avec tout le reste du monde, nous n'avons prévenu les guerres particulières que pour en allumer de générales, qui sont mille fois plus terribles; et qu'en nous unissant à quelques hommes nous devenons réellement les ennemis du genre humain?

S'il y a quelque moyen de lever ces dangereuses contradictions, ce ne peut être que par une forme de gouvernement confédérative, qui, unissant les peuples par des liens semblables à ceux qui unissent les individus, soumette également les uns et les autres à l'autorité des lois. Ce gouvernement paroît d'ailleurs préférable à tout autre, en ce qu'il comprend à la fois les avantages des grands et des petits états, qu'il est redoutable au dehors par sa puissance, que les lois y sont en vigueur, et qu'il est le seul propre à contenir également les sujets, les chefs, et les étrangers.

Quoique cette forme paroisse nouvelle à certains égards, et qu'elle n'ait en effet été bien entendue que par les modernes, les anciens ne l'ont pas ignorée. Les Grecs eurent leurs amphictyons, les Étrusques leurs lucumonies, les Latins leurs féries, les Gaules leurs cités; et les derniers soupirs de la Grèce devinrent encore illustres dans la ligue achéenne. Mais nulles de ces confédérations n'approchèrent, pour la sagesse, de celle du corps germanique, de la ligue helvétique, et des états-généraux. Que si ces corps politiques sont encore en si petit nombre et si loin de la perfection dont on sent qu'ils seroient susceptibles, c'est que le mieux ne s'exécute pas comme il s'imagine, et qu'en politique ainsi qu'en morale l'étendue de nos connoissances ne prouve guère que la grandeur de nos maux.

Outre ces confédérations publiques, il s'en peut former tacitement d'autres moins apparentes et non moins réelles, par l'union des intérêts, par le rapport des maximes, par la conformité des coutumes, ou par d'autres circonstances qui laissent subsister des relations communes entre les peuples divisés. C'est ainsi que toutes les puissances de l'Europe forment entre elles une sorte de système qui les unit par une même religion, par un même droit des gens, par les mœurs, par les lettres, par le commerce, et par une sorte d'équilibre qui est l'effet nécessaire de tout cela, et qui, sans que personne songe en effet à le conserver, ne seroit pourtant pas si facile à rompre que le pensent beaucoup de gens.

Cette société des peuples de l'Europe n'a pas toujours existé, et les causes particulières qui l'ont fait naître servent encore à la maintenir. En effet, avant les conquêtes des Romains, tous les peuples de cette partie du monde, barbares et inconnus les uns aux autres, n'avoient rien de commun que leur qualité d'hommes, qualité qui, ravalée alors par l'esclavage, ne différoit guère dans leur esprit de celle de brute. Aussi les Grecs, raisonneurs et vains, distinguoient-ils, pour ainsi dire, deux espèces dans l'humanité, dont l'une, savoir la leur, étoit faite pour commander; et l'autre, qui comprenoit tout le reste du monde, uniquement pour servir. De ce principe il résultoit qu'un Gaulois ou un Ibère n'étoit rien de plus pour un Grec que n'eût été un Cafre ou un Américain; et les barbares eux-mêmes n'avoient pas plus d'affinité entre eux que n'en avoient les Grecs avec les uns et les autres.

Mais quand ce peuple, souverain par nature, eut été soumis aux Romains ses esclaves, et qu'une partie de l'hémisphère connu eut subi le même joug, il se forma une union politique et civile entre tous les membres d'un même empire. Cette union fut beaucoup resserrée par la maxime, ou très-sage ou très-insensée, de communiquer aux vaincus tous les droits des vainqueurs, et surtout par le fameux décret de Claude, qui incorporoit tous les sujets de Rome au nombre de ses citoyens.

A la chaîne politique qui réunissoit ainsi tous les membres en un corps, se joignirent les institutions civiles et les lois, qui donnèrent une nouvelle force à ces liens, en déterminant d'une manière équitable, claire et précise, du moins autant qu'on le pouvoit dans un si vaste empire, les devoirs et les droits réciproques du prince et des sujets, et ceux des citoyens entre eux. Le Code de Théodose, et ensuite les livres de Justinien, furent une nouvelle chaîne de justice et de raison, substituée à propos à celle du pouvoir souverain, qui se relâchoit très-sensiblement. Ce supplément retarda beaucoup la dissolution de l'empire, et lui conserva long-temps une sorte de juridiction sur les barbares mêmes qui le désoloient.

Un troisième lien, plus fort que les précédents, fut celui de la religion; et l'on ne peut nier que ce ne soit surtout au christianisme que l'Europe doit encore aujourd'hui l'espèce de société qui s'est perpétuée entre ses membres, tellement que celui de ses membres qui n'a point adopté sur ce point le sentiment des autres est toujours demeuré comme étranger parmi eux. Le christianisme, si méprisé à sa naissance, servit enfin d'asile à ses détracteurs. Après l'avoir si cruellement et si vainement persécuté, l'empire romain y trouva les ressources qu'il n'avoit plus dans ses forces; ses missions lui valoient mieux que des victoires; il envoyoit des évêques réparer les fautes de ses généraux, et triomphoit par ses prêtres quand ses soldats étoient battus. C'est ainsi que les Francs, les Goths, les Bourguignons, les Lombards, les Avares, et mille autres, reconnurent enfin l'autorité de l'empire après l'avoir subjugué, et reçurent du moins en apparence avec la loi de l'Évangile celle du prince qui la leur faisoit annoncer.

. . Tel étoit le respect qu'on portoit encore à ce grand corps expirant, que jusqu'au dernier instant ses destructeurs s'honoroient de ses titres : on voyoit devenir officiers de l'empire les mêmes conquérants qui l'avoient avili; les plus grands rois accepter, briguer même, les honneurs patriciaux, la préfecture, le consulat; et, comme un lion qui flatte l'homme qu'il pourroit dévorer, on voyoit ces vainqueurs terribles rendre hommage au trône impérial, qu'ils étoient maîtres de renverser.

Voilà comment le sacerdoce et l'empire ont formé le lien social de divers peuples qui, sans avoir aucune communauté réelle d'intérêts, de droits ou de dépendance, en avoient une de maximes et d'opinions, dont l'influence est encore demeurée quand le principe a été détruit. Le simulacre antique de l'empire romain a continué de former une sorte de liaison entre les membres qui l'avoient composé; et Rome ayant dominé d'une autre manière après la destruction de l'empire, il est resté de ce double lien [1] une société plus étroite entre les nations de l'Europe, où étoit le centre des deux puissances, que dans les autres parties du monde, dont les divers peuples, trop épars pour

---

[1] Le respect pour l'empire romain a tellement survécu à sa puissance, que bien des jurisconsultes ont mis en question si l'empereur d'Allemagne n'étoit pas le souverain naturel du monde; et Barthole a poussé les choses jusqu'à traiter d'hérétique quiconque osoit en douter. Les livres des canonistes sont pleins de décisions semblables sur l'autorité temporelle de l'Église romaine.

26.

se correspondre, n'ont de plus aucun point de réunion.

Joignez à cela la situation particulière de l'Europe, plus également peuplée, plus également fertile, mieux réunie en toutes ses parties; le mélange continuel des intérêts que les liens du sang et les affaires du commerce, des arts, des colonies, ont mis entre les souverains; la multitude des rivières, et la variété de leurs cours, qui rend toutes les communications faciles; l'humeur inconstante des habitants, qui les porte à voyager sans cesse, et à se transporter fréquemment les uns chez les autres; l'invention de l'imprimerie, et le goût général des lettres, qui a mis entre eux une communauté d'études et de connoissances; enfin la multitude et la petitesse des états, qui, jointe aux besoins du luxe et à la diversité des climats, rend les uns toujours nécessaires aux autres. Toutes ces causes réunies forment de l'Europe, non seulement, comme l'Asie ou l'Afrique, une idéale collection de peuples qui n'ont de commun qu'un nom, mais une société réelle qui a sa religion, ses mœurs, ses coutumes, et même ses lois, dont aucun des peuples qui la composent ne peut s'écarter sans causer aussitôt des troubles.

A voir, d'un autre côté, les dissensions perpétuelles, les brigandages, les usurpations, les révoltes, les guerres, les meurtres, qui désolent journellement ce respectable séjour des sages, ce brillant asile des sciences et des arts; à considérer nos beaux discours et nos procédés horribles, tant d'humanité dans les maximes et de cruauté dans les actions, une religion si douce et une si sanguinaire intolérance, une politique si sage dans les livres et si dure dans la pratique, des chefs si bienfaisants et des peuples si misérables, des gouvernements si modérés et des guerres si cruelles; on sait à peine comment concilier ces étranges contrariétés, et cette fraternité prétendue des peuples de l'Europe ne semble être qu'un nom de dérision pour exprimer avec ironie leur mutuelle animosité.

Cependant les choses ne font que suivre en cela leur cours naturel. Toute société sans lois ou sans chefs, toute union formée ou maintenue par le hasard, doit nécessairement dégénérer en querelle et dissension à la première circonstance qui vient à changer. L'antique union des peuples de l'Europe a compliqué leurs intérêts et leurs droits de mille manières; ils se touchent par tant de points, que le moindre mouvement des uns ne peut manquer de choquer les autres; leurs divisions sont d'autant plus funestes, que leurs liaisons sont plus intimes et leurs fréquentes querelles ont presque la cruauté des guerres civiles.

Convenons donc que l'état relatif des puissances de l'Europe est proprement un état de guerre, et que tous les traités partiels entre quelques unes de ces puissances sont plutôt des trèves passagères que de véritables paix, soit parce que ces traités n'ont point communément d'autres garants que les parties contractantes, soit parce que les droits des unes et des autres n'y sont jamais décidés radicalement, et que ces droits mal éteints, ou les prétentions qui en tiennent lieu entre des puissances qui ne reconnoissent aucun supérieur, seront infailliblement des sources de nouvelles guerres, sitôt que d'autres circonstances auront donné de nouvelles forces aux prétendants.

D'ailleurs, le droit public de l'Europe n'étant point établi ou autorisé de concert, n'ayant aucuns principes généraux, et variant incessamment selon les temps et les lieux, il est plein de règles contradictoires, qui ne se peuvent concilier que par le droit du plus fort : de sorte que la raison, sans guide assuré, se pliant toujours vers l'intérêt personnel dans les choses douteuses, la guerre seroit encore inévitable, quand même chacun voudroit être juste. Tout ce qu'on peut faire avec de bonnes intentions, c'est de décider ces sortes d'affaires par la voie des armes, ou de les assoupir par des traités passagers : mais bientôt aux occasions qui raniment les mêmes querelles il s'en joint d'autres qui les modifient : tout s'embrouille, tout se complique; on ne voit plus rien au fond des choses; l'usurpation passe pour droit, la foiblesse pour injustice; et, parmi ce désordre continuel, chacun se trouve insensiblement si fort déplacé, que, si l'on pouvoit remonter au droit solide et primitif, il y auroit peu de souverains en Europe qui ne dussent rendre tout ce qu'ils ont.

Une autre semence de guerre plus cachée et non moins réelle, c'est que les choses ne changent point de forme en changeant de nature; que des états héréditaires en effet restent électifs en apparence; qu'il y ait des parlements ou états nationaux dans des monarchies, des chefs héréditaires dans des républiques; qu'une puissance dépendante d'une autre conserve encore une apparence de liberté; que tous les peuples soumis au même pouvoir ne soient pas gouvernés par les mêmes lois; que l'ordre de succession soit différent dans les divers états d'un même souverain; enfin que chaque gouvernement tende toujours à s'altérer sans qu'il soit possible d'empêcher ce progrès : voilà les causes générales et particulières qui nous unissent pour nous détruire, et nous font écrire une si belle doctrine sociale avec des mains toujours teintes de sang humain.

Les causes du mal étant une fois connues, le remède, s'il existe, est suffisamment indiqué par elles. Chacun voit que toute société se forme par les intérêts communs; que toute division naît des intérêts opposés; que mille événements fortuits pouvant changer et modifier les uns et les autres, dès qu'il y a société, il faut nécessairement une force coactive qui ordonne et concerte les mouvements de ses membres, afin de donner aux communs intérêts et aux engagements réciproques la solidité qu'ils ne sauroient avoir par eux-mêmes.

Ce seroit d'ailleurs une grande erreur d'espérer que cet état violent pût jamais changer par la seule force des choses et sans le secours de l'art. Le système de l'Europe a précisément le degré de solidité qui peut la maintenir dans une agitation perpétuelle, sans la renverser tout-à-fait; et, si nos maux ne peuvent augmenter, ils peuvent encore moins finir, parce que toute grande révolution est désormais impossible.

Pour donner à ceci l'évidence nécessaire, commençons par jeter un coup d'œil général sur l'état présent de l'Europe. La situation des montagnes, des mers et des fleuves, qui servent de bornes aux nations qui l'habitent, semble avoir décidé du nombre et de la grandeur de ces nations; et l'on peut dire que l'ordre politique de cette partie du monde est, à certains égards, l'ouvrage de la nature.

En effet, ne pensons pas que cet équilibre si vanté ait été établi par personne, et que personne ait rien fait à dessein de le conserver : on trouve qu'il existe; et ceux qui ne trouvent pas en eux-mêmes assez de poids pour le rompre, couvrent leurs vues particulières du prétexte de le soutenir. Mais qu'on y songe ou non, cet équilibre subsiste, et n'a besoin que de lui-même pour se conserver sans que personne s'en mêle; et quand il se romproit un moment d'un côté, il se rétabliroit bientôt d'un autre : de sorte que si les princes qu'on accusoit d'aspirer à la monarchie universelle y ont réellement aspiré, ils montroient en cela plus d'ambition que de génie. Car comment envisager un moment ce projet, sans en voir aussitôt le ridicule? comment ne pas sentir qu'il n'y a point de potentat en Europe assez supérieur aux autres pour pouvoir jamais en devenir le maître? Tous les conquérants qui ont fait des révolutions se présentoient toujours avec des forces inattendues, ou avec des troupes étrangères et différemment aguerries, à des peuples ou désarmés, ou divisés, sans discipline; mais où prendroit un prince européen des forces inattendues pour accabler tous les autres, tandis que le plus puissant d'entre eux est une si petite partie du tout, et qu'ils ont de concert une si grande vigilance? Aura-t-il plus de troupes qu'eux tous? Il ne le peut, ou n'en sera que plus tôt ruiné, ou ses troupes seront plus mauvaises, en raison de leur plus grand nombre. En aura-t-il de mieux aguerries? Il en aura moins à proportion. D'ailleurs la discipline est partout à peu près la même, ou le deviendra dans peu. Aura-t-il plus d'argent? Les sources en sont communes, et jamais l'argent ne fit de grandes conquêtes. Fera-t-il une invasion subite? La famine ou des places fortes l'arrêteront à chaque pas. Voudra-t-il s'agrandir pied à pied?

Il donne aux ennemis le moyen de s'unir pour résister; le temps, l'argent et les hommes ne tarderont pas à lui manquer. Divisera-t-il les autres puissances pour les vaincre l'une par l'autre? Les maximes de l'Europe rendent cette politique vaine; et le prince le plus borné ne donneroit pas dans ce piége. Enfin, aucun d'eux ne pouvant avoir de ressources exclusives, la résistance est, à la longue, égale à l'effort, et le temps rétablit bientôt les brusques accidents de la fortune, sinon pour chaque prince en particulier, au moins pour la constitution générale.

Veut-on maintenant supposer à plaisir l'accord de deux ou trois potentats pour subjuguer tout le reste? Ces trois potentats, quels qu'ils soient, ne feront pas ensemble la moitié de l'Europe. Alors l'autre moitié s'unira certainement contre eux : ils auront donc à vaincre plus fort qu'eux-mêmes. J'ajoute que les vues des uns sont trop opposées à celle des autres, et qu'il règne une trop grande jalousie entre eux, pour qu'ils puissent même former un semblable projet. J'ajoute encore que, quand ils l'auroient formé, qu'ils le mettroient en exécution, et qu'il auroit quelques succès, ces succès mêmes seroient, pour les conquérants alliés, des semences de discorde; parce qu'il ne seroit pas possible que les avantages fussent tellement partagés que chacun se trouvât également satisfait des siens, et que le moins heureux s'opposeroit bientôt aux progrès des autres, qui, par une semblable raison, ne tarderoient pas à se diviser eux-mêmes. Je doute que, depuis que le monde existe, on ait jamais vu trois ni même deux grandes puissances bien unies en subjuguer d'autres sans se brouiller sur les contingents ou sur les partages, et sans donner bientôt, par leur mésintelligence, de nouvelles ressources aux foibles. Ainsi, quelque supposition qu'on fasse, il n'est pas vraisemblable que ni prince, ni ligue puisse désormais changer considérablement et à demeure l'état des choses parmi nous.

Ce n'est pas à dire que les Alpes, le Rhin, la mer, les Pyrénées, soient des obstacles insurmontables à l'ambition; mais ces obstacles sont soutenus par d'autres qui fortifient, ou ramènent les états aux mêmes limites, quand des efforts passagers les en ont écartés. Ce qui fait le vrai soutien du système de l'Europe, c'est bien en partie le jeu des négociations, qui presque toujours se balancent mutuellement : mais ce système a un autre appui plus solide encore, et cet appui c'est le corps germanique, placé presque au centre de l'Europe, lequel en tient toutes les autres parties en respect, et sert peut-être encore plus au maintien de ses voisins qu'à celui de ses propres membres : corps redoutable aux étrangers par son étendue, par le nombre et la valeur de ses peuples; mais utile à tous par sa constitution, qui, lui ôtant les moyens et la volonté de rien conquérir, en fait l'écueil des conquérants. Malgré les défauts de cette constitution de l'Empire, il est certain que, tant qu'elle subsistera, jamais l'équilibre de l'Europe ne sera rompu, qu'aucun potentat n'aura à craindre d'être détrôné par un autre, et que le traité de Vestphalie sera peut-être à jamais parmi nous la base du système politique. Ainsi le droit public, que les Allemands étudient avec tant de soin, est encore plus important qu'ils ne pensent, et n'est pas seulement le droit public germanique, mais, à certains égards, celui de toute l'Europe.

Mais si le présent système est inébranlable, c'est en cela même qu'il est plus orageux; car il y a entre les puissances européennes une action et une réaction qui, sans les déplacer tout-à-fait, les tient dans une agitation continuelle; et leurs efforts sont toujours vains et toujours renaissants, comme les flots de la mer, qui sans cesse agitent sa surface sans jamais en changer le niveau; de sorte que les peuples sont incessamment désolés sans aucun profit sensible pour les souverains.

Il me seroit aisé de déduire la même vérité des intérêts particuliers de toutes les cours de l'Europe; car je ferois voir aisément que ces intérêts se croisent de manière à tenir toutes leurs forces mutuellement en respect : mais les idées de commerce et d'argent, ayant produit une espèce de fanatisme politique, font si promptement changer les intérêts apparents de tous les princes, qu'on ne peut établir une maxime stable sur leurs vrais intérêts, parce que tout dépend maintenant des systèmes économiques, la plupart fort bizarres, qui passent par la tête des ministres. Quoi qu'il en soit, le commerce, qui tend journellement à se mettre en équilibre, ôtant à certaines puissances l'avantage exclusif qu'elles en tiroient, leur ôte en même temps un des grands moyens qu'elles avoient de faire la loi aux autres [1].

Si j'ai insisté sur l'égale distribution de force qui résulte en Europe de sa constitution actuelle, c'étoit pour en déduire une conséquence importante à l'établissement d'une association générale; car, pour former une confédération solide et durable, il faut en mettre tous les membres dans une dépendance tellement mutuelle, qu'aucun ne soit seul en état de résister à tous les autres, et que les associations particulières qui pourroient nuire à la grande, y rencontrent des obstacles suffisants pour empêcher leur exécution; sans quoi la con-

[1] Les choses ont changé depuis que j'écrivois ceci; mais mon principe sera toujours vrai. Il est, par exemple, très-aisé de prévoir que, dans vingt ans d'ici, l'Angleterre, avec toute sa gloire, sera ruinée, et, de plus, aura perdu le reste de sa liberté [*]. Tout le monde assure que l'agriculture fleurit dans cette île; et moi je parie qu'elle y dépérit. Londres s'agrandit tous les jours; donc le royaume se dépeuple. Les Anglois veulent être conquérants; donc ils ne tarderont pas d'être esclaves.

[*] Il avoit d'abord écrit, *aura perdu sa liberté.* Voyez le motif de cette correction dans la *Correspondance* (Lettre à M. de Bastide, du 16 juin 1760).

fédération seroit vaine, et chacun seroit réellement indépendant, sous une apparente sujétion. Or, si ces obstacles sont tels que j'ai dit ci-devant, maintenant que toutes les puissances sont dans une entière liberté de former entre elles des ligues et des traités offensifs, qu'on juge de ce qu'ils seroient quand il y auroit une grande ligue armée, toujours prête à prévenir ceux qui voudroient entreprendre de la détruire ou de lui résister. Ceci suffit pour montrer qu'une telle association ne consisteroit pas en délibérations vaines, auxquelles chacun pût résister impunément; mais qu'il en naîtroit une puissance effective, capable de forcer les ambitieux à se tenir dans les bornes du traité général.

Il résulte de cet exposé trois vérités incontestables : l'une, qu'excepté le Turc, il règne entre tous les peuples de l'Europe une liaison sociale imparfaite, mais plus étroite que les nœuds généraux et lâches de l'humanité; la seconde, que l'imperfection de cette société rend la condition de ceux qui la composent pire que la privation de toute société entre eux; la troisième, que ces premiers liens, qui rendent cette société nuisible, la rendent en même temps facile à perfectionner; en sorte que tous ses membres pourroient tirer leur bonheur de ce qui fait actuellement leur misère, et changer en une paix éternelle l'état de guerre qui règne entre eux.

Voyons maintenant de quelle manière ce grand ouvrage, commencé par la fortune, peut être achevé par la raison ; et comment la société libre et volontaire qui unit tous les états européens, prenant la force et la solidité d'un vrai corps politique, peut se changer en une confédération réelle. Il est indubitable qu'un pareil établissement donnant à cette association la perfection qui lui manquoit, en détruira l'abus, en étendra les avantages, et forcera toutes les parties à concourir au bien commun : mais il faut pour cela que cette confédération soit tellement générale, que nulle puissance considérable ne s'y refuse ; qu'elle ait un tribunal judiciaire qui puisse établir les lois et les réglemens qui doivent obliger tous les membres ; qu'elle ait une force coactive et coercitive pour contraindre chaque état de se soumettre aux délibérations communes, soit pour agir, soit pour s'abstenir ; enfin, qu'elle soit ferme et durable, pour empêcher que les membres ne s'en détachent à leur volonté, sitôt qu'ils croiront voir leur intérêt particulier contraire à l'intérêt général. Voilà les signes certains auxquels on reconnoîtra que l'institution est sage, utile et inébranlable. Il s'agit maintenant d'étendre cette supposition, pour chercher par analyse quels effets doivent en résulter, quels moyens sont propres à l'établir, et quel espoir raisonnable on peut avoir de la mettre en exécution.

Il se forme de temps en temps parmi nous des

espèces de diètes générales sous le nom de congrès, où l'on se rend solennellement de tous les états de l'Europe pour s'en retourner de même; où l'on s'assemble pour ne rien dire; où toutes les affaires publiques se traitent en particulier; où l'on délibère en commun si la table sera ronde ou carrée; si la salle aura plus ou moins de portes, si un tel plénipotentiaire aura le visage ou le dos tourné vers la fenêtre, si tel autre fera deux pouces de chemin de plus ou de moins dans une visite, et sur mille questions de pareille importance, inutilement agitées depuis trois siècles, et très-dignes assurément d'occuper les politiques du nôtre.

Il se peut faire que les membres d'une de ces assemblées soient une fois doués du sens commun; il n'est pas même impossible qu'ils veuillent sincèrement le bien public; et, par les raisons qui seront ci-après déduites, on peut concevoir encore qu'après avoir aplani bien des difficultés ils auront ordre de leurs souverains respectifs de signer la confédération générale que je suppose sommairement contenue dans les cinq articles suivants.

Par le premier, les souverains contractants établiront entre eux une alliance perpétuelle et irrévocable, et nommeront des plénipotentiaires pour tenir, dans un lieu déterminé, une diète ou un congrès permanent, dans lequel tous les différents des parties contractantes seront réglés et terminés par voie d'arbitrage ou de jugement.

Par le second, on spécifiera le nombre des souverains dont les plénipotentiaires auront voix à la diète; ceux qui seront invités d'accéder au traité; l'ordre, le temps et la manière dont la présidence passera de l'un à l'autre par intervalles égaux; enfin la quotité relative des contributions, et la manière de les lever pour fournir aux dépenses communes.

Par le troisième, la confédération garantira à chacun de ses membres la possession et le gouvernement de tous les états qu'il possède actuellement, de même que la succession élective ou héréditaire, selon que le tout est établi par les lois fondamentales de chaque pays; et, pour supprimer tout d'un coup la source des démêlés qui renaissent incessamment, on conviendra de prendre la possession actuelle et les derniers traités pour base de tous les droits mutuels des puissances contractantes; renonçant pour jamais et réciproquement à toute autre prétention antérieure; sauf les successions futures contentieuses, et autres droits à échoir, qui seront tous réglés à l'arbitrage de la diète, sans qu'il soit permis de s'en faire raison par voies de fait, ni de prendre jamais les armes l'un contre l'autre, sous quelque prétexte que ce puisse être.

Par le quatrième, on spécifiera les cas où tout allié infracteur du traité seroit mis au ban de l'Europe, et proscrit comme ennemi public; savoir, s'il refusoit d'exécuter les jugements de la grande alliance, qu'il fît des préparatifs de guerre, qu'il négociât des traités contraires à la confédération, qu'il prît les armes pour lui résister ou pour attaquer quelqu'un des alliés.

Il sera encore convenu par le même article qu'on armera et agira offensivement, conjointement, et à frais communs, contre tout état au ban de l'Europe, jusqu'à ce qu'il ait mis bas les armes, exécuté les jugements et réglements de la diète, réparé les torts, remboursé les frais, et fait raison même des préparatifs de guerre contraires au traité.

Enfin, par le cinquième, les plénipotentiaires du corps européen auront toujours le pouvoir de former dans la diète, à la pluralité des voix pour la provision, et aux trois quarts des voix cinq ans après pour la définitive, sur les instructions de leurs cours, les réglements qu'ils jugeront importants pour procurer à la république européenne et à chacun de ses membres tous les avantages possibles; mais on ne pourra jamais rien changer à ces cinq articles fondamentaux que du consentement unanime des confédérés.

Ces cinq articles, ainsi abrégés et couchés en règles générales, sont, je ne l'ignore pas, sujets à mille petites difficultés, dont plusieurs demanderoient de longs éclaircissements : mais les petites difficultés se lèvent aisément au besoin; et ce n'est pas d'elles qu'il s'agit dans une entreprise de l'importance de celle-ci. Quand il sera question du détail de la police du congrès, on trouvera mille obstacles et dix mille moyens de les lever. Ici il est question d'examiner, par la nature des choses, si l'entreprise est possible ou non. On se perdroit dans des volumes de riens, s'il falloit tout prévoir et répondre à tout. En se tenant aux principes incontestables, on ne doit pas vouloir contenter tous les esprits, ni résoudre toutes les objections, ni dire comment tout se fera; il suffit de montrer que tout se peut faire.

Que faut-il donc examiner pour bien juger de ce système? Deux questions seulement; car c'est une insulte que je ne veux pas faire au lecteur, de lui prouver qu'en général l'état de paix est préférable à l'état de guerre.

La première question est, si la confédération proposée iroit sûrement à son but et seroit suffisante pour donner à l'Europe une paix solide et perpétuelle.

La seconde, s'il est de l'intérêt des souverains d'établir cette confédération et d'acheter une paix constante à ce prix.

Quand l'utilité générale et particulière sera ainsi démontrée, on ne voit plus, dans la raison des choses, quelle cause pourroit empêcher l'effet d'un établissement qui ne dépend que de la volonté des intéressés.

Pour discuter d'abord le premier article, appliquons ici ce que j'ai dit ci-devant du système général de l'Europe, et de l'effort commun qui circonscrit chaque puissance à peu près dans ses bornes, et ne lui permet pas d'en écraser entièrement d'autres. Pour rendre sur ce point mes raisonnements plus sensibles, je joins ici la liste des dix-neuf puissances qu'on suppose composer la république européenne; en sorte que, chacune ayant voix égale, il y auroit dix-neuf voix dans la diète :

SAVOIR,

L'empereur des Romains,
L'empereur de Russie,
Le roi de France,
Le roi d'Espagne,
Le roi d'Angleterre,
Les États-généraux,
Le roi de Danemarck,
La Suède,
La Pologne,
Le roi de Portugal,
Le souverain de Rome,
Le roi de Prusse,
L'électeur de Bavière et ses co-associés,
L'électeur palatin et ses co-associés,
Les Suisses et leurs co-associés,
Les électeurs ecclésiastiques et leurs associés,
La république de Venise et ses co-associés,

Le roi de Naples,
Le roi de Sardaigne.

Plusieurs souverains moins considérables, tels que la république de Gênes, les ducs de Modène et de Parme, et d'autres, étant omis dans cette liste, seront joints aux moins puissants, par forme d'association, et auront avec eux un droit de suffrage, semblable au *votum curiatum* des comtes de l'Empire. Il est inutile de rendre ici cette énumération plus précise, parce que, jusqu'à l'exécution du projet, il peut survenir d'un moment à l'autre des accidents sur lesquels il la faudroit réformer, mais qui ne changeroient rien au fond du système.

Il ne faut que jeter les yeux sur cette liste pour voir avec la dernière évidence qu'il n'est pas possible ni qu'aucune des puissances qui la composent soit en état de résister à toutes les autres unies en corps, ni qu'il s'y forme aucune ligue partielle capable de faire tête à la grande confédération.

Car comment se feroit cette ligue? seroit-ce entre les plus puissants? nous avons montré qu'elle ne sauroit être durable; et il est bien aisé maintenant de voir encore qu'elle est incompatible avec le système particulier de chaque grande puissance, et avec les intérêts inséparables de sa constitution. Seroit-ce entre un grand état et plusieurs petits? mais les autres grands états, unis à la confédération, auront bientôt écrasé la ligue : et l'on doit sentir que la grande alliance étant toujours unie et armée, il lui sera facile, en vertu du quatrième article, de prévenir et d'étouffer d'abord toute alliance partielle et séditieuse qui tendroit à troubler la paix et l'ordre public. Qu'on voie ce qui se passe dans le corps germanique, malgré les abus de sa police et l'extrême inégalité de ses membres : y en a-t-il un seul, même parmi les plus puissants, qui osât s'exposer au ban de l'Empire en blessant ouvertement sa constitution, à moins qu'il ne crût avoir de bonnes raisons de ne point craindre que l'Empire voulût agir contre lui tout de bon ?

Ainsi je tiens pour démontré que la diète européenne une fois établie n'aura jamais de rébellion à craindre, et que, bien qu'il s'y puisse introduire quelques abus, ils ne peuvent jamais aller jusqu'à éluder l'objet de l'institution. Reste à voir si cet objet sera bien rempli par l'institution même.

Pour cela, considérons les motifs qui mettent aux princes les armes à la main. Ces motifs sont, ou de faire des conquêtes, ou de se défendre d'un conquérant, ou d'affoiblir un trop puissant voisin, ou de soutenir ses droits attaqués, ou de vider un différent qu'on n'a pu terminer à l'amiable, ou enfin de remplir les engagements d'un traité. Il n'y a ni cause ni prétexte de guerre qu'on ne puisse ranger sous quelqu'un de ces six chefs : or il est évident qu'aucun des six ne peut exister dans ce nouvel état de choses.

Premièrement, il faut renoncer aux conquêtes par l'impossibilité d'en faire, attendu qu'on est sûr d'être arrêté dans son chemin par de plus grandes forces que celles qu'on peut avoir; de sorte qu'en risquant de tout perdre on est dans l'impuissance de rien gagner. Un prince ambitieux, qui veut s'agrandir en Europe, fait deux choses : il commence par se fortifier de bonnes alliances, puis il tâche de prendre son ennemi au dépourvu. Mais les alliances particulières ne serviroient de rien contre une alliance plus forte, et toujours subsistante; et nul prince n'ayant plus aucun prétexte d'armer, il ne sauroit le faire sans être aperçu, prévenu et puni par la confédération toujours armée.

La même raison qui ôte à chaque prince tout espoir de conquêtes, lui ôte en même temps toute crainte d'être attaqué; et, non seulement ses états, garantis par toute l'Europe, lui sont aussi assurés qu'aux citoyens leurs possessions dans un pays bien policé, mais plus que s'il étoit leur unique et propre défenseur, dans le même rapport que l'Europe entière est plus forte que lui seul.

On n'a plus de raison de vouloir affoiblir un voisin dont on n'a plus rien à craindre; et l'on n'en est pas même tenté, quand on n'a nul espoir de réussir.

A l'égard du soutien de ses droits, il faut d'abord remarquer qu'une infinité de chicanes et de prétentions obscures et embrouillées seront toutes anéanties par le troisième article de la confédération, qui règle définitivement tous les droits réciproques des souverains alliés sur leur actuelle possession : ainsi toutes les demandes et prétentions possibles deviendront claires à l'avenir, et seront jugées dans la diète, à mesure qu'elles pourront naître. Ajoutez que si l'on attaque mes droits, je dois les soutenir par la même voie : or, on ne peut les attaquer par les armes, sans encourir le ban de la diète; ce n'est donc pas non plus par les armes que j'ai besoin de les défendre. On doit dire la même chose des injures, des torts, des réparations, et de tous les différents imprévus qui peuvent s'élever entre deux souverains; et le même pouvoir qui doit défendre leurs droits doit aussi redresser leurs griefs.

Quant au dernier article, la solution saute aux yeux. On voit d'abord que, n'ayant plus d'agresseur à craindre, on n'a plus besoin de traité défensif, et que, comme on n'en sauroit faire de plus solide et de plus sûr que celui de la grande confédération, tout autre seroit inutile, illégitime, et par conséquent nul.

Il n'est donc pas possible que la confédération, une fois établie, puisse laisser aucune semence de guerre entre les confédérés, et que l'objet de la paix perpétuelle ne soit exactement rempli par l'exécution du système proposé.

Il nous reste maintenant à examiner l'autre question, qui regarde l'avantage des parties contractantes; car on sent bien que vainement feroit-on parler l'intérêt public au préjudice de l'intérêt particulier. Prouver que la paix est en général préférable à la guerre, c'est ne rien dire à celui qui croit avoir des raisons de préférer la guerre à la paix; et lui montrer les moyens d'établir une paix durable, ce n'est que l'exciter à s'y opposer.

En effet, dira-t-on, vous ôtez aux souverains le droit de se faire justice à eux-mêmes, c'est-à-dire le précieux droit d'être injustes quand il leur plaît; vous leur ôtez le pouvoir de s'agrandir aux dépens de leurs voisins; vous les faites renoncer à ces antiques prétentions qui tirent leur prix de leur obscurité, parce qu'on les étend avec sa fortune, à cet appareil de puissance et de terreur dont ils aiment à effrayer le monde, à cette gloire des conquêtes dont ils tirent leur honneur; et, pour tout dire enfin, vous les forcez d'être équitables et pacifiques. Quels seront les dédommagements de tant de cruelles privations?

Je n'oserois répondre, avec l'abbé de Saint-Pierre, que la véritable gloire des princes consiste à procurer l'utilité publique et le bonheur de leurs sujets; que tous leurs intérêts sont subordonnés à leur réputation, et que la réputation qu'on acquiert auprès des sages se mesure sur le bien que l'on fait aux hommes; que l'entreprise d'une paix perpétuelle, étant la plus grande qui ait jamais été faite, est la plus capable de couvrir son auteur d'une gloire immortelle; que cette même entreprise, étant aussi la plus utile aux peuples, est encore la plus honorable aux souverains, la seule surtout qui ne soit pas souillée de sang, de rapines, de pleurs, de malédictions; et qu'enfin le plus sûr moyen de se distinguer dans la foule des rois, est de travailler au bonheur public. Laissons aux harangueurs ces discours qui, dans les cabinets des ministres, ont couvert de ridicule l'auteur de ses projets, mais ne méprisons pas comme eux ses raisons; et, quoi qu'il en soit des vertus des princes, parlons de leurs intérêts.

Toutes les puissances de l'Europe ont des droits ou des prétentions les unes contre les autres; ces droits ne sont pas de nature à pouvoir jamais être parfaitement éclaircis, parce qu'il n'y a point, pour en juger, de règle commune et constante, et qu'ils sont souvent fondés sur des faits équivoques ou incertains. Les différents qu'ils causent ne sauroient non plus être jamais terminés sans retour, tant faute d'arbitre compétent, que parce que chaque prince revient dans l'occasion sans scrupule sur les cessions qui lui ont été arrachées par force dans des traités par les plus puissants, ou après des guerres malheureuses. C'est donc une erreur de ne songer qu'à ses prétentions sur les autres, et d'oublier celles des autres sur nous, lorsqu'il n'y a d'aucun côté ni plus de justice ni plus d'avantage dans les moyens de faire valoir ces prétentions réciproques. Sitôt que tout dépend de la fortune, la possession actuelle est d'un prix que la sagesse ne permet pas de risquer contre le profit à venir, même à chance égale; et tout le monde blâme un homme à son aise qui, dans l'espoir de doubler son bien, l'ose risquer en un coup de dé. Mais nous avons fait voir que, dans les projets d'agrandissement, chacun, même dans le système actuel, doit trouver une résistance supérieure à son effort; d'où il suit que, les plus puissants n'ayant aucune raison de jouer, ni les plus foibles aucun espoir de profit, c'est un bien pour tous de renoncer à ce qu'ils désirent, pour s'assurer ce qu'ils possèdent.

Considérons la consommation d'hommes, d'argent, de forces de toute espèce, l'épuisement où la plus heureuse guerre jette un état quelconque, et comparons ce préjudice aux avantages qu'il en retire, nous trouverons qu'il perd souvent quand il croit gagner; et que le vainqueur, toujours plus foible qu'avant la guerre, n'a de consolation que de voir le vaincu plus affoibli que lui; encore cet avantage est-il moins réel qu'apparent, parce que la supériorité qu'on peut avoir acquise sur son adversaire, on l'a perdue en même temps contre les puissances neutres, qui, sans changer d'état, se fortifient, par rapport à nous, de tout notre affoiblissement.

Si tous les rois ne sont pas revenus encore de la folie des conquêtes, il semble au moins que les plus sages commencent à entrevoir qu'elles coûtent quelquefois plus qu'elles ne valent. Sans entrer à cet égard dans mille distinctions qui nous mèneroient trop loin, on peut dire en général qu'un prince qui, pour reculer ses frontières, perd autant de ses anciens sujets qu'il en acquiert de nouveaux, s'affoiblit en s'agrandissant, parce qu'avec un plus grand espace à défendre il n'a pas plus de défenseurs. Or, on ne peut ignorer que, par la manière dont la guerre se fait aujourd'hui, la moindre dépopulation qu'elle produit est celle qui se fait dans les armées : c'est bien là la perte apparente et sensible ; mais il s'en fait en même temps dans tout l'état une plus grave et plus irréparable que celle des hommes qui meurent, par ceux qui ne naissent pas, par l'augmentation des impôts, par l'interruption du commerce, par la désertion des campagnes, par l'abandon de l'agriculture : ce mal, qu'on n'aperçoit point d'abord, se fait sentir cruellement dans la suite; et c'est alors qu'on est étonné d'être si foible, pour s'être rendu si puissant.

Ce qui rend encore les conquêtes moins intéressantes, c'est qu'on sait maintenant par quels moyens on peut doubler et tripler sa puissance, non seulement sans étendre son territoire, mais quelquefois en le resserrant, comme fit très-sagement l'empereur Adrien [1]. On sait que ce sont les hommes seuls qui font la force des rois; et c'est une proposition qui découle de ce que je viens de dire, que de deux états qui nourrissent le même nombre d'habitants, celui qui occupe une moindre étendue de terre est réellement le plus puissant. C'est donc par de bonnes lois, par une sage police, par de grandes vues économiques, qu'un souverain judicieux est sûr d'augmenter ses forces sans rien donner au hasard. Les véritables conquêtes qu'il fait sur ses voisins sont les établissements plus utiles qu'il forme dans ses états; et tous les sujets de plus qui lui naissent sont autant d'ennemis qu'il tue.

Il ne faut point m'objecter ici que je prouve trop, en ce que, si les choses étoient comme je les représente, chacun ayant un véritable intérêt de ne pas entrer en guerre, et les intérêts particuliers s'unissant à l'intérêt commun pour maintenir la paix, cette paix devroit s'établir d'elle-même et durer toujours sans aucune confédération. Ce seroit faire un fort mauvais raisonnement dans la présente constitution; car, quoiqu'il fût beaucoup meilleur pour tous d'être toujours en paix, le défaut commun de sûreté à cet égard fait que chacun, ne pouvant s'assurer d'éviter la guerre, tâche au moins de la commencer à son avantage quand

---

[1] * Adrien abandonna volontairement tous les pays que Trajan son prédécesseur avoit conquis et réunis à l'empire romain.

l'occasion le favorise, et de prévenir un voisin qui ne manqueroit pas de le prévenir à son tour dans l'occasion contraire; de sorte que beaucoup de guerres, même offensives, sont d'injustes précautions pour mettre en sûreté son propre bien, plutôt que des moyens d'usurper celui des autres. Quelque salutaires que puissent être généralement les maximes du bien public, il est certain qu'à ne considérer que l'objet qu'on regarde en politique, et souvent même en morale, elles deviennent pernicieuses à celui qui s'obstine à les pratiquer avec tout le monde quand personne ne les pratique avec lui.

Je n'ai rien à dire sur l'appareil des armes, parce que, destitué de fondements solides, soit de crainte, soit d'espérance, cet appareil est un jeu d'enfants, et que les rois ne doivent point avoir de poupées. Je ne dis rien non plus de la gloire des conquérants, parce que, s'il y avoit quelques monstres qui s'affligeassent uniquement pour n'avoir personne à massacrer, il ne faudroit point leur parler raison, mais leur ôter les moyens d'exercer leur rage meurtrière. La garantie de l'article troisième ayant prévenu toutes solides raisons de guerre, on ne sauroit avoir de motif de l'allumer contre autrui qui ne puisse en fournir autant à autrui contre nous-mêmes; et c'est gagner beaucoup que de s'affranchir d'un risque où chacun est seul contre tous.

Quant à la dépendance où chacun sera du tribunal commun, il est très-clair qu'elle ne diminuera rien des droits de la souveraineté ; mais les affermira, au contraire, et les rendra plus assurés par l'article troisième, en garantissant à chacun, non seulement ses états contre toute invasion étrangère, mais encore son autorité contre toute rébellion de ses sujets. Ainsi les princes n'en seront pas moins absolus, et leur couronne en sera plus assurée ; de sorte qu'en se soumettant au jugement de la diète dans leurs démêlés d'égal à égal, et s'ôtant le dangereux pouvoir de s'emparer du bien d'autrui, ils ne font que s'assurer de leurs véritables droits, et renoncer à ceux qu'ils n'ont pas. D'ailleurs il y a bien de la différence entre dépendre d'autrui ou seulement d'un corps dont on est membre et dont chacun est chef à son tour ; car, en ce dernier cas, on ne fait qu'assurer sa liberté par les garants qu'on lui donne ; elle s'aliéneroit dans les mains d'un maître, mais elle s'affermit dans celles des associés. Ceci se confirme par l'exemple du corps germanique ; car, bien que la souveraineté de ses membres soit altérée à bien des égards par sa constitution, et qu'ils soient par conséquent dans un cas moins favorable que ne seroient ceux du corps européen, il n'y en a pourtant pas un seul, quelque jaloux qu'il soit de son autorité, qui voulût, quand il le pourroit, s'assurer une indépendance absolue en se détachant de l'empire.

Remarquez de plus que le corps germanique

ayant un chef permanent, l'autorité de ce chef doit nécessairement tendre sans cesse à l'usurpation; ce qui ne peut arriver de même dans la diète européenne, où la présidence doit être alternative et sans égard à l'inégalité de puissance.

A toutes ces considérations il s'en joint une autre bien plus importante encore pour des gens aussi avides d'argent que le sont toujours les princes; c'est une grande facilité de plus d'en avoir beaucoup par tous les avantages qui résulteront pour leurs peuples et pour eux d'une paix continuelle, et par l'excessive dépense qu'épargne la réforme de l'état militaire, de ces multitudes de forteresses, et de cette énorme quantité de troupes qui absorbe leurs revenus, et devient chaque jour plus à charge à leurs peuples et à eux-mêmes. Je sais qu'il ne convient pas à tous les souverains de supprimer toutes leurs troupes, et de n'avoir aucune force publique en main pour étouffer une émeute inopinée, ou repousser une invasion subite[1]. Je sais encore qu'il y aura un contingent à fournir à la confédération, tant pour la garde des frontières de l'Europe que pour l'entretien de l'armée confédérative destinée à soutenir au besoin les décrets de la diète. Mais toutes ces dépenses faites, et l'extraordinaire des guerres à jamais supprimé, il resteroit encore plus de la moitié de

---

[1] Il se présente encore ici d'autres objections; mais, comme l'auteur du Projet ne se les est pas faites, je les ai rejetées dans l'examen.

la dépense militaire ordinaire à répartir entre le soulagement des sujets et les coffres du prince; de sorte que le peuple paieroit beaucoup moins; que le prince, beaucoup plus riche, seroit en état d'exciter le commerce, l'agriculture, les arts, de faire des établissements utiles qui augmenteroient encore la richesse du peuple et la sienne; et que l'état seroit avec cela dans une sûreté beaucoup plus parfaite que celle qu'il peut tirer de ses armées et de tout cet appareil de guerre qui ne cesse de l'épuiser au sein de la paix.

On dira peut-être que les pays frontières de l'Europe seroient alors dans une position plus désavantageuse, et pourroient avoir également des guerres à soutenir, ou avec le Turc, ou avec les corsaires d'Afrique, ou avec les Tartares.

A cela je réponds, 1° que ces pays sont dans le même cas aujourd'hui, et que par conséquent ce ne seroit pas pour eux un désavantage positif à citer, mais seulement un avantage de moins et un inconvénient inévitable auquel leur situation les expose; 2° que délivrés de toute inquiétude du côté de l'Europe, ils seroient beaucoup plus en état de résister au dehors; 3° que la suppression de toutes les forteresses de l'intérieur de l'Europe et les frais nécessaires à leur entretien mettroit la confédération en état d'en établir un grand nombre sur les frontières sans être à charge aux confédérés; 4° que ces forteresses, construites, entretenues et gardées à frais communs, seroient autant de sûretés et de moyens d'épargne pour les puissances frontières dont elles garantiroient les états; 5° que les troupes de la confédération, distribuées sur les confins de l'Europe, seroient toujours prêtes à repousser l'agresseur; 6° qu'un corps aussi redoutable que la république européenne ôteroit aux étrangers l'envie d'attaquer aucun de ses membres, comme le corps germanique, infiniment moins puissant, ne laisse pas de l'être assez pour se faire respecter de ses voisins et protéger utilement tous les princes qui le composent.

On pourra dire encore que, les Européens n'ayant plus de guerres entre eux, l'art militaire tomberoit insensiblement dans l'oubli; que les troupes perdroient leur courage et leur discipline; qu'il n'y auroit plus ni généraux, ni soldats, et que l'Europe resteroit à la merci du premier venu.

Je réponds qu'il y aura de deux choses l'une; ou les voisins de l'Europe l'attaqueront et lui feront la guerre, ou ils redouteront la confédération et la laisseront en paix.

Dans le premier cas, voilà les occasions de cultiver le génie et les talents militaires, d'aguerrir et former des troupes; les armées de la confédération seront à cet égard l'école de l'Europe; on ira sur la frontière apprendre la guerre; dans le sein de l'Europe on jouira de la paix, et l'on réunira par ce moyen les avantages de l'une et de l'autre.

Croit-on qu'il soit toujours nécessaire de se battre chez soi pour devenir guerrier? et les François sont-ils moins braves parce que les provinces de Touraine et d'Anjou ne sont pas en guerre l'une l'une contre l'autre?

Dans le second cas, on ne pourra plus s'aguerrir, il est vrai; mais on n'en aura plus besoin; car à quoi bon s'exercer à la guerre pour ne la faire à personne? Lequel vaut mieux de cultiver un art funeste ou de le rendre inutile? S'il y avoit un secret pour jouir d'une santé inaltérable, y auroit-il du bon sens à le rejeter pour ne pas ôter aux médecins l'occasion d'acquérir de l'expérience? Il reste à voir dans ce parallèle lequel des deux arts est plus salutaire en soi, et mérite mieux d'être conservé.

Qu'on ne nous menace pas d'une invasion subite; on sait bien que l'Europe n'en a point à craindre, et que ce premier venu ne viendra jamais. Ce n'est plus le temps de ces irruptions de barbares qui sembloient tombés des nues. Depuis que nous parcourons d'un œil curieux toute la surface de la terre, il ne peut plus rien venir jusqu'à nous qui ne soit prévu de très-loin. Il n'y a nulle puissance au monde qui soit maintenant en état de menacer l'Europe entière; et si jamais il en vient une, ou l'on aura le temps de se préparer, ou l'on sera du moins plus en état de lui résister, étant unis en un corps, que quand il faudra terminer tout d'un coup de longs différents et se réunir à la hâte.

Nous venons de voir que tous les prétendus inconvénients de l'état de confédération bien pesés se réduisent à rien. Nous demandons maintenant si quelqu'un dans le monde en oseroit dire autant de ceux qui résultent de la manière actuelle de vider les différents entre prince et prince par le droit du plus fort, c'est-à-dire de l'état d'impolice et de guerre qu'engendre nécessairement l'indépendance absolue et mutuelle de tous les souverains dans la société imparfaite qui règne entre eux dans l'Europe. Pour qu'on soit mieux en état de peser ces inconvénients, j'en vais résumer en peu de mots le sommaire que je laisse examiner au lecteur.

1. Nul droit assuré que celui du plus fort. 2. Changements continuels et inévitables de relations entre les peuples, qui empêchent aucun d'eux de pouvoir fixer en ses mains la force dont il jouit. 3. Point de sûreté parfaite, aussi long-temps que les voisins ne sont pas soumis ou anéantis. 4. Impossibilité générale de les anéantir, attendu qu'en subjuguant les premiers on en trouve d'autres. 5. Précautions et frais immenses pour se tenir sur ses gardes. 6. Défaut de force et de défense dans les minorités et dans les révoltes; car quand l'état se partage, qui peut soutenir des partis contre l'autre? 7. Défaut de sûreté dans les engagements mutuels. 8. Jamais de justice à espérer d'autrui

sans des frais et des pertes immenses, qui ne l'obtiennent pas toujours, et dont l'objet disputé ne dédommage que rarement. 9. Risque inévitable de ses états et quelquefois de sa vie dans la poursuite de ses droits. 10. Nécessité de prendre part malgré soi aux querelles de ses voisins, et d'avoir la guerre quand on la voudroit le moins. 11. Interruption du commerce et des ressources publiques au moment qu'elles sont le plus nécessaires. 12. Danger continuel de la part d'un voisin puissant si l'on est foible, et d'une ligue si l'on est fort. 13. Enfin, inutilité de la sagesse où préside la fortune; désolation continuelle des peuples; affoiblissement de l'état dans les succès et dans les revers; impossibilité totale d'établir jamais un bon gouvernement, de compter sur son propre bien, et de rendre heureux ni soi ni les autres.

Récapitulons de même les avantages de l'arbitrage européen pour les princes confédérés.

1. Sûreté entière que leurs différents présents et futurs seront toujours terminés sans aucune guerre; sûreté incomparablement plus utile pour eux que ne seroit, pour les particuliers, celle de n'avoir jamais de procès.

2. Sujets de contestations ôtés ou réduits à très-peu de chose par l'anéantissement de toutes prétentions antérieures, qui compensera les renonciations et affermira les possessions.

3. Sûreté entière et perpétuelle, et de la per-

sonne du prince, et de sa famille, et de ses états, et de l'ordre de succession fixé par les lois de chaque pays, tant contre l'ambition des prétendants injustes et ambitieux, que contre les révoltes des sujets rebelles.

4. Sûreté parfaite de l'exécution de tous les engagements réciproques entre prince et prince, par la garantie de la république européenne.

5. Liberté et sûreté parfaite et perpétuelle à l'égard du commerce, tant d'état à état, que de chaque état dans les régions éloignées.

6. Suppression totale et perpétuelle de leur dépense militaire extraordinaire par terre et par mer en temps de guerre, et considérable diminution de leur dépense ordinaire en temps de paix.

7. Progrès sensibles de l'agriculture et de la population, des richesses de l'état, et des revenus du prince.

8. Facilité de tous les établissements qui peuvent augmenter la gloire et l'autorité du souverain, les ressources publiques, et le bonheur des peuples.

Je laisse, comme je l'ai déjà dit, au jugement des lecteurs l'examen de tous ces articles, et la comparaison de l'état de paix qui résulte de la confédération avec l'état de guerre qui résulte de l'impolice européenne.

Si nous avons bien raisonné dans l'exposition de ce projet, il est démontré premièrement que l'établissement de la paix perpétuelle dépend uniquement du consentement des souverains, et n'offre point à lever d'autre difficulté que leur résistance ; secondement, que cet établissement leur seroit utile de toute manière, et qu'il n'y a nulle comparaison à faire, même pour eux, entre les inconvénients et les avantages ; en troisième lieu, qu'il est raisonnable de supposer que leur volonté s'accorde avec leur intérêt ; enfin que cet établissement, une fois formé sur le plan proposé, seroit solide et du-durable, et rempliroit parfaitement son objet. Sans doute ce n'est pas à dire que les souverains adopteront ce projet (qui peut répondre de la raison d'autrui?), mais seulement qu'ils l'adopteroient s'ils consultoient leurs vrais intérêts : car on doit bien remarquer que nous n'avons point supposé les hommes tels qu'ils devroient être, bons, généreux, désintéressés, et aimant le bien public par humanité ; mais tels qu'ils sont, injustes, avides, et préférant leur intérêt à tout. La seule chose qu'on leur suppose, c'est assez de raison pour voir ce qui leur est utile, et assez de courage pour faire leur propre bonheur. Si, malgré tout cela, ce projet demeure sans exécution, ce n'est donc pas qu'il soit chimérique ; c'est que les hommes sont insensés, et que c'est une sorte de folie d'être sage au milieu des fous.

JUGEMENT

SUR

LA PAIX PERPÉTUELLE.

———

Le projet de la paix perpétuelle, étant par son objet le plus digne d'occuper un homme de bien, fut aussi de tous ceux de l'abbé de Saint-Pierre celui qu'il médita le plus long-temps et qu'il suivit avec le plus d'opiniâtreté; car on a peine à nommer autrement ce zèle de missionnaire qui ne l'abandonna jamais sur ce point, malgré l'évidente impossibilité du succès, le ridicule qu'il se donnoit de jour en jour, et les dégoûts qu'il eut sans cesse à essuyer. Il semble que cette ame saine, uniquement attentive au bien public, mesuroit les soins qu'elle donnoit aux choses uniquement sur le degré de leur utilité, sans jamais se laisser rebuter par les obstacles ni songer à l'intérêt personnel.

Si jamais vérité morale fut démontrée, il me semble que c'est l'utilité générale et particulière de ce projet. Les avantages qui résulteroient de son exécution, et pour chaque prince, et pour chaque peuple, et pour toute l'Europe, sont immenses, clairs, incontestables; on ne peut rien de plus solide et de plus exact que les raisonnements par lesquels l'auteur les établit. Réalisez sa république européenne durant un seul jour, c'en est assez pour la faire durer éternellement, tant chacun trouveroit par l'expérience son profit particulier dans le bien commun. Cependant ces mêmes princes, qui la défendroient de toutes leurs forces si elle existoit, s'opposeroient maintenant de même à son exécution, et l'empêcheroient infailliblement de s'établir comme ils l'empêcheroient de s'éteindre. Ainsi, l'ouvrage de l'abbé de Saint-Pierre sur la paix perpétuelle paroît d'abord inutile pour la produire et superflu pour la conserver. C'est donc une vaine spéculation, dira quelque lecteur impatient. Non, c'est un livre solide et sensé, et il est très-important qu'il existe.

Commençons par examiner les difficultés de ceux qui ne jugent pas des raisons par la raison, mais seulement par l'événement, et qui n'ont rien à objecter contre ce projet, sinon qu'il n'a pas été exécuté. En effet, diront-ils sans doute, si ses avantages sont si réels, pourquoi donc les souverains de l'Europe ne l'ont-ils pas adopté? pourquoi négligent-ils leur propre intérêt, si cet intérêt leur est si bien démontré? Voit-on qu'ils rejettent d'ailleurs les moyens d'augmenter leurs revenus et leur puissance? Si celui-ci étoit aussi bon pour cela qu'on le prétend, est-il croyable qu'ils en fussent moins empressés que de tous ceux qui les égarent depuis si long-temps, et qu'ils préférassent mille ressources trompeuses à un profit évident?

Sans doute cela est croyable, à moins qu'on ne suppose que leur sagesse est égale à leur ambition, et qu'ils voient d'autant mieux leurs avantages qu'ils les désirent plus fortement; au lieu que c'est la grande punition des excès de l'amour-propre de recourir toujours à des moyens qui l'abusent, et que l'ardeur même des passions est presque toujours ce qui les détourne de leur but. Distinguons donc, en politique ainsi qu'en morale, l'intérêt réel de l'intérêt apparent, le premier se trouveroit dans la paix perpétuelle; cela est démontré dans le projet : le second se trouve dans l'état d'indépendance absolue qui soustrait les souverains à l'empire de la loi pour les soumettre à celui de la fortune. Semblables à un pilote insensé, qui, pour faire montre d'un vain savoir et commander à ses matelots, aimeroit mieux flotter entre des rochers durant la tempête que d'assujettir son vaisseau par des ancres.

Toute l'occupation des rois, ou de ceux qu'ils chargent de leurs fonctions, se rapporte à deux seuls objets; étendre leur domination au dehors, et la rendre plus absolue au dedans : toute autre vue, ou se rapporte à l'une de ces deux, ou ne leur sert que de prétexte; telles sont celles du *bien public,* du *bonheur des sujets,* de la *gloire de la nation;* mots à jamais proscrits du cabinet, et si lourdement employés dans les édits publics, qu'ils n'annoncent jamais que des ordres funestes, et que le peuple gémit d'avance quand ses maîtres lui parlent de leurs soins paternels.

Qu'on juge, sur ces deux maximes fondamentales, comment les princes peuvent recevoir une proposition qui choque directement l'une, et qui n'est guère plus favorable à l'autre. Car on sent bien que par la diète européenne le gouvernement de chaque état n'est pas moins fixé que par ses limites, qu'on ne peut garantir les princes de la révolte des sujets sans garantir en même temps les sujets de la tyrannie des princes, et qu'autrement l'institution ne sauroit subsister. Or, je demande s'il y a dans le monde un seul souverain qui, borné ainsi pour jamais dans ses projets les plus chéris, supportât sans indignation la seule idée de se voir forcé d'être juste, non seulement avec les étrangers, mais même avec ses propres sujets.

Il est facile encore de comprendre que d'un côté la guerre et les conquêtes, et de l'autre les progrès du despotisme, s'entr'aident mutuellement; qu'on prend à discrétion, dans un peuple d'esclaves, de l'argent et des hommes pour en subjuguer d'autres; que réciproquement la guerre fournit un prétexte aux exactions pécuniaires, et un autre non moins spécieux d'avoir toujours de grandes armées pour tenir le peuple en respect. Enfin chacun voit assez que les princes conquérants font pour le moins autant la guerre à leurs sujets qu'à leurs ennemis, et que la condition des vainqueurs n'est pas meilleure que celle des vaincus. « J'ai battu les Romains, écrivoit Annibal aux « Carthaginois; envoyez-moi des troupes : j'ai mis « l'Italie à contribution; envoyez-moi de l'ar- « gent. » Voilà ce que signifient les *Te Deum*, les feux de joie, et l'allégresse du peuple aux triomphes de ses maîtres.

Quant aux différents entre prince et prince, peut-on espérer de soumettre à un tribunal supérieur des hommes qui s'osent vanter de ne tenir leur pouvoir que de leur épée, et qui ne font mention de Dieu même que parce qu'il est au ciel? Les souverains se soumettront-ils dans leurs querelles à des voies juridiques, que toute la rigueur des lois n'a jamais pu forcer les particuliers d'admettre dans les leurs? Un simple gentilhomme offensé dédaigne de porter ses plaintes au tribunal des maréchaux de France; et vous voulez qu'un roi porte les siennes à la diète européenne? Encore y a-t-il cette différence, que l'un pèche contre les lois et expose doublement sa vie, au lieu que l'autre n'expose guère que ses sujets; qu'il use, en prenant les armes, d'un droit avoué de tout le genre humain, et dont il prétend n'être comptable qu'à Dieu seul.

Un prince qui met sa cause au hasard de la guerre n'ignore pas qu'il court des risques; mais il en est moins frappé que des avantages qu'il se promet, parce qu'il craint bien moins la fortune qu'il n'espère de sa propre sagesse : s'il est puissant, il compte sur ses forces; s'il est foible, il compte sur ses alliances; quelquefois il lui est utile au dedans de purger de mauvaises humeurs, d'affoiblir des sujets indociles, d'essuyer même des revers, et le politique habile sait tirer avantage de ses propres défaites. J'espère qu'on se souviendra que ce n'est pas moi qui raisonne ainsi, mais le sophiste de cour, qui préfère un grand territoire et peu de sujets pauvres et soumis à l'empire inébranlable que donnent au prince la justice et les lois sur un peuple heureux et florissant.

C'est encore par le même principe qu'il réfute en lui-même l'argument tiré de la suspension du commerce, de la dépopulation, du dérangement des finances, et des pertes réelles que cause une vaine conquête. C'est un calcul très-fautif que d'évaluer toujours en argent les gains ou les pertes des souverains; le degré de puissance qu'ils ont en vue ne se compte point par les millions qu'on possède. Le prince fait toujours circuler ses projets; il veut commander pour s'enrichir, et s'enrichir pour commander; il sacrifiera tour à tour l'un et l'autre pour acquérir celui des deux qui lui manque : mais ce n'est qu'afin de parvenir à les posséder enfin tous les deux ensemble qu'il les poursuit séparément; car, pour être le maître des hommes et des choses, il faut qu'il ait à la fois l'empire et l'argent.

Ajoutons enfin, sur les grands avantages qui doivent résulter, pour le commerce, d'une paix générale et perpétuelle, qu'ils sont bien en eux-mêmes certains et incontestables, mais qu'étant communs à tous ils ne seront réels pour personne, attendu que de tels avantages ne se sentent que par leurs différences, et que, pour augmenter sa puissance relative, on ne doit chercher que des biens exclusifs.

Sans cesse abusés par l'apparence des choses, les princes rejetteroient donc cette paix, quand ils pèseroient leurs intérêts eux-mêmes : que sera-ce quand ils les feront peser par leurs ministres, dont les intérêts sont toujours opposés à ceux du peuple, et presque toujours à ceux du prince? Les ministres ont besoin de la guerre pour se rendre nécessaires, pour jeter le prince dans des embarras dont il ne se puisse tirer sans eux, et pour perdre l'état, s'il le faut, plutôt que leur place; ils en ont besoin pour vexer le peuple sous prétexte des nécessités publiques; ils en ont besoin pour placer leurs créatures, gagner sur les marchés, et faire en secret mille odieux monopoles; ils en ont besoin pour satisfaire leurs passions, et s'expulser mutuellement; ils en ont besoin pour s'emparer du prince en le tirant de la cour quand il s'y forme contre eux des intrigues dangereuses : ils perdroient toutes ces ressources par la paix perpétuelle. Et le public ne laisse pas de demander pourquoi, si ce projet est possible, ils ne l'ont pas adopté. Il ne voit pas qu'il n'y a rien d'impossible dans ce projet, sinon qu'il soit adopté par eux. Que feront-ils donc pour s'y opposer? ce qu'ils ont toujours fait; ils le tourneront en ridicule.

Il ne faut pas non plus croire avec l'abbé de Saint-Pierre que, même avec la bonne volonté que les princes ni leurs ministres n'auront jamais, il fût aisé de trouver un moment favorable à l'exécution de ce système; car il faudroit pour cela que la somme des intérêts particuliers ne l'emportât pas sur l'intérêt commun, et que chacun crût voir dans le bien de tous le plus grand bien qu'il peut espérer pour lui-même. Or, ceci demande un concours de sagesse dans tant de têtes, et un concours de rapports dans tant d'intérêts, qu'on ne doit guère espérer du hasard l'accord fortuit de toutes les circonstances nécessaires : cependant si cet accord n'a pas lieu, il n'y a que la force qui puisse y suppléer; et alors il n'est plus question de persuader, mais de contraindre, et il ne faut plus écrire des livres, mais lever des troupes.

Ainsi, quoique le projet fût très-sage, les moyens de l'exécuter se sentoient de la simplicité de l'auteur. Il s'imaginoit bonnement qu'il ne falloit qu'assembler un congrès, y proposer ses articles, qu'on les alloit signer, et que tout seroit fait. Convenons que, dans tous les projets de cet honnête homme, il voyoit assez bien l'effet des choses quand elles seroient établies, mais il jugeoit comme un enfant des moyens de les établir.

Je ne voudrois, pour prouver que le projet de la république chrétienne n'est pas chimérique, que nommer son premier auteur : car assurément Henri IV n'étoit pas fou, ni Sully visionnaire. L'abbé de Saint-Pierre s'autorisoit de ces grands noms pour renouveler leur système. Mais quelle différence dans le temps, dans les circonstances, dans la proposition, dans la manière de la faire, et dans son auteur! Pour en juger, jetons un coup d'œil sur la situation générale des choses au moment choisi par Henri IV pour l'exécution de son projet.

La grandeur de Charles-Quint, qui régnoit sur une partie du monde et faisoit trembler l'autre, l'avoit fait aspirer à la monarchie universelle avec de grands moyens de succès et de grands talents pour les employer; son fils, plus riche et moins puissant, suivant sans relâche un projet qu'il n'étoit pas capable d'exécuter, ne laissa pas de donner à l'Europe des inquiétudes continuelles; et la maison d'Autriche avoit pris un tel ascendant sur les autres puissances, que nul prince ne régnoit en sûreté s'il n'étoit bien avec elle. Philippe III, moins habile encore que son père, hérita de toutes ses prétentions. L'effroi de la puissance espagnole tenoit encore l'Europe en respect, et l'Espagne continuoit à dominer plutôt par l'habitude de commander que par le pouvoir de se faire obéir. En effet, la révolte des Pays-Bas, les armements contre l'Angleterre, les guerres civiles de France, avoient épuisé les forces d'Espagne et les trésors des Indes; la maison d'Autriche, partagée en deux branches, n'agissoit plus avec le même concert; et, quoique l'empereur s'efforçât de maintenir ou recouvrer en Allemagne l'autorité de Charles-Quint, il ne faisoit qu'aliéner les princes et fomenter des ligues qui ne tardèrent pas d'éclore et faillirent à le détrôner. Ainsi se préparoit de loin la décadence de la maison d'Autriche et le rétablissement de la liberté commune. Cependant nul n'osoit le premier hasarder de secouer le joug, et s'exposer seul à la guerre; l'exemple de Henri IV même, qui s'en étoit tiré si mal, ôtoit le courage à tous les autres. Dailleurs, si l'on excepte le duc de Savoie, trop foible et trop subjugué pour rien entreprendre, il n'y avoit pas parmi tant de souverains un seul homme de tête en état de former et soutenir une entreprise; chacun attendoit du temps et des circonstances le moment de briser ses fers. Voilà quel étoit en gros l'état des choses quand Henri forma le plan de la république chrétienne, et se prépara à l'exécuter. Projet bien grand, bien admirable en lui-même, et dont je ne veux pas ternir l'honneur, mais qui, ayant pour raison secrète l'espoir d'abaisser un ennemi redoutable, recevoit de ce pressant motif une activité qu'il eût difficilement tirée de la seule utilité commune.

Voyons maintenant quels moyens ce grand homme avoit employés à préparer une si haute entreprise. Je compterois volontiers pour le premier d'en avoir bien vu toutes les difficultés; de telle sorte qu'ayant formé ce projet dès son enfance, il le médita toute sa vie, et réserva l'exécution pour sa vieillesse : conduite qui prouve premièrement ce désir ardent et soutenu qui seul, dans les choses difficiles, peut vaincre les grands obstacles; et, de plus, cette sagesse patiente et réfléchie qui s'aplanit les routes de longue main à force de prévoyance ou de préparation. Car il y a bien de la différence entre les entreprises nécessaires dans lesquelles la prudence même veut qu'on donne quelque chose au hasard, et celles que le succès seul peut justifier, parce qu'ayant pu se passer de les faire on n'a dû les tenter qu'à coup sûr. Le profond secret qu'il garda toute sa vie, jusqu'au moment de l'exécution, étoit encore aussi essentiel que difficile dans une si grande affaire, où le concours de tant de gens étoit nécessaire, et que tant de gens avoient intérêt de traverser. Il paroît que, quoiqu'il eût mis la plus grande partie de l'Europe dans son parti, et qu'il fût ligué avec les plus puissants potentats, il n'eut jamais qu'un seul confident qui connût toute l'étendue de son plan; et, par un bonheur que le ciel n'accorda qu'au meilleur des rois, ce confident fut un ministre intègre. Mais sans que rien transpirât de ses grands desseins, tout marchoit en silence vers leur exécution. Deux fois Sully étoit allé à Londres; la partie étoit liée avec le roi Jacques, et le roi de Suède étoit engagé de son côté : la ligue étoit conclue avec les protestants d'Allemagne : on étoit même sûr des princes d'Italie, et tous concouroient au grand but sans pouvoir dire quel il étoit, comme les ouvriers qui travaillent séparément aux pièces d'une nouvelle machine dont ils ignorent la forme et l'usage. Qu'est-ce donc qui favorisoit ce mouvement général ? Étoit-ce la paix perpétuelle, que nul ne prévoyoit et dont peu se seroient souciés ? Étoit-ce l'intérêt public, qui n'est jamais celui de personne ? L'abbé de Saint-Pierre eût pu l'espérer. Mais réellement chacun ne travailloit que dans la vue de son intérêt particulier, que Henri avoit eu le secret de leur montrer à tous sous une face très-attrayante. Le roi d'Angleterre avoit à se délivrer des continuelles conspirations des catholiques de son royaume, toutes fomentées par l'Espagne. Il trouvoit de plus un grand avantage à l'affranchissement des Provinces-Unies, qui lui coûtoient beaucoup à soutenir, et le mettoient chaque jour à la veille d'une guerre qu'il redoutoit, ou à laquelle il aimoit mieux contribuer une fois avec toutes les autres, afin de s'en délivrer pour toujours. Le roi de

Suède vouloit s'assurer de la Poméranie, et mettre un pied dans l'Allemagne. L'électeur palatin, alors protestant et chef de la confession d'Augsbourg, avoit des vues sur la Bohême, et entroit dans toutes celles du roi d'Angleterre. Les princes d'Allemagne avoient à réprimer les usurpations de la maison d'Autriche. Le duc de Savoie obtenoit Milan et la couronne de Lombardie, qu'il désiroit avec ardeur. Le pape même, fatigué de la tyrannie espagnole, étoit de la partie au moyen du royaume de Naples qu'on lui avoit promis. Les Hollandois, mieux payés que tous les autres, gagnoient l'assurance de leur liberté. Enfin, outre l'intérêt commun d'abaisser une puissance orgueilleuse qui vouloit dominer partout, chacun en avoit un particulier, très-vif, très-sensible, et qui n'étoit point balancé par la crainte de substituer un tyran à l'autre, puisqu'il étoit convenu que les conquêtes seroient partagées entre tous les alliés, excepté la France et l'Angleterre, qui ne pouvoient rien garder pour elles. C'en étoit assez pour calmer les plus inquiets sur l'ambition de Henri IV. Mais ce sage prince n'ignoroit pas qu'en ne se réservant rien par ce traité, il y gagnoit pourtant plus qu'aucun autre ; car, sans rien ajouter à son patrimoine, il lui suffisoit de diviser celui du seul plus puissant que lui, pour devenir le plus puissant lui-même; et l'on voit très-clairement qu'en prenant toutes les précautions qui pouvoient assurer le succès de l'entreprise, il ne négligeoit pas celles qui devoient lui donner la primauté dans le corps qu'il vouloit instituer.

De plus, ses apprêts ne se bornoient point à former au dehors des ligues redoutables, ni à contracter alliance avec ses voisins et ceux de son ennemi. En intéressant tant de peuples à l'abaissement du premier potentat de l'Europe, il n'oublioit pas de se mettre en état par lui-même de le devenir à son tour. Il employa quinze ans de paix à faire des préparatifs dignes de l'entreprise qu'il méditoit. Il remplit d'argent ses coffres, ses arsenaux d'artillerie, d'armes, de munitions; il ménagea de loin des ressources pour les besoins imprévus : mais il fit plus que tout cela sans doute en gouvernant sagement ses peuples, en déracinant insensiblement toutes les semences de divisions, et en mettant un si bon ordre à ses finances, qu'elles pussent fournir à tout sans fouler ses sujets; de sorte que, tranquille au dedans et redoutable au dehors, il se vit en état d'armer et entretenir soixante mille hommes et vingt vaisseaux de guerre, de quitter son royaume sans y laisser la moindre source de désordre, et de faire la guerre durant six ans sans toucher à ses revenus ordinaires, ni mettre un sou de nouvelles impositions.

A tant de préparatifs ajoutez, pour la conduite de l'entreprise, le même zèle et la même prudence qui l'avoient formée, tant de la part de son ministre que de la sienne; enfin, à la tête des expéditions militaires, un capitaine tel que lui, tandis que son adversaire n'en avoit plus à lui opposer: et vous jugerez si rien de ce qui peut annoncer un heureux succès manquoit à l'espoir du sien. Sans avoir pénétré ses vues, l'Europe attentive à ses immenses préparatifs en attendoit l'effet avec une sorte de frayeur. Un léger prétexte alloit commencer cette grande révolution; une guerre, qui devoit être la dernière, préparoit une paix immortelle, quand un événement, dont l'horrible mystère doit augmenter l'effroi, vint bannir à jamais le dernier espoir du monde. Le même coup qui trancha les jours de ce bon roi, replongea l'Europe dans d'éternelles guerres qu'elle ne doit plus espérer de voir finir. Quoi qu'il en soit, voilà les moyens que Henri IV avoit rassemblés pour former le même établissement que l'abbé de Saint-Pierre prétendoit former avec un livre.

Qu'on ne dise donc point que si son système n'a pas été adopté, c'est qu'il n'étoit pas bon : qu'on dise au contraire qu'il étoit trop bon pour être adopté ; car le mal et les abus, dont tant de gens profitent, s'introduisent d'eux-mêmes. Mais ce qui est utile au public ne s'introduit guère que par la force, attendu que les intérêts particuliers y sont presque toujours opposés. Sans doute la paix perpétuelle est à présent un projet bien absurde; mais qu'on nous rende un Henri IV et un Sully, la paix perpétuelle redeviendra un projet raisonnable : ou plutôt admirons un si beau plan, mais consolons-nous de ne pas le voir exécuter; car cela ne peut se faire que par des moyens violents et redoutables à l'humanité.

On ne voit point de ligues fédératives s'établir autrement que par des révolutions : et, sur ce principe, qui de nous oseroit dire si cette ligue européenne est à désirer ou à craindre? Elle feroit peut-être plus de mal tout d'un coup, qu'elle n'en préviendroit pour des siècles [1].

[1] Voyez *Hist. de J. J. Rousseau*, tome II, p. 426 et suivantes, un rapprochement entre cette ligue fédérative, celle que nous avons vu conclure, et les conditions nécessaires pour la durée de celle-ci.

POLYSYNODIE

DE

L'ABBÉ DE SAINT-PIERRE.

CHAPITRE I.

Nécessité, dans la monarchie, d'une forme de gouvernement subordonnée au prince.

Si les princes regardoient les fonctions du gouvernement comme des devoirs indispensables, les plus capables s'en trouveroient les plus surchargés; leurs travaux, comparés à leurs forces, leur paroîtroient toujours excessifs, et on les verroit aussi ardents à resserrer leurs états ou leurs droits qu'ils sont avides d'étendre les uns et les autres; et le poids de la couronne écraseroit bientôt la plus forte tête qui voudroit sérieusement la porter. Mais, loin d'envisager leur pouvoir par ce qu'il a de pénible et d'obligatoire, ils n'y voient que le plaisir de commander; et, comme le peuple n'est à leurs yeux que l'instrument de leurs fantaisies, plus ils ont de fantaisies à contenter, plus le besoin d'usurper augmente; et plus ils sont bornés et petits d'entendement, plus ils veulent être grands et puissants en autorité.

Cependant le plus absolu despotisme exige encore un travail pour se soutenir : quelques maximes qu'il établisse à son avantage, il faut toujours qu'il les couvre d'un leurre d'utilité publique ; qu'employant la force des peuples contre eux-mêmes, il les empêche de la réunir contre lui ; qu'il étouffe continuellement la voix de la nature, et le cri de la liberté, toujours prêt à sortir de l'extrême oppression. Enfin, quand le peuple ne seroit qu'un vil troupeau sans raison, encore faudroit-il des soins pour le conduire ; et le prince qui ne songe point à rendre heureux ses sujets n'oublie pas, au moins, s'il n'est insensé, de conserver son patrimoine.

Qu'a-t-il donc à faire pour concilier l'indolence avec l'ambition, la puissance avec les plaisirs, et l'empire des dieux avec la vie animale ? Choisir pour soi les vains honneurs, l'oisiveté, et remettre à d'autres les fonctions pénibles du gouvernement, en se réservant tout au plus de chasser ou changer ceux qui s'en acquittent trop mal ou trop bien. Par cette méthode, le dernier des hommes tiendra paisiblement et commodément le sceptre de l'univers ; plongé dans d'insipides voluptés, il promenera, s'il veut, de fête en fête son ignorance et son ennui. Cependant on le traitera de conquérant, d'invincible, de roi des rois, d'empereur auguste, de monarque du monde, et de majesté sacrée. Oublié sur le trône, nul aux yeux de ses voisins, et même à ceux de ses sujets, encensé de tous sans être obéi de personne, foible instrument de la tyrannie des courtisans et de l'esclavage du peuple, on lui dira qu'il règne, et il croira régner. Voilà le tableau général du gouvernement de toute monarchie trop étendue. Qui veut soutenir le monde, et n'a pas les épaules d'Hercule, doit s'attendre d'être écrasé.

Le souverain d'un grand empire n'est guère au fond que le ministre de ses ministres, ou le représentant de ceux qui gouvernent sous lui. Ils sont obéis en son nom; et quand il croit leur faire exécuter sa volonté, c'est lui qui, sans le savoir, exécute la leur. Cela ne sauroit être autrement; car comme il ne peut voir que par leurs yeux, il faut nécessairement qu'il les laisse agir par ses mains. Forcé d'abandonner à d'autres ce qu'on appelle le détail[1], et que j'appellerois, moi, l'essentiel du gouvernement, il se réserve les grandes affaires, le verbiage des ambassadeurs, les tracas-

---

[1] Ce qui importe aux citoyens, c'est d'être gouvernés justement et paisiblement. Au surplus, que l'état soit grand, puissant et florissant, c'est l'affaire particulière du prince, et les sujets n'y ont aucun intérêt. Le monarque doit donc premièrement s'occuper du détail en quoi consiste la liberté civile, la sûreté du peuple, et même la sienne, à bien des égards. Après cela, s'il lui reste du temps à perdre, il peut le donner à toutes ces grandes affaires qui n'intéressent personne, qui ne naissent jamais que des vices du gouvernement, qui par conséquent ne sont rien pour un peuple heureux, et sont peu de chose pour un roi sage.

series de ses favoris, et tout au plus le choix de ses maîtres; car il en faut avoir malgré soi, sitôt qu'on a tant d'esclaves. Que lui importe, au reste, une bonne ou une mauvaise administration? Comment son bonheur seroit-il troublé par la misère du peuple, qu'il ne peut voir; par ses plaintes, qu'il ne peut entendre; et par les désordres publics, dont il ne saura jamais rien? Il en est de la gloire des princes comme des trésors de cet insensé, propriétaire en idée de tous les vaisseaux qui arrivoient au port : l'opinion de jouir de tout l'empêchoit de rien désirer, et il n'étoit pas moins heureux des richesses qu'il n'avoit point, que s'il les eût possédées.

Que feroit de mieux le plus juste prince avec les meilleures intentions, sitôt qu'il entreprend un travail que la nature a mis au-dessus de ses forces? Il est homme, et se charge des fonctions d'un Dieu : comment peut-il espérer de les remplir? Le sage, s'il en peut être sur le trône, renonce à l'empire ou le partage; il consulte ses forces; il mesure sur elles les fonctions qu'il veut remplir; et pour être un roi vraiment grand il ne se charge point d'un grand royaume. Mais ce que feroit le sage a peu de rapport à ce que feront les princes. Ce qu'ils feront toujours, cherchons au moins comment ils peuvent le faire le moins mal qu'il soit possible.

Avant que d'entrer en matière, il est bon d'observer que si, par miracle, quelque grande ame peut suffire à la pénible charge de la royauté, l'ordre héréditaire établi dans les successions, et l'extravagante éducation des héritiers du trône, fourniront toujours cent imbéciles pour un vrai roi; qu'il y aura des minorités, des maladies, des temps de délire et de passions, qui ne laisseront souvent à la tête de l'état qu'un simulacre de prince. Il faut cependant que les affaires se fassent. Chez tous les peuples qui ont un roi, il est donc absolument nécessaire d'établir une forme de gouvernement qui se puisse passer du roi, et dès qu'il est posé qu'un souverain peut rarement gouverner par lui-même, il ne s'agit plus que de savoir comment il peut gouverner par autrui; c'est à résoudre cette question qu'est destiné le discours sur la Polysydonie.

CHAPITRE II.

Trois formes spécifiques de gouvernement subordonné.

Un monarque, dit l'abbé de Saint-Pierre, peut n'écouter qu'un seul homme dans toutes ses affaires, et lui confier toute son autorité, comme autrefois les rois de France la donnoient aux maires du palais, et comme les princes orientaux la confient encore aujourd'hui à celui qu'on nomme grand-visir en Turquie. Pour abréger, j'appellerai visirat cette sorte de ministère.

Ce monarque peut aussi partager son autorité entre deux ou plusieurs hommes qu'il écoute chacun séparément sur la sorte d'affaire qui leur est commise, à-peu-près comme faisoit Louis XIV avec Colbert et Louvois. C'est cette forme que je nommerai dans la suite demi-visirat.

Enfin ce monarque peut faire discuter dans des assemblées les affaires de gouvernement, et former à cet effet autant de conseils qu'il y a de genres d'affaires à traiter. Cette forme de ministère, que l'abbé de Saint-Pierre appelle pluralité des conseils ou polysynodie, est à-peu-près, selon lui, celle que le Régent, duc d'Orléans, avoit établie sous son administration; et, ce qui lui donne un plus grand poids encore, c'étoit aussi celle qu'avoit adoptée l'élève du vertueux Fénélon.

Pour choisir entre ces trois formes, et juger de celle qui mérite la préférence, il ne suffit pas de les considérer en gros et par la première face qu'elles présentent; il ne faut pas non plus opposer les abus de l'une à la perfection de l'autre; ni s'arrêter seulement à certains moments passagers de désordre et d'éclat, mais les supposer toutes aussi parfaites qu'elles peuvent l'être dans leur durée, et chercher en cet état leurs rapports et leurs différences. Voilà de quelle manière on peut en faire un parallèle exact.

CHAPITRE III.

Rapport de ces formes à celles du gouvernement suprême.

Les maximes élémentaires de la politique peuvent déjà trouver ici leur application : car le visirat, le demi-visirat, et la polysynodie, se rapportent manifestement, dans l'économie du gouvernement subalterne, aux trois formes spécifiques du gouvernement suprême, et plusieurs des principes qui conviennent à l'administration souveraine peuvent aisément s'appliquer au ministère. Ainsi le visirat doit avoir généralement plus de vigueur et de célérité, le demi-visirat plus d'exactitude et de soin, et la polysynodie plus de justice et de constance. Il est sûr encore que comme la démocratie tend naturellement à l'aristocratie, et l'aristocratie à la monarchie, de même la polysynodie tend au demi-visirat, et le demi-visirat au visirat. Ce progrès de la force publique vers le relâchement, qui oblige de renforcer les ressorts, se retarde ou s'accélère à proportion que toutes les parties de l'état sont bien ou mal constituées; et, comme on ne parvient au despotisme et au visirat que quand tous les autres ressorts sont usés, c'est, à mon avis, un projet mal conçu de prétendre abandonner cette forme pour en prendre une des précédentes; car nulle autre ne peut plus suffire à tout un peuple qui a pu supporter celle-là. Mais, sans vouloir quitter l'une pour l'autre, il est cependant utile de connoître celle des trois qui vaut le mieux. Nous venons de voir que, par une analogie assez naturelle, la polysynodie mérite déjà la préférence ; il reste à rechercher si l'examen des choses mêmes pourra la lui confirmer ; mais, avant que d'entrer dans cet examen, commençons par une idée plus précise de la forme que, selon notre auteur, doit avoir la polysynodie.

CHAPITRE IV.

Partage et départements des conseils.

Le gouvernement d'un grand état tel que la France renferme en soi huit objets principaux qui doivent former autant de départements, et par conséquent avoir chacun leur conseil particulier. Ces huit parties sont, la justice, la police, les finances, le commerce, la marine, la guerre, les affaires étrangères, et celles de la religion. Il doit y avoir encore un neuvième conseil, qui, formant la liaison de tous les autres, unisse toutes les parties du gouvernement, où les grandes affaires, traitées et discutées en dernier ressort, n'attendent plus que de la volonté du prince leur entière décision, et qui, pensant et travaillant au besoin pour lui, supplée à son défaut, lorsque les maladies, la minorité, la vieillesse, ou l'aversion du travail, empêchent le roi de faire ses fonctions : ainsi ce conseil général doit toujours être sur pied, ou pour la nécessité présente, ou par précaution pour le besoin à venir.

CHAPITRE V.

Manière de les composer.

A l'égard de la manière de composer ces conseils, la plus avantageuse qu'on y puisse employer paroît être la méthode du scrutin ; car par toute autre voie, il est évident que la synodie ne sera qu'apparente, que les conseils n'étant remplis que des créatures des favoris, il n'y aura point de liberté réelle dans les suffrages, et qu'on n'aura, sous d'autres noms, qu'un véritable visirat ou demi-visirat. Je ne m'étendrai point ici sur la méthode et les avantages du scrutin ; comme il fait un des points capitaux du système de gouvernement de l'abbé de Saint-Pierre, j'en traite ailleurs plus au long. Je me contenterai de remarquer que, quelque forme de ministère qu'on admette, il n'y a point d'autre méthode par laquelle on puisse être assuré de donner toujours la préférence au plus vrai mérite ; raison qui montre plutôt l'avantage que la facilité de faire adopter le scrutin dans les cours des rois.

Cette première précaution en suppose d'autres qui la rendent utile, car il le seroit peu de choisir au scrutin entre des sujets qu'on ne connoîtroit pas, et l'on ne sauroit connoître la capacité de ceux qu'on n'a point vus travailler dans le genre auquel on les destine. Si donc il faut des grades dans le militaire, depuis l'enseigne jusqu'au maréchal de France, pour former les jeunes officiers et les rendre capables des fonctions qu'ils doivent remplir un jour, n'est-il pas plus important encore d'établir des grades semblables dans l'administration civile, depuis les commis jusqu'aux présidents des conseils? Faut-il moins de temps et d'expérience pour apprendre à conduire un peuple que pour commander une armée? Les connoissances de l'homme d'état sont-elles plus faciles à acquérir que celles de l'homme de guerre? ou le bon ordre est-il moins nécessaire dans l'économie politique que dans la discipline militaire? Les grades scrupuleusement observés ont été l'école de tant de grands hommes qu'a produits la république de Venise; et pourquoi ne commenceroit-on pas d'aussi loin à Paris pour servir le prince qu'à Venise pour servir l'état?

Je n'ignore pas que l'intérêt des visirs s'oppose à cette nouvelle police: je sais bien qu'ils ne veulent point être assujettis à des formes qui gênent leur despotisme; qu'ils ne veulent employer que des créatures qui leur soient entièrement dévouées, et qu'ils puissent d'un mot replonger dans la poussière d'où ils les tirent. Un homme de naissance, de son côté, qui n'a pour cette foule de valets que le mépris qu'ils méritent, dédaigne d'entrer en concurrence avec eux dans la même carrière; et le gouvernement de l'état est toujours prêt à devenir la proie du rebut de ses citoyens. Aussi n'est-ce point sous le visirat, mais sous la seule polysynodie, qu'on peut espérer d'établir dans l'administration civile des grades honnêtes, qui ne supposent pas la bassesse, mais le mérite, et qui puissent rapprocher la noblesse des affaires, dont on affecte de l'éloigner, et qu'elle affecte de mépriser à son tour.

CHAPITRE VI.

Circulation des départements.

De l'établissement des grades s'ensuit la nécessité de faire circuler les départements entre les membres de chaque conseil, et même d'un conseil à l'autre, afin que chaque membre, éclairé successivement sur toutes les parties du gouvernement, devienne un jour capable d'opiner dans le conseil général, et de participer à la grande administration.

Cette vue de faire circuler les départements est due au régent qui l'établit dans le conseil des finances; et si l'autorité d'un homme qui connoissoit si bien les ressorts du gouvernement ne suffit pas pour la faire adopter, on ne peut disconvenir au moins des avantages sensibles qui naîtroient de cette méthode. Sans doute il peut y avoir des cas où cette circulation paroîtroit peu utile, ou difficile à établir dans la polysynodie : mais elle n'y est jamais impossible, et jamais praticable dans le visirat ni dans le demi-visirat : or il est important, par beaucoup de très-fortes raisons, d'établir une forme d'administration où cette circulation puisse avoir lieu.

1° Premièrement, pour prévenir les malversations des commis qui, changeant de bureaux avec leurs maîtres, n'auront pas le temps de s'arranger pour leurs friponneries aussi commodément qu'ils le font aujourd'hui : ajoutez qu'étant, pour ainsi dire, à la discrétion de leurs successeurs, ils seront plus réservés, en changeant de département, à laisser les affaires de celui qu'ils quittent dans un état qui pourroit les perdre, si par hasard leur successeur se trouvoit honnête homme ou leur ennemi. 2° En second lieu, pour obliger les conseillers même à mieux veiller sur leur conduite ou sur celle de leurs commis, de peur d'être taxés de négligence et de pis encore, quand leur gestion changera d'objet sans cesse, et chaque fois sera connue de leur successeur. 3° Pour exciter entre les membres d'un même corps une émulation louable à qui passera son prédécesseur dans le même travail. 4° Pour corriger par ces fréquents changements les abus que les erreurs, les préjugés et les passions de chaque sujet auront introduits dans son administration : car, parmi tant de caractères différents qui régiront successivement la même partie, leurs fautes se corrigeront mutuellement, et tout ira plus constamment à l'objet commun. 5° Pour donner à chaque membre d'un conseil des connoissances plus nettes et plus étendues des affaires et de leurs divers rapports; en sorte qu'ayant manié les autres parties, il voie distinctement ce que la sienne est au tout, qu'il ne se croie pas toujours le plus important personnage de l'état, et ne nuise pas au bien général pour mieux faire celui de son département. 6° Pour que tous les avis soient mieux portés en connoissance de cause, que chacun entende toutes les matières sur lesquelles il doit opiner, et qu'une plus grande uniformité de lumières mette plus de concorde et de raison dans les délibérations communes. 7° Pour exercer l'esprit et les talents des ministres : car, portés à se reposer et s'appesantir sur un même travail, ils ne s'en font enfin qu'une routine qui resserre et circonscrit pour ainsi dire le génie par l'habitude. Or l'attention est à l'esprit ce que l'exercice est au corps; c'est elle qui lui donne de la vigueur, de l'adresse, et qui le rend propre à supporter le travail : ainsi l'on peut dire que chaque conseiller d'état, en revenant après quelques années de circulation à l'exercice de son premier département, s'en trouvera réellement plus capable que s'il n'en eût point du tout changé. Je ne nie pas que, s'il fût demeuré dans le même, il n'eût acquis plus de facilité à expédier les affaires qui en dépendent; mais je dis qu'elles eussent été moins bien faites, parce qu'il eût eu des vues plus bornées, et qu'il n'eût pas acquis une connoissance aussi exacte des rapports qu'ont ces affaires avec celles des autres départements : de sorte qu'il ne perd d'un côté dans la circulation que pour gagner d'un autre beaucoup davantage. 8° Enfin, pour ménager plus d'égalité dans le pouvoir, plus d'indépendance entre les conseillers d'état, et par conséquent plus de liberté dans les suffrages. Autrement, dans un conseil nombreux en apparence, on n'auroit réellement que deux ou trois opinants auxquels tous les autres seroient assujettis, à peu près comme ceux qu'on appeloit autrefois à Rome *senatores pedarii*, qui pour l'ordinaire regardoient moins à l'avis qu'à l'auteur : inconvénient d'autant plus dangereux, que ce n'est jamais en faveur du meilleur parti qu'on a besoin de gêner les voix.

On pourroit pousser encore plus loin cette circulation des départements en l'étendant jusqu'à la présidence même; car s'il étoit de l'avantage de la république romaine que les consuls redevinssent au bout de l'an simples sénateurs, en attendant un nouveau consulat, pourquoi ne seroit-il pas de l'avantage du royaume que les présidents redevinssent, après deux ou trois ans, simples conseillers, en attendant une nouvelle présidence ? Ne seroit-ce pas pour ainsi dire proposer un prix tous les trois ans à ceux de la compagnie qui, durant cet intervalle, se distingueroient dans leur corps ? ne seroit-ce pas un nouveau ressort très-propre à entretenir dans une continuelle activité le mouvement de la machine publique ? et le vrai secret d'animer le travail commun n'est-il pas d'y proportionner toujours le salaire ?

CHAPITRE VII.

Autres avantages de cette circulation.

Je n'entrerai point dans le détail des avantages de la circulation portée à ce dernier degré. Chacun doit voir que les déplacements, devenus nécessaires par la décrépitude ou l'affoiblissement des présidents, se feront ainsi sans dureté et sans efforts ; que les ex-présidents des conseils particuliers auront encore un objet d'élévation, qui sera de siéger dans le conseil général, et les membres de ce conseil celui d'y pouvoir présider à leur tour; que cette alternative de subordination et d'autorité rendra l'une et l'autre en même temps plus parfaite et plus douce; que cette circulation de la présidence est le plus sûr moyen d'empêcher la polysynodie de pouvoir dégénérer en visirat; et qu'en général la circulation répartissant avec plus d'égalité des lumières et le pouvoir du ministère entre plusieurs membres de l'autorité royale domine plus aisément sur chacun d'eux : tout cela doit sauter aux yeux d'un lecteur intelligent; et s'il falloit tout dire, il ne faudroit rien abréger.

CHAPITRE VIII.

Que la polysynodie est l'administration en sous-ordre la plus naturelle.

Je m'arrête ici par la même raison sur la forme de la polysynodie, après avoir établi les principes généraux sur lesquels on la doit ordonner pour la rendre utile et durable. S'il s'y présente d'abord quelque embarras, c'est qu'il est toujours difficile de maintenir long-temps ensemble deux gouvernements aussi différents dans leurs maximes que le monarchique et le républicain, quoique au fond cette union produisît peut-être un tout parfait, et le chef-d'œuvre de la politique. Il faut donc bien distinguer la forme apparente qui règne partout, de la forme réelle dont il est ici question : car on peut dire en un sens que la polysynodie est la première et la plus naturelle de toutes les admitrations en sous-ordre, même dans la monarchie.

En effet, comme les premières lois nationales furent faites par la nation assemblée en corps, de même les premières délibérations du prince furent faites avec les principaux de la nation assemblés en conseil. Le prince a des conseillers avant que d'avoir des visirs; il trouve les uns, et fait les autres. L'ordre le plus élevé de l'état en forme naturellement le synode ou conseil général. Quand le monarque est élu, il n'a qu'à présider; et tout est fait : mais quand il faut choisir un ministre, ou des favoris, on commence à introduire une forme arbitraire où la brigue et l'inclination naturelle ont bien plus de part que la raison ni la voix du peuple. Il n'est pas moins simple que, dans autant d'affaires de différentes natures qu'en offre le gouvernement, le parlement national se divise en divers comités, toujours sous la présidence du roi, qui leur assigne à chacun les matières sur lesquelles ils doivent délibérer : et voilà les conseils particuliers nés du conseil général dont ils sont les membres naturels, et la synodie changée en polysynodie; forme que je ne dis pas être, en cet état, la meilleure, mais bien la première et la plus naturelle.

CHAPITRE IX.

Et la plus utile.

Considérons maintenant la droite fin du gouvernement et les obstacles qui l'en éloignent. Cette fin est sans contredit le plus grand intérêt de l'état et du roi; ces obstacles sont, outre le défaut de lumières, l'intérêt particulier des administrateurs; d'où il suit que, plus les intérêts particuliers trouvent de gêne et d'opposition, moins ils balancent l'intérêt public; de sorte que s'ils pouvoient se heurter et se détruire mutuellement, quelque vifs qu'on les supposât, ils deviendroient nuls dans la délibération, et l'intérêt public seroit seul écouté. Quel moyen plus sûr peut-on donc avoir d'anéantir tous ces intérêts particuliers que de les opposer entre eux par la multiplication des opinants? Ce qui fait les intérêts particuliers, c'est qu'ils ne s'accordent point; car s'ils s'accordoient, ce ne seroit plus un intérêt particulier, mais commun. Or, en détruisant tous ces intérêts l'un par l'autre, reste l'intérêt public, qui doit gagner dans la délibération tout ce que perdent les intérêts particuliers.

Quand un visir opine sans témoins devant son maître, qu'est-ce qui gêne alors son intérêt personnel? A-t-il besoin de beaucoup d'adresse pour en imposer à un homme aussi borné que doivent l'être ordinairement les rois, circonscrits par tout ce qui les environne dans un si petit cercle de lumières? Sur des exposés falsifiés, sur des prétextes spécieux, sur des raisonnements sophistiques, qui l'empêche de déterminer le prince, avec ces grands mots d'*honneur de la couronne* et de *bien de l'état*, aux entreprises les plus funestes, quand elles lui sont personnellement avantageuses? Certes, c'est grand hasard si deux intérêts particuliers aussi actifs que celui du visir et celui du prince, laissent quelque influence à l'intérêt public dans les délibérations du cabinet.

Je sais bien que les conseillers de l'état seront des hommes comme les visirs; je ne doute pas qu'ils n'aient souvent, ainsi qu'eux, des intérêts particuliers opposés à ceux de la nation, et qu'ils ne préférassent volontiers les premiers aux autres en opinant. Mais, dans une assemblée dont tous les membres sont clairvoyants et n'ont pas les mêmes intérêts, chacun entreprendroit vainement d'amener les autres à ce qui lui convient exclusivement : sans persuader personne, il ne feroit que se rendre suspect de corruption et d'infidélité. Il aura beau vouloir manquer à son devoir, il n'osera le tenter, ou le tentera vainement au milieu de tant d'observateurs. Il fera donc de nécessité vertu, en sacrifiant publiquement son intérêt particulier au bien de la patrie; et, soit réalité, soit hypocrisie, l'effet sera le même en cette occasion pour le bien de la société. C'est qu'alors un intérêt particulier très-fort, qui est celui de sa réputation, concourt avec l'intérêt public. Au lieu qu'un visir qui sait, à la faveur des ténèbres du cabinet, dérober à tous les yeux le secret de l'état, se flatte toujours qu'on ne pourra distinguer ce qu'il fait en apparence pour l'intérêt public, de ce qu'il fait réellement pour le sien; et comme, après tout, ce visir ne dépend que de son maître, qu'il trompe aisément, il s'embarrasse fort peu des murmures de tout le reste.

CHAPITRE X.

Autres avantages.

De ce premier avantage on en voit découler une foule d'autres qui ne peuvent avoir lieu sans lui. Premièrement, les résolutions de l'état seront moins souvent fondées sur des erreurs des faits, parce qu'il ne sera pas aussi aisé à ceux qui feront le rapport des faits de les déguiser devant une assemblée éclairée, où se trouveront presque toujours d'autres témoins de l'affaire, que devant un prince qui n'a rien vu que par les yeux de son visir. Or, il est certain que la plupart des résolutions d'état dépendent de la connoissance des faits; et l'on peut dire même en général qu'on ne prend guère d'opinions fausses qu'en supposant vrais des faits qui sont faux, ou faux des faits qui sont vrais. En second lieu, les impôts sont portés à un excès moins insupportable, lorsque le prince pourra être éclairé sur la véritable situation de ses peuples et sur ses véritables besoins : mais ces lumières, ne les trouvera-t-il pas plus aisément dans un conseil dont plusieurs membres n'auront aucun maniement de finances ni aucun ménagement à garder, que dans un visir qui veut fomenter les passions de son maître, ménager les fripons en faveur, enrichir ses créatures, et faire sa main pour lui-même? On voit encore que les femmes auront moins de pouvoir, et que par conséquent l'état en ira mieux. Car il est plus aisé à une femme intrigante de placer un visir que cinquante conseillers, et de séduire un homme que tout un collége. On voit que les affaires ne seront plus suspendues ou bouleversées par le déplacement d'un visir; qu'elles seront plus exactement expédiées quand, liées par une commune délibération, l'exécution sera cependant partagée entre plusieurs conseillers, qui auront chacun leur département; que lorsqu'il faut que tout sorte d'un même bureau; que les systèmes politiques seront mieux suivis et les réglements beaucoup mieux observés quand il n'y aura plus de révolutions dans le ministère, et que chaque visir ne se fera plus un point d'honneur de détruire tous les établissements utiles de celui qui l'aura précédé; de sorte qu'on sera sûr qu'un projet une fois formé ne sera plus abandonné que lorsque l'exécution en aura été reconnue impossible ou mauvaise.

A toutes ces conséquences, ajoutez-en deux non moins certaines, mais plus importantes encore, qui n'en sont que le dernier résultat, et doivent leur donner un prix que rien ne balance aux yeux du vrai citoyen. La première, que, dans un travail commun, le mérite, les talents, l'intégrité, se feront plus aisément connoître et récompenser, soit dans les membres des conseils qui seront sans cesse sous les yeux les uns des autres et de tout l'état, soit dans le royaume entier, où nulles actions remarquables, nuls hommes dignes d'être distingués, ne peuvent se dérober long-temps aux regards d'une assemblée qui veut et peut tout voir, et où la jalousie et l'émulation des membres les porteront souvent à se faire des créatures qui effacent en mérite celles de leurs rivaux. La seconde et dernière conséquence est que les honneurs et les emplois distribués avec plus d'équité et de raison, l'intérêt de l'état et du prince mieux écouté dans les délibérations, et les affaires mieux expédiées, et le mérite plus honoré, doivent nécessairement réveiller dans le cœur du peuple cet amour de la patrie qui est le plus puissant ressort d'un sage gouvernement, et qui ne s'éteint jamais chez les citoyens que par la faute des chefs[1].

[1] Il y a plus de ruse et de secret dans le visirat, mais il y a plus de lumières et de droiture dans la synodie.

Tels sont les effets nécessaires d'une forme de gouvernement qui force l'intérêt particulier à céder à l'intérêt général. La polysynodie offre encore d'autres avantages qui donnent un nouveau prix à ceux-là. Des assemblées nombreuses et éclairées fourniront plus de lumières sur les expédients, et l'expérience confirme que les délibérations d'un sénat sont en général plus sages et mieux digérées que celles d'un visir. Les rois seront plus instruits de leurs affaires ; ils ne sauroient assister aux conseils sans s'en instruire, car c'est là qu'on ose dire la vérité ; et les membres de chaque conseil auront le plus grand intérêt que le prince y assiste assidument pour en soutenir le pouvoir ou pour en autoriser les résolutions. Il y aura moins de vexations et d'injustices de la part des plus forts; car un conseil sera plus accessible que le trône aux opprimés ; ils courront moins de risques à y porter leurs plaintes, et ils y trouveront toujours dans quelques membres plus de protecteurs contre les violences des autres, que sous le visirat contre un seul homme qui peut tout, ou contre un demi-visir d'accord avec ses collègues pour faire renvoyer à chacun d'eux le jugement des plaintes qu'on fait contre lui. L'état souffrira moins de la minorité, de la foiblesse ou de la caducité du prince. Il n'y aura jamais de ministre assez puissant pour se rendre, s'il est de grande naissance, redoutable à son maître même, ou pour écarter et mécontenter les grands, s'il est né de bas lieu; par conséquent, il y aura d'un côté moins de levains de guerres civiles, et de l'autre plus de sûreté pour la conservation des droits de la maison royale. Il y aura moins aussi de guerres étrangères, parce qu'il y aura moins de gens intéressés à les susciter, et qu'ils auront moins de pouvoirs pour en venir à bout. Enfin, le trône en sera mieux affermi de toutes manières; la volonté du prince, qui n'est ou ne doit être que la volonté publique, mieux exécutée, et par conséquent la nation plus heureuse.

Au reste, mon auteur convient lui-même que l'exécution de son plan ne seroit pas également avantageuse en tout temps, et qu'il y a des moments de crise et de trouble où il faut substituer aux conseils permanents des commissions extraordinaires, et que quand les finances, par exemple, sont dans un certain désordre, il faut nécessairement les donner à débrouiller à un seul homme, comme Henri IV fit à Rosny, et Louis XIV à Colbert. Ce qui signifieroit que les conseils ne sont bons pour faire aller les affaires que quand elles vont toutes seules. En effet, pour ne rien dire de la polysynodie même du Régent, l'on sait les risées qu'excita, dans des circonstances épineuses, ce ridicule conseil de raison, étourdiment demandé par les notables de l'assemblée de Rouen, et adroitement accordé par Henri IV. Mais, comme les finances des républiques sont en général mieux administrées que celles des monarchies, il est à croire qu'elles le seront mieux, ou du moins plus fidèlement, par un conseil que par un ministre, et que si, peut-être, un conseil est d'abord moins capable de l'activité nécessaire pour les tirer d'un état de désordre, il est aussi moins sujet à la négligence ou à l'infidélité qui les y font tomber : ce qui ne doit pas s'entendre d'une assemblée passagère et subordonnée, mais d'une véritable polysynodie, où les conseils aient réellement le pouvoir qu'ils paraissent avoir, où l'administration des affaires ne leur soit pas enlevée par des demi-visirs, et où sous les noms spécieux de *conseil d'état* ou de *conseil des finances*, ces corps ne soient pas seulement des tribunaux de justice ou des chambres des comptes.

CHAPITRE XI.

Conclusion.

Quoique les avantages de la polysynodie ne soient pas sans inconvénients, et que les inconvénients des autres formes d'administration ne soient pas sans avantages, du moins apparents, quiconque fera sans partialité le parallèle des uns et des autres trouvera que la polysynodie n'a point d'inconvénients essentiels qu'un bon gouvernement ne puisse aisément supporter; au lieu que tous ceux du visirat et du demi-visirat attaquent les fondements mêmes de la constitution; qu'une administration non interrompue peut se perfectionner sans cesse, progrès impossibles dans les intervalles et révolutions du visirat; que la marche égale et unie d'une polysynodie, comparée avec quelques moments brillants du visirat, est un sophisme grossier qui n'en sauroit imposer au vrai politique, parce que ce sont deux choses fort différentes que l'administration rare et passagère d'un bon visir, et la forme générale du visirat, où l'on a toujours des siècles de désordre sur quelques années de bonne conduite, que la diligence et le secret, les seuls vrais avantages du visirat, beaucoup plus nécessaires dans les mauvais gouvernements que dans les bons, sont de foibles suppléments au bon ordre, à la justice, et à la prévoyance, qui préviennent les maux au lieu de les réparer; qu'on peut encore se procurer ces suppléments au besoin dans la polysynodie par des commissions extraordinaires, sans que le visirat ait jamais pareille ressource pour les avantages dont il est privé; que même l'exemple de l'ancien sénat de Rome et de celui de Venise prouve que des commissions ne sont pas toujours nécessaires dans un conseil pour expédier les plus importantes affaires promptement et secrètement; que le visirat et le demi-visirat avilissant, corrompant, dégradant les ordres inférieurs, exigeroient pourtant des hommes parfaits dans ce premier rang; qu'on n'y peut guère monter ou s'y maintenir qu'à force de crimes, ni s'y bien comporter qu'à force de vertus; qu'ainsi toujours en obstacle à lui-même, le gouvernement engendre continuellement les vices qui le dépravent, et, consumant l'état pour se renforcer, périt enfin comme un édifice qu'on voudroit élever sans cesse avec des matériaux tirés de ses fondements. C'est ici la considération la plus importante aux yeux de l'homme d'état, et celle à laquelle je vais m'arrêter. La meilleure forme de gouvernement, ou du moins la plus durable, est celle qui fait les hommes tels qu'elle a besoin qu'ils soient. Laissons les lecteurs réfléchir sur cet axiome, ils en feront aisément l'application.

JUGEMENT

SUR

LA POLYSYNODIE.

De tous les ouvrages de l'abbé de Saint-Pierre, le discours sur la polysynodie est, à mon avis, le plus approfondi; le mieux raisonné, celui où l'on trouve le moins de répétitions, et même le mieux écrit; éloge dont le sage auteur se seroit fort peu soucié, mais qui n'est pas indifférent aux lecteurs superficiels. Aussi cet écrit n'étoit-il qu'une ébauche qu'il prétendoit n'avoir pas eu le temps d'abréger, mais qu'en effet il n'avoit pas eu le temps de gâter pour vouloir tout dire; et Dieu garde un lecteur impatient des abrégés de sa façon!

Il a su même éviter dans ce discours le reproche si commode aux ignorants qui ne savent mesurer le possible que sur l'existant, ou aux méchants qui ne trouvent bon que ce qui sert à leur méchanceté, lorsqu'on montre aux uns et aux autres que ce qui est pourroit être mieux. Il a, dis-je, évité cette grande prise que la sottise routinée a presque toujours sur les nouvelles vues de la raison, avec ces mots tranchants de *projets en l'air* et de *ré-*

veries ; car quand il écrivoit en faveur de la polysynodie, il la trouvoit établie dans son pays. Toujours paisible et sensé, il se plaisoit à montrer à ses compatriotes les avantages du gouvernement auquel ils étoient soumis ; il en faisoit une comparaison raisonnable et discrète avec celui dont il venoit d'éprouver la rigueur. Il louoit le système du prince régnant, il en déduisoit les avantages ; il montroit ceux qu'on y pouvoit ajouter ; et les additions même qu'il demandoit consistoient moins, selon lui, dans des changements à faire que dans l'art de perfectionner ce qui étoit fait. Une partie de ses vues lui étoient venues sous le règne de Louis XIV ; mais il avoit eu la sagesse de les taire jusqu'à ce que l'intérêt de l'état, celui du gouvernement, et le sien, lui permissent de les publier.

Il faut convenir cependant que, sous un même nom, il y avoit une extrême différence entre la polysynodie qui existoit et celle que proposoit l'abbé de Saint-Pierre ; et, pour peu qu'on y réfléchisse, on trouvera que l'administration qu'il citoit en exemple lui servoit bien plus de prétexte que de modèle pour celle qu'il avoit imaginée. Il tournoit même avec assez d'adresse en objections contre son propre système, les défauts à relever dans celui du régent, et, sous le nom de réponses à ses objections, il montroit sans danger et ces défauts et leurs remèdes. Il n'est pas impossible que le régent, quoique souvent loué dans cet écrit par des tours qui ne manquent pas d'adresse, ait pénétré la finesse de cette critique, et qu'il ait abandonné l'abbé de Saint-Pierre par pique autant que par foiblesse, plus offensé peut-être des défauts qu'on trouvoit dans son ouvrage que flatté des avantages qu'on y faisoit remarquer. Peut-être aussi lui sut-il mauvais gré d'avoir, en quelque manière, dévoilé ses vues secrètes, en montrant que son établissement n'étoit rien moins que ce qu'il devoit être pour devenir avantageux à l'état, et prendre une assiette fixe et durable. En effet on voit clairement que c'étoit la forme de polysynodie établie sous la régence, que l'abbé de Saint-Pierre accusoit de pouvoir trop aisément dégénérer en demi-visirat, et même en visirat; d'être susceptible, aussi-bien que l'un et l'autre, de corruption dans ses membres, et de concert entre eux contre l'intérêt public; de n'avoir jamais d'autre sûreté pour sa durée que la volonté du monarque régnant; enfin de n'être propre que pour les princes laborieux, et d'être, par conséquent, plus souvent contraire que favorable au bon ordre et à l'expédition des affaires. C'étoit l'espoir de remédier à ces divers inconvénients qui l'engageoit à proposer une autre polysynodie entièrement différente de celle qu'il feignoit de ne vouloir que perfectionner.

Il ne faut donc pas que la conformité des noms fasse confondre son projet avec cette ridicule polysynodie dont il vouloit autoriser la sienne, mais qu'on appeloit dès-lors par dérision les soixante et dix ministres, et qui fut réformée au bout de quelques mois sans avoir rien fait qu'achever de tout gâter : car la manière dont cette administration avoit été établie fait assez voir qu'on ne s'étoit pas beaucoup soucié qu'elle allât mieux, et qu'on avoit bien plus songé à rendre le parlement méprisable au peuple qu'à donner réellement à ses membres l'autorité qu'on feignoit de leur confier¹. C'étoit un piége aux pouvoirs intermédiaires semblable à celui que leur avoit déjà tendu Henri IV à l'assemblée de Rouen, piége dans lequel la vanité les fera toujours donner, et qui les humiliera toujours². L'ordre politique et l'ordre civil ont, dans les monarchies, des principes si différents et des règles si contraires, qu'il est presque impossible d'allier les deux administrations, et qu'en général les membres des tribunaux sont peu propres pour les conseils; soit que l'habitude des formalités nuise

---

¹ * Marmontel, dans le chap. III de son ouvrage sur la Régence du duc d'Orléans, fait connoître la composition des conseils dont il s'agit, et l'intérêt qui fit établir cette forme d'administration, intérêt qui n'étoit rien moins que celui de l'état. Ce qu'en dit ici Rousseau est parfaitement confirmé par le récit de l'historien.

² * Voyez les mémoires de Sully, livre VIII, année 1596. — Sully prouve que le consentement donné par le roi à l'établissement du *Conseil de raison* proposé par les notables et tiré de leur corps pour l'administration d'une partie des fonds publics, étoit une suite nécessaire de la parole qu'il avoit donnée de se conformer aux résolutions de cette assemblée, et qu'il ne pouvoit en agir autrement dans la position délicate où il se trouvoit.

à l'expédition des affaires qui n'en veulent point, soit qu'il y ait une incompatibilité naturelle entre ce qu'on appelle maxime d'état et la justice et les lois.

Au reste, laissant les faits à part, je croirois, quant à moi, que le prince et le philosophe pouvoient avoir tous deux raison sans s'accorder dans leur système; car autre chose est l'administration passagère et souvent orageuse d'une régence, et autre chose une forme de gouvernement durable et constante qui doit faire partie de la constitution de l'état. C'est ici, ce me semble, qu'on retrouve le défaut ordinaire à l'abbé de Saint-Pierre, qui est de n'appliquer jamais assez bien ses vues aux hommes, aux temps, aux circonstances, et d'offrir toujours, comme des facilités pour l'exécution d'un projet, des avantages qui lui servent souvent d'obstacles. Dans le plan dont il s'agit, il vouloit modifier un gouvernement que sa longue durée a rendu déclinant, par des moyens tout-à-fait étrangers à sa constitution présente : il vouloit lui rendre cette vigueur universelle qui met pour ainsi dire toute la personne en action. C'étoit comme s'il eût dit à un vieillard décrépit et goutteux : Marchez, travaillez, servez-vous de vos bras et de vos jambes; car l'exercice est bon à la santé.

En effet, ce n'est rien moins qu'une révolution dont il est question dans la polysynodie, et il ne faut pas croire, parce qu'on voit actuellement des conseils dans les cours des princes, et que ce sont des conseils qu'on propose, qu'il y ait peu de différence d'un système à l'autre. La différence est telle, qu'il faudroit commencer par détruire tout ce qui existe pour donner au gouvernement la forme imaginée par l'abbé de Saint-Pierre; et nul n'ignore combien est dangereux dans un grand état le moment d'anarchie et de crise qui précède nécessairement un établissement nouveau. La seule introduction du scrutin devoit faire un renversement épouvantable, et donner plutôt un mouvement convulsif et continuel à chaque partie qu'une nouvelle vigueur au corps. Qu'on juge du danger d'émouvoir une fois les masses énormes qui composent la monarchie françoise. Qui pourra retenir l'ébranlement donné, ou prévoir tous les effets qu'il peut produire? Quand tous les avantages du nouveau plan seroient incontestables, quel homme de sens oseroit entreprendre d'abolir les vieilles coutumes, de changer les vieilles maximes, et de donner une autre forme à l'état que celle où l'a successivement amené une durée de treize cents ans? Que le gouvernement actuel soit encore celui d'autrefois, ou que, durant tant de siècles, il ait changé de nature insensiblement, il est également imprudent d'y toucher. Si c'est le même, il faut le respecter; s'il a dégénéré, c'est par la force du temps et des choses, et la sagesse humaine n'y peut rien. Il ne suffit pas de considérer les moyens qu'on veut employer, si l'on ne regarde encore les hommes dont on se veut servir. Or, quand toute une nation ne sait plus s'occuper que de niaiseries, quelle attention peut-elle donner aux grandes choses? et dans un pays où la musique est devenue une affaire d'état, que seront les affaires d'état sinon des chansons? Quand on voit tout Paris en fermentation pour une place de baladin ou de bel esprit, et les affaires de l'académie ou de l'opéra faire oublier l'intérêt du prince et la gloire de la nation, que doit-on espérer des affaires publiques rapprochées d'un tel peuple et transportées de la cour à la ville? Quelle confiance peut-on avoir au scrutin des conseils, quand on voit celui d'une académie au pouvoir des femmes? seront-elles moins empressées à placer des ministres que des savants? ou se connoîtront-elles mieux en politique qu'en éloquence? Il est bien à craindre que de tels établissements, dans un pays où les mœurs sont en dérision, ne se fissent pas tranquillement, ne se maintinssent guère sans troubles, et ne donnassent pas les meilleurs sujets.

D'ailleurs, sans entrer dans cette vieille question de la vénalité des charges, qu'on ne peut agiter que chez des gens mieux pourvus d'argent que de mérite, imagine-t-on quelque moyen praticable d'abolir en France cette vénalité? ou penseroit-on qu'elle pût subsister dans une partie du gouvernement, et le scrutin dans l'autre; l'une dans les tribunaux, l'autre dans les conseils; et que les seules places qui restent à la faveur seroient abandonnées aux élections! Il faudroit avoir des vues bien courtes et bien fausses pour vouloir allier des choses si dissemblables, et fonder un même système sur des principes si différents. Mais laissons ces applications, et considérons la chose en elle-même.

Quelles sont les circonstances dans lesquelles une monarchie héréditaire peut sans révolutions être tempérée par des formes qui la rapprochent de l'aristocratie? Les corps intermédiaires entre le prince et le peuple peuvent-ils, doivent-ils avoir une juridiction indépendante l'un de l'autre? ou, s'ils sont précaires et dépendants du prince, peuvent-ils jamais entrer comme parties intégrantes dans la constitution de l'état, et même avoir une influence réelle dans les affaires? Questions préliminaires qu'il falloit discuter, et qui ne semblent pas faciles à résoudre : car s'il est vrai que la pente naturelle est toujours vers la corruption et par conséquent vers le despotisme, il est difficile de voir par quelles ressources de politique le prince, même quand il le voudroit, pourroit donner à cette pente une direction contraire, qui ne pût être changée par ses successeurs ni par leurs ministres. L'abbé de Saint-Pierre ne prétendoit pas, à la vérité, que sa nouvelle forme ôtât rien à l'autorité royale; car il donne au conseil la délibération des matières, et laisse au roi seul la décision : ces différents conseils, dit-il, sans empêcher le roi de faire tout ce qu'il voudra, le préserveront souvent de vouloir des choses nuisibles à sa gloire et à son bonheur; ils porteront devant lui le flambeau de la vérité pour lui montrer le meilleur chemin et le garantir des pigées. Mais cet homme éclairé pouvoit-il se payer lui-même de si mauvaises raisons? espéroit-il que les yeux des rois pussent voir les objets à travers les lunettes des sages? Ne sentoit-il pas qu'il falloit nécessairement que la délibération des conseils devînt bientôt un vain formulaire, ou que l'autorité royale en fût altérée? et n'avouoit-il pas lui-même que c'étoit introduire un gouvernement mixte, où la forme républicaine s'allioit à la monarchique? En effet, des corps nombreux, dont le choix ne dépendroit pas entièrement du prince, et qui n'auroient par eux-mêmes aucun pouvoir, deviendroient bientôt un fardeau inutile à l'état; sans mieux faire aller les affaires, ils ne feroient qu'en retarder l'expédition par de longues formalités, et, pour me servir de ses propres termes, ne seroient que des conseils de parade. Les favoris du prince, qui le sont rarement du public, et qui, par conséquent, auroient peu d'influence dans des conseils formés au scrutin, décideroient seuls toutes les affaires; le prince n'assisteroit jamais aux conseils sans avoir déjà pris son parti sur tout ce qu'on y devroit agiter, ou n'en sortiroit jamais sans consulter de nouveau dans son cabinet avec ses favoris sur les résolutions qu'on y auroit prises; enfin, il faudroit nécessairement que les conseils devinssent méprisables, ridicules, et tout-à-fait inutiles, ou que les rois perdissent de leur pouvoir : alternative à laquelle ceux-ci ne s'exposeront certainement pas, quand même il en devroit résulter le plus grand bien de l'état et le leur.

Voilà, ce me semble, à peu près les côtés par lesquels l'abbé de Saint-Pierre eût dû considérer le fond de son système pour en bien établir les principes; mais il s'amuse, au lieu de cela, à résoudre cinquante mauvaises objections qui ne valoient pas la peine d'être examinées, ou, qui pis est, à faire lui-même de mauvaises réponses quand les bonnes se présentent naturellement, comme s'il cherchoit à prendre plutôt le tour d'esprit de ses opposants pour les ramener à la raison, que le langage de la raison pour convaincre les sages.

Par exemple, après s'être objecté que dans la polysynodie chacun des conseillers a son plan général, que cette diversité produit nécessairement des décisions qui se contredisent, et des embarras dans le mouvement total, il répond à cela qu'il ne peut y avoir d'autre plan général que de chercher à perfectionner les réglements qui roulent sur toutes les parties du gouvernement. Le meilleur plan général n'est-ce pas, dit-il, celui qui va le plus droit au plus grand bien de l'état dans chaque affaire particulière? D'où il tire cette conclusion très-fausse que les divers plans généraux, ni par conséquent les réglements et les affaires qui s'y rapportent, ne peuvent jamais se croiser ou se nuire mutuellement.

En effet, le plus grand bien de l'état n'est pas toujours une chose si claire, ni qui dépend autant qu'on le croiroit du plus grand bien de chaque partie; comme si les mêmes affaires ne pouvoient pas avoir entre elles une infinité d'ordres divers et de liaisons plus ou moins fortes qui forment autant de différences dans les plans généraux. Ces plans bien digérés sont toujours doubles, et renferment dans un système comparé la forme actuelle de l'état et sa forme perfectionnée, selon les vues de l'auteur. Or cette perfection dans un tout aussi composé que le corps politique, ne dépend pas seulement de celle de chaque partie, comme pour ordonner un palais il ne suffit pas d'en bien disposer chaque pièce, mais il faut de plus considérer les rapports du tout, les liaisons les plus convenables, l'ordre le plus commode, la plus facile communication, le plus parfait ensemble, et la symétrie la plus régulière. Ces objets généraux sont si importants, que l'habile architecte sacrifie au mieux du tout mille avantages particuliers qu'il auroit pu conserver dans une ordonnance moins parfaite et moins simple. De même, le politique ne regarde en particulier ni les finances, ni la guerre, ni le commerce; mais il rapporte toutes ces parties à un objet commun; et des proportions qui leur conviennent le mieux résultent les plans généraux dont les dimensions peuvent varier de mille manières, selon les idées et les vues de ceux qui les ont formés ; soit en cherchant la plus grande perfection du tout, soit en cherchant la plus facile exécution, sans qu'il soit aisé quelquefois de démêler celui de ces plans qui mérite la préférence. Or c'est de ces plans qu'on peut dire que, si chaque conseil et chaque conseiller a le sien, il n'y aura que contradictions dans les affaires et qu'embarras dans le mouvement commun : mais le plan général, au lieu d'être celui d'un homme ou d'un autre, ne doit être et n'est en effet dans la polysynodie que celui du gouvernement ; et c'est à ce grand modèle que se rapportent nécessairement les délibérations communes de chaque conseil, et le travail particulier de chaque membre. Il est certain même qu'un pareil plan se médite et se conserve mieux dans le dépôt d'un conseil que dans la tête d'un ministre et même d'un prince ; car chaque visir a son plan, qui n'est jamais celui de son devancier, et chaque demi-visir aussi le sien, qui n'est ni celui de son devancier, ni celui de son collègue : aussi voit-on généralement les républiques changer moins de systèmes que les monarchies. D'où je conclus avec l'abbé de Saint-Pierre, mais par d'autres raisons, que la polysynodie est plus favorable que le visirat et le demi-visirat à l'unité du plan général.

A l'égard de la forme particulière de la polysynodie et des détails dans lesquels il entre pour la déterminer, tout cela est très-bien vu et fort bon séparément pour prévenir les inconvénients auxquels chaque chose doit remédier : mais, quand on en viendroit à l'exécution, je ne sais s'il régneroit assez d'harmonie dans le tout ensemble; car il paroît que l'établissement des grades s'accorde mal avec celui de la circulation, et le scrutin plus mal encore avec l'un et l'autre. D'ailleurs si l'établissement est dangereux à faire, il est à craindre que, même après l'établissement fait, ces différents ressorts ne causent mille embarras et mille dérangements dans le jeu de la machine, quand il s'agira de la faire marcher.

La circulation de la présidence en particulier seroit un excellent moyen pour empêcher la polysynodie de dégénérer bientôt en visirat, si cette circulation pouvoit durer, et qu'elle ne fût pas arrêtée par la volonté du prince en faveur du premier des présidents qui aura l'art toujours recherché de lui plaire. C'est-à-dire que la polysynodie durera jusqu'à ce que le roi trouve un visir à son gré ; mais, sous le visirat même, on n'a pas un visir plus tôt que cela. Foible remède que celui dont la vertu s'éteint à l'approche du mal qu'il devroit guérir.

N'est-ce pas encore un mauvais expédient de nous donner la nécessité d'obtenir les suffrages une seconde fois comme un frein pour empêcher les présidents d'abuser de leur crédit la première ? ne sera-t-il pas plus court et plus sûr d'en abuser au point de n'avoir plus que faire de suffrages ? et notre auteur lui-même n'accorde-t-il pas au prince le droit de prolonger au besoin les présidents à sa volonté, c'est-à-dire d'en faire de véritables visirs ? Comment n'a-t-il pas aperçu mille fois, dans le cours de sa vie et de ses écrits, combien c'est une vaine occupation de rechercher des formes durables pour un état de choses qui dépend toujours de la volonté d'un seul homme ?

Ces difficultés n'ont pas échappé à l'abbé de Saint-Pierre ; mais peut-être lui convenoit-il mieux de les dissimuler que de les résoudre. Quand il parle de ces contradictions et qu'il feint de les concilier, c'est par des moyens si absurdes et des raisons si peu raisonnables, qu'on voit bien qu'il est embarrassé, ou qu'il ne procède pas de bonne foi. Seroit-il croyable qu'il eût mis en avant si hors de propos et compté parmi ces moyens l'amour de la patrie, le bien public, le désir de la vraie gloire, et d'autres chimères évanouies depuis long-temps, ou dont il ne reste plus de traces que dans quelques petites républiques ? Penseroit-il sérieusement que rien de tout cela pût réellement influer dans la forme d'un gouvernement monarchique ? et, après avoir cité les Grecs, les Romains, et même quelques modernes qui avoient des ames anciennes, n'avoue-t-il pas lui-même qu'il seroit ridicule de fonder la constitution de l'état sur des maximes éteintes? Que feroit-il donc pour suppléer à ces moyens étrangers dont il reconnoît l'insuffisance? Il lève une difficulté par une autre, établit un système sur un système, et fonde sa polysynodie sur sa république européenne. Cette république, dit-il, étant garante de l'exécution des capitulations impériales pour l'Allemagne, des capitulations parlementaires pour l'Angleterre, des *pacta conventa* pour la Pologne, ne pourroit-elle pas l'être aussi des capitulations royales signées au sacre des rois pour la forme du gouvernement, lorsque cette forme seroit passée en loi fondamentale? et, après tout, garantir les rois de tomber dans la tyrannie des Nérons, n'est-ce pas les garantir eux et leur postérité de leur ruine totale?

On peut, dit-il encore, faire passer le réglement de la polysynodie en forme de loi fondamentale dans les états-généraux du royaume, la faire jurer au sacre des rois, et lui donner ainsi la même autorité qu'à la loi salique.

La plume tombe des mains quand on voit un homme sensé proposer sérieusement de semblables expédients.

Ne quittons point cette matière sans jeter un coup d'œil général sur les trois formes de ministère comparées dans cet ouvrage.

Le visirat est la dernière ressource d'un état défaillant; c'est un palliatif quelquefois nécessaire qui peut lui rendre pour un temps une certaine vigueur apparente : mais il y a dans cette forme d'administration une multiplication de forces tout-à-fait superflue dans un gouvernement sain. Le monarque et le visir sont deux machines exactement semblables, dont l'une devient inutile sitôt que l'autre est en mouvement : car en effet, selon le mot de Grotius, *qui regit rex est.* Ainsi l'état supporte un double poids qui ne produit qu'un effet simple. Ajoutez à cela qu'une grande partie de la force du visirat étant employée à rendre le visir nécessaire et à le maintenir en place, est inutile ou nuisible à l'état. Aussi l'abbé de Saint-Pierre appelle-t-il avec raison le visirat une forme de gouvernement grossière, barbare, pernicieuse aux peuples, dangereuse pour les rois, funeste aux maisons royales; et l'on peut dire qu'il n'y a point de gouvernement plus déplorable au monde que celui où le peuple est réduit à désirer un visir. Quant au demi-visirat, il est avantageux sous un roi qui sait gouverner et réunir dans ses mains toutes les rênes de l'état; mais, sous un prince foible ou peu laborieux, cette administration est mauvaise, embarrassée, sans système et sans vues, faute de liaison entre les parties et d'accord entre les ministres, surtout si quelqu'un d'entre eux, plus adroit ou plus méchant que les autres, tend en secret au visirat. Alors tout se passe en intrigues de cour, l'état demeure en langueur : et pour trouver la raison de tout ce qui se fait sous un semblable gouvernement, il ne faut pas demander à quoi cela sert, mais à quoi cela nuit.

Pour la polysynodie de l'abbé de Saint-Pierre, je ne saurois voir qu'elle puisse être utile et praticable dans aucune véritable monarchie, mais seulement dans une sorte de gouvernement mixte où le chef ne soit que le président des conseils, n'ait que la puissance exécutive, et ne puisse rien par lui-même : encore ne saurois-je croire qu'une pareille administration pût durer long-temps sans abus; car les intérêts des sociétés partielles ne sont pas moins séparés de ceux de l'état, ni moins pernicieux à la république que ceux des particuliers; et ils ont même cet inconvénient de plus, qu'on se fait gloire de soutenir, à quelque prix que ce soit, les droits ou les prétentions du corps dont on est membre, et que ce qu'il y a de malhonnête à se préférer aux autres, s'évanouissant à la faveur d'une société nombreuse dont on fait partie, à force d'être bon sénateur on devient enfin mauvais citoyen. C'est ce qui rend l'aristocratie la pire des souverainetés[1]; c'est ce qui rendroit peut-être la polysynodie le pire de tous les ministères.

[1] Je parierois que mille gens trouveront ici une contradiction avec le Contrat social[*]. Cela prouve qu'il y a encore plus de lecteurs qui devroient apprendre à lire, que d'auteurs qui devroient apprendre à être conséquents.

[*] Voyez Contrat social, liv. III, chap. v, et la note au chap. x, sur la République romaine

TABLE DES MATIÈRES

CONTENUES DANS CE VOLUME.

Avant-propos................................Pag. 1
Note du comte d'Antraigues se rapportant à un passage du
    Contrat social............................... 21

CONTRAT SOCIAL.

LIVRE PREMIER.

Chap. I. Sujet de ce premier livre....................... 26
Chap. II. Des premières sociétés........................ 27
Chap. III. Du droit du plus fort........................ 31
Chap. IV. De l'esclavage............................. 32
Chap. V. Qu'il faut toujours remonter à une première convention................................ 39
Chap. VI. Du pacte social............................ 40
Chap. VII. Du souverain............................. 44
Chap. VIII. De l'état civil............................ 47
Chap. IX. Du domaine réel........................... 49

LIVRE II.

Chap. I. Que la souveraineté est inaliénable............... 54
Chap. II. Que la souveraineté est indivisible............... 56
Chap. III. Si la volonté générale peut errer................ 59
Chap. IV. Des bornes du pouvoir souverain................ 61
Chap. V. Du droit de vie et de mort..................... 67
Chap. VI. De la loi................................. 70
Chap. VII. Du législateur............................ 74
Chap. VIII. Du peuple.............................. 81

Chap. IX. Suite.. 84
Chap. X. Suite... 87
Chap. XI. Des divers systèmes de législation............. 91
Chap. XII. Division des lois.............................. 95

LIVRE III.

Chap. I. Du gouvernement en général.................... 98
Chap. II. Du principe qui constitue les diverses formes du gouvernement... 106
Chap. III. Divisions des gouvernements.................. 110
Chap. IV. De la démocratie............................... 112
Chap. V. De l'aristocratie................................ 115
Chap. VI. De la monarchie................................ 119
Chap. VII. Des gouvernements mixtes..................... 128
Chap. VIII. Que toute forme de gouvernement n'est pas propre à tout pays... 130
Chap. IX. Des signes d'un bon gouvernement............. 137
Chap. X. De l'abus du gouvernement, et de sa pente à dégénérer... 140
Chap. XI. De la mort du corps politique................. 145
Chap. XII. Comment se maintient l'autorité souveraine... 147
Chap. XIII. Suite... 148
Chap. XIV. Suite.. 151
Chap. XV. Des députés ou représentants.................. 152
Chap. XVI. Que l'institution du gouvernement n'est point un contrat... 157
Chap. XVII. De l'institution du gouvernement........... 159
Chap. XVIII. Moyens de prévenir les usurpations du gouvernement.. 161

LIVRE IV.

Chap. I. Que la volonté générale est indestructible...... 165
Chap. II. Des suffrages................................... 168
Chap. III. Des élections.................................. 172
Chap. IV. Des comices romains............................ 176

Chap. V. Du tribunat............................	192
Chap. VI. De la dictature........................	195
Chap. VII. De la censure........................	200
Chap. VIII. De la religion civile..................	203
Chap. IX. Conclusion............................	219

CONSIDÉRATIONS
SUR LE GOUVERNEMENT DE POLOGNE.

Notice préliminaire.............................	223
Chap. I. État de la question.....................	229
Chap. II. Esprit des anciennes institutions........	234
Chap. III. Application...........................	239
Chap. IV. Éducation............................	250
Chap. V. Vice radical...........................	257
Chap. VI. Question des trois ordres...............	260
Chap. VII. Moyens de maintenir la constitution....	264
Chap. VIII. Du roi..............................	288
Chap. IX. Causes particulières de l'anarchie.......	297
Chap. X. Administration.........................	306
Chap. XI. Système économique...................	311
Chap. XII. Système militaire.....................	327
Chap. XIII. Projet pour assujettir à une marche graduelle tous les membres du gouvernement................	340
Chap. XIV. Élection des rois.....................	355
Chap. XV. Conclusion...........................	367

LETTRES A M. BUTTA-FOCO.

Lettre I..	377
Lettre II.......................................	381
Lettre III......................................	385
Lettre IV......................................	389
Extrait du Projet de paix perpétuelle de M. l'abbé de Saint-Pierre.	
Projet de Paix perpétuelle.......................	397

JUGEMENT sur la paix perpétuelle............................ 440

POLYSYNODIE DE L'ABBÉ DE SAINT-PIERRE.

CHAP. I. Nécessité, dans la monarchie, d'une forme de gouvernement subordonné au prince..................... 456
CHAP. II. Trois formes spécifiques de gouvernement subordonné. 460
CHAP. III. Rapport de ces formes à celles du gouvernement suprême.. 462
CHAP. IV. Partage et département des conseils............ 463
CHAP. V. Manière de les composer......................... 464
CHAP. VI. Circulation des départements.................. 466
CHAP. VII. Autres avantages de cette circulation.......... 470
CHAP. VIII. Que la polysynodie est l'administration en sous-ordre la plus naturelle................................. 471
CHAP. IX. Et la plus utile................................. 473
CHAP. X. Autres avantages................................. 475
CHAP. XI. Conclusion. 480
JUGEMENT sur la Polysynodie............................. 483

FIN DE LA TABLE.

www.ingramcontent.com/pod-product-compliance
Lightning Source LLC
Chambersburg PA
CBHW071722230426
43670CB00008B/1092